W0290997

MAIGRISSEZ BIEN – MAIGRISSEZ EN MANGEANT

Réussir là où d'autres régimes pauvres en graisses ont échoué

· C'est un programme complet, qui inclut des régimes pour les repas. Il peut se réaliser à la maison ou en dehors d'elle.

· Il fournit un schéma quotidien de repas pour suivre la sélection des aliments.

· Il montre des formes pour adapter les repas qui vous plaisent le plus, en les ajustant à votre projet diététique.

· Avec des conseils pour réaliser le meilleur choix dans les bons restaurants ou dans les chaînes de restaurants fast-food.

· Il inclut près de 100 recettes appétissantes, faciles à faire et bon marché : du Flan au fromage Tex-mex avec sauce Chunky et le Saumon à la noix de coco, jusqu'aux Galettes à la liqueur irlandaise et la Tarte au fromage avec des miettes de chocolat.

· Vous pourrez connaître les suppléments qui feront réduire la graisse de votre métabolisme.

· Vous apprendrez les différentes façons d'inclure le vin dans votre régime au bénéfice de votre santé et pour votre plaisir.

· Il révèle un inestimable programme d'exercices pour développer votre tonus.

· De plus, des conseils pour maintenir votre motivation éveillée.

· Et plus, plus encore.

Maigrissez Bien, Maigrissez en Mangeant

Michael R. Eades, M.D.
& Mary Dan Eades, M.D.

- Open Project -

Le projet diététique qui se présente maintenant n'est pas destiné aux personnes qui ont des problèmes hépatiques, aux femmes enceintes ou qui pensent l'être. Les lecteurs qui sont sous traitement médical pour le contrôle du cholestérol, de la pression artérielle, de la rétention de liquides ou du sucre dans le sang, ou ceux qui ont un rythme cardiaque anormal ou ont eu une crise cardiaque dans les derniers six mois, ne doivent, sous aucun prétexte, commencer ce régime diététique sans la consultation et les indications détaillées d'un médecin. En tout cas, les lecteurs devraient consulter un médecin afin de traiter leurs besoins particuliers avant de commencer un régime ou un programme d'amaigrissement.

Dépôt légal: M-1369-2007
ISBN: 978-84-95292-24-6

Traduction réalisée par : Daniel Briñon. Madrid

Gráficas Cofás, S.A.

Au Docteur John Yudkin, M.D., Ph. D., qui luttait déjà dans cette grande bataille avant que nous naissions.

Et à nos enfants, Ted, Daniel, y Scott Eades, qui continueront la lutte après notre départ.

Il y avait un vieux de Tobago
Qui vivait exclusivement de riz, de jus d'orge et de sagou,
Jusqu'à ce que son médecin lui dit :
«Pour votre satisfaction, monsieur
Vous pouvez même manger un gigot d'agneau».

JOHN MARSHALL, 1822

INDEX

Deuxième partie : LE SYSTÈME «MAIGRISSEZ BIEN, MAIGRISSEZ EN MANGEANT»

Troisième Partie: POURQUOI CE SYSTÈME VOUS TRANSFORMERA EN UNE PERSONNE MINCE ET SAINE

REMERCIEMENTS

Nous voudrions remercier beaucoup de personnes qui ont fait possible la naissance de ce livre. C'est un long projet avec de nombreuses difficultés à travers lequel nous avons reçu l'appui inconditionnel de notre représentante et amie Channa Taub qui nous a consolés et embobinés dans les moments les plus difficiles et qui a été présente chaque fois que nous en avons eu besoin, prête à nous donner un coup de main en tant qu'éditrice. Channa nous a guidés vers Carol Mann que nous remercions pour avoir mené notre travail au merveilleux groupe de Bantam Books. Merci à Fran McCullough, notre éditrice, pour son intérêt et sa compréhension dans ce projet et pour tout le travail qu'elle a réalisé pour améliorer et rendre dynamique notre manuscrit. Et à tout le groupe de Bantam, très spécialement à Irwin Applebaum, Nita Taublib, Allen Goodman, Amanda Mecke, Barb Burg et Lauren Janis.

À nos enfants, Ted, Dan et Scott, qui ont souffert des horaires familiaux peu uniformes et des parents irritables, pendant que nous écrivions le livre. Nous vous aimons.

À notre personnel fidèle de la clinique qui a été mobilisé, a fait l'impossible avec les horaires, est resté comme responsable pendant que nous écrivions le livre. Les personnes suivantes méritent une mention spéciale – merci à Rhonda Mallison, Mary Clendaniel, Linda Tullos, Valerie Wilkins, Michelle Denton et Deya Devorak.

Merci à Barbara Witt qui a contribué à la plupart des recettes.

Nous sommes très reconnaissants de l'appui, l'aide, les critiques et les conseils des professionnels et collègues scientifiques qui ont lu et commenté ce manuscrit pendant qu'il s'écrivait. Spécialement au docteur Barry Sears qui nous a aidés à affiner nos pensées en nous dédiant des centaines d'heures à discuter des arguments sur le mérite de nos philosophies diététiques, de l'envergure de *la discussion sur le sexe des anges*. Et à Allen Hill dont les suggestions et l'appui ont été incalculables. Nous le remercions de tout coeur. Non seulement, il nous a dédié son peu de temps libre à lire et améliorer le manuscrit, mais encore il nous a gentiment remplacé pour soigner nos patients de nombreuses fois, même au dernier moment, pendant nos nombreuses absences dues au plein temps dédié à ce projet.

Et finalement, merci à Cathy Hemming, notre représentante antérieure et amie, qui a toujours cru en ce livre.

INTRODUCTION

Vous vous demandez sûrement comment deux médecins, spécialisés en perte de poids, d'une ville relativement petite du centre des États-Unis, ont pu dessiner un programme de nutrition qui fonctionne tellement bien comme celui-ci, pendant que la plupart des scientifiques des universités les plus importantes ont pris des directions opposées, se creusant la tête pour leur petit apport aux programmes de régimes pauvres en graisses. En fin de comptes, nous avons eu beaucoup de chance. Beaucoup de chance par la façon de fonctionner de la science. La science progresse parce que les personnes se questionnent continuellement. Les chercheurs proposent des hypothèses centrées sur leurs connaissances et les essayent – et la plupart des fois, ces théories s'ébranlent devant eux. Les plus chanceux tombent sur des hypothèses qui finissent par être valables. Mais, bien évidement, il n'y a pas que la chance dans ces cas, puisque comme dit Louis Pasteur : « Le hasard bénéficie les esprits préparés », et dans notre cas, nos esprits étaient préparés pour la combinaison entre de nombreuses années d'expérience dans des cliniques avec des patients qui souffraient toutes les maladies causant l'altération de l'insuline dans le métabolisme, et notre intérêt comme médecins. Mike est un collectionneur de livres de diététique et de vieux textes médicaux, et possède un très grand intérêt pour la paléontologie et la biochimie. Mary Dan s'intéresse à l'anthropologie et a déjà publié un livre sur les troubles alimentaires et l'altération du métabolisme de ses patients.

Nous avons une copie du livre qui fut un succès dan le pays, « *Banting's Letter on Corpulence* », imprimé pour la première fois au milieu de 1800. Ce régime avec des restrictions sur les hydrates de carbone fonctionna comme une amulette pour Banting, et si les ventes du livre sont un indice, nous le saurions. Nous avons toujours été intrigués sur le fait qu'il passe rapidement sur le paradigme pauvre en graisse de nos jours. En même temps que nous nous sommes retrouvés avec Banting, nous avons commencé à assister à des conférences sur la Paléopathologie et à étudier l'Anthropologie. Là, nous avons appris que les paléontologues et les anthropologues ont depuis longtemps su que la révolution agricole et l'augmentation de la consommation d'hydrates de carbone causèrent de grands dégâts aux personnes de cette époque. L'étude étendue de Mary Dan sur les troubles hormonaux métaboliques en combinaison avec l'intérêt de Mike pour la Biochimie a donné comme résultat la « préparation » de nos esprits. Nous avons remarqué le succès de Banting sur la restriction des hydrates de carbone, les données paléopathologiques et anthropologiques qui montraient une baisse de la santé et le combinant avec une ingestion d'hydrates de carbone, nous avons conclu que la consommation d'une grande quantité d'hydrates de carbone n'était pas nécessairement positive. Ceci nous fournit notre première mini hypothèse : la consommation excessive d'hydrate de carbone n'est pas positive. Mais, pourquoi?

Comme tous les docteurs, nous savons que l'effet immédiat de l'ingestion d'hydrates de carbone augmente la quantité de glucose dans le sang, et par conséquence, le niveau d'insuline. Nous pensons donc que l'erreur était en grande partie due à l'augmentation des niveaux d'insuline. Comme nous étudions la littérature médicale, nous avons découvert que les chercheurs du monde entier découvraient que les hauts niveaux d'insuline étaient liés à l'obésité, les maladies cardiaques, la haute pression dans le sang et le diabète – les maladies communes de l'homme actuel. Nous avons également découvert que la plupart de ces chercheurs traitaient ces malades en leur donnant toujours la même chose. Nous avons donc commencé à croire que les hydrates de carbone étaient l'origine du problème du régime pauvre en calories. Ceci reprit force lorsque nous avons vu que, si l'excès d'insuline *cause* réellement ces troubles ou les aggrave, comme indiquaient les différentes recherches, les patients se sentiraient peut-être mieux s'ils *réduisaient* l'ingestion d'hydrates de carbone.

Nous avons donc pris comme hypothèse de travail que l'excès d'hydrates de carbone conduit à un excès d'insuline, qui mène à l'obésité, l'hypertension et aux autres maladies. Cela coïncide avec les données anthropologiques et paléopathologiques, et du point de vue de l'obésité, avec la théorie du régime de Banting. Nous avons ainsi commencé à examiner cette hypothèse du point de vue biochimique et nous avons découvert qu'elle s'accordait parfaitement. De tout point de vue, notre théorie semblait correcte, donc nous l'avons essayée d'abord avec nous-même, puis ensuite, avec les patients de nos essais. Nous avons découvert que les résultats étaient rapides, spectaculaires et uniformes – exactement ce à quoi l'on s'attendait en nous appuyant sur la science fondamentale. En même temps que nous travaillions avec nos patients, nous continuions à perfectionner nos techniques, augmentant notre sélection de série de régimes et réunissant ces petits conseils et trucs qui font de la médecine un art et une science. Nous apprenons et perfectionnons jour après jour et, comme tout ce qui marche bien, chaque fois plus d'aides-soignants utilisent un régime restrictif d'hydrates de carbone pour leurs patients et ajoutent leur savoir à la base de données qui grandit rapidement.

Ce programme vous aidera-t-il ? La main sur le coeur, nous pouvons simplement vous dire que très probablement. Ce n'est pas une réponse cent pour cent sûre due à notre individualité biochimique – nous sommes tellement différents biochimiquement et physiquement. Il y a des médecins qui se sont retrouvés avec des patients qui réagissaient contrairement à ce qu'ils s'attendaient, des patients qui restaient éveillés en prenant des pilules pour dormir et qui s'évanouissaient avec des stimulants. Celles-ci, comme d'autres expériences semblables, font que les médecins ne soient pas prêts à assurer : « ceci fonctionnera très certainement ». Nous pouvons simplement vous dire que pendant presque dix ans que nous avons traité des patients avec ce programme, nous n'avons jamais eu de résultat négatif. Si vous êtes comme l'immense majorité de nos patients, vous verrez les surprenants résultats et le changement dans votre vie, comme nous l'avons fait, et vous ajusterez ce programme à votre style et à vos goûts pour le reste de votre vie.

Little Rock

Juin 1995

I PARTIE

EVALUEZ VOTRE RISQUE.

Chapitre 1

UNE NOUVELLE PERSPECTIVE DE LA NUTRITION

Chaque homme est une créature du temps qu'il vit ; très peu sont capables de se dresser par dessus des idées de leur temps.

Voltaire

Nous avons un livre de médecine publié en 1822, héritage de l'arrière grand-père de Michael, un médecin du village des montagnes d'Ozark. Une grande partie du livre traite de la fièvre jaune – en 1800 personne ne connaissait la cause ni comment elle se propageait. Maintenant, bien sûr, nous savons que c'est un moustique le porteur du virus qui provoque la fièvre jaune, mais avant la cause échappait aux esprits plus avancés de la Médecine. Lisez ce que ce texte médical de 1822 raconte sur la fièvre jaune :

> **...naît par l'exposition de substances végétales et animales en putréfaction sur les quais publics... elle commence toujours dans les parties plus basses d'une ville commerciale populeuse près de l'eau, et y continue sans trop affecter les parties plus hautes. Elle se produit plus là où se sont extraits de grandes quantités de terre du lit des rivières pour construire des quais... la fièvre jaune se produit par l'air impur ou les vapeurs produites par la nouvelle terre levée du fond boueux et sale de la rivière...**

De notre avantageuse perspective, nous voulons nous reporter dans le temps et leur dire : «Écoutez, c'est un moustique. Pourquoi vous ne regardez pas la grande image? ».

Les problèmes médicaux qui nous confondent actuellement, surprendront très probablement les scientifiques du vingt-et-unième siècle, de même qu'ils se demanderont pourquoi les médecins pionniers d'aujourd'hui nous fûmes incapables d'atteindre et comprendre l'évident, pourquoi nous étions si avancés dans certains terrains de traitement médical et encore si éloignés de certains autres. Vous vous demanderez sûrement comment est-ce possible que nos chirurgiens réalisent des opérations à coeur ouvert avec une telle habileté, au point de les percevoir comme quelque chose de routinier, pendant que nos experts en nutrition n'arrivent pas à déterminer le régime idéal pour prévenir la plupart des problèmes que nécessitent ces procédés ? Pourquoi dépensent-ils cette quantité de temps et d'effort pour développer des techniques de chirurgie et d'autres merveilleux procédés médicaux qui prolongent la vie d'un corps malade de quelques mois, en certains cas, de quelques années, au lieu de se centrer sur les changements nutritionnels capables de prolonger une vie saine pendant des décades ? Pourquoi ne sommes-nous pas capables de voir l'image ?

L'Échec du Pauvre en Calories Le Régime d'Hydrates de Carbone

Bien évidement, aujourd'hui les médecins sont conscients que le régime a un rôle très important dans le développement et la progression des maladies plus importantes qui affectent l'homme actuel – maladies cardiaques, diabète, obésité, hypertension et divers types de cancer. En conséquence, les nutritionnistes et les médecins nous demandent constamment de mener une alimentation adéquate pour éviter ces troubles. Par définition, s'alimenter correctement veut dire que l'on élimine les graisses de nos régimes en les remplaçant par des hydrates de carbone.

Depuis 1988, la chirurgie commença à recommander aux américains de réduire drastiquement leur consommation de graisses, spécialement de graisses saturées. La course des produits sans graisse venait de commencer. Les oeufs, la viande et d'autres sources de protéines ont été pratiquement éliminées de la cuisine américaine. Les experts en nutrition nous ont raconté que réduire la consommation de graisses au minimum est la même chose que dire au revoir à l'obésité, aux maladies cardiaques et au diabète. Théoriquement cela semble bien, mais – et c'est ici où les médecins du futur – ne marche pas.

Il a été démontré que c'est un échec combiner les hydrates de carbone avec tout ce qui est pauvre en graisses. Il ne réduit le cholestérol à un meilleur niveau que lorsqu'on le mène au strict minimum, mais dans ces cas il peut provoquer d'autres problèmes, comme vous pourrez le constater. Cette combinaison produit sur les diabétiques d'innombrables douleurs, en essayant de régler le niveau de sucre dans le sang. Elle ne réduit pas l'hypertension à moins qu'il n'y ait une importante réduction de poids. Le pourcentage de succès en perte de poids es quasi inexistante (il vous semblera surprenant le fait de savoir que nous avons eu des patients qui ont pris du poids avec un régime pauvre en graisses). Le résultat de la manie actuelle de ne pas être gros est un peuple américain plus gros et moins sain. En grande partie à cause des fabricants d'aliments qui ont fourni une interminable variété de nourriture malsaine, replète d'hydrates de carbone, mais sans graisses pour remplacer cette nourriture malsaine pleine de graisses que nous mangions avant.

En vue de cette histoire triste, que pouvons-nous faire comme médecins ? Écrire sur le régime pauvre en graisses, même si nous savons qu'il ne marche pas ? L'abandonnons-nous et nous cherchons quelque chose de mieux, comme nous ferions s'il s'agissait d'un médicament qui ne fonctionne pas ? Et bien non. Au lieu de tout ça, nous leur disons : « Continuons ainsi. Essayons encore y pendant plus de temps, soyons plus diligents ». Nous disons à nos patients que c'est *leur* faute si leurs conditions ne s'améliorent pas avec le régime pauvre en graisses, ils ne le suivent pas correctement. Mais, cet exposé s'échappe en vue de la réalité métabolique puisque un régime centré seulement sur les graisses n'est pas la solution. La solution réside dans la structure biochimique du régime pauvre en graisses et aux données qu'il facilite aux processus métaboliques du corps. Ironiquement, le régime pauvre en graisses non seulement échoue au moment de résoudre les problèmes de santé qu'il entraîne, mais les empire.

Le programme que nous présentons dans ce livre a du succès là où le régime pauvre en graisses mais riche en hydrates de carbone échoue. Il réduit le cholestérol rapidement sans augmenter d'autres facteurs de risque. Au contraire, il améliore notablement le problème du diabète chez les adultes (du type II). Il diminue la haute pression artérielle et offre une solution à long terme pour le problème de surpoids – le tout sans vous demander de compter les grammes de graisses ou le pourcentage de calories. Il s'agit simplement de sélectionner la nourriture qui s'accorde à la biochimie de votre corps, au lieu de celle qui ne s'accorde pas.

Le corps humain est une partie d'une machine biochimique extraordinairement résistante, réactive et régénérative. Comme n'importe quelle pièce d'une équipe complexe, il fonctionne mieux quant on le soigne correctement. Ceux qui proposent un régime pauvre en calories croient que la meilleure façon de traiter un corps est de limiter la quantité de graisses, spécialement celle de graisses saturées, et la remplacer par des hydrates de carbone. L'erreur dans leur pensée est la suivante : l'excès de graisses dans les artères cause des maladies de coeur, l'excès de cellules grasses cause l'obésité et l'excès d'ingestion de graisses aggrave le diabète. Donc, en réduisant la consommation de graisses, nous résoudrons ce problème. Même si ceci semble logique, ça ne fonctionne pas, puisqu'il ne tient pas compte de la biochimie du corps ni la forme dont les hormones métaboliques causent le stockage de graisses. Lorsque nous pourrons comprendre et contrôler ces puissantes substances chimiques du corps, nous arriverons à nos objectifs tout en respectant la santé. En contrôlant plus les graisses de l'intérieur qu'en essayant de l'éliminer de l'extérieur. Pour commencer à comprendre comment cela fonctionne, examinons d'abord la nourriture du point de vue biochimique.

QU'APPELONS-NOUS NOURRITURE?

Toute la nourriture, depuis les crêpes jusqu'au sushi se composent de macronutriments de micronutriments et d'eau. En plus de l'eau, la nourriture est faite de protéines macronutritives, de graisses et d'hydrates de carbone. Ces trois macronutriments sont les seuls composants de la nourriture qui ont un apport d'énergie – en calories – pour se maintenir en vie. Les micronutriments – vitamines, minéraux et oligoéléments – ne fournissent pas d'énergie calorifique, mais cependant sont essentiels pour la vie. Ils réalisent une multitude de fonctions cellulaires, beaucoup d'entre elles liées à l'usage efficient et le placement des macronutriments. Sans les macronutriments nous souffririons de dénutrition, d'inanition et de mort. Sans les micronutriments nous souffririons de maladies, perte de santé et la mort. Les nutriments de ces deux groupes sont nécessaires à la vie.

Bilan des Trois Plus Importants

Puisque l'apport calorifique de la nourriture provient des trois macronutriments, il est évident qu'en diminuant l'un d'eux – les graisses, par exemple – il est nécessaire d'augmenter d'autres éléments (hydrates de carbone, protéines ou les deux) pour maintenir le niveau calorifique acquis. Que se passe-t-il si votre métabolisme nécessite 2000 calories par jour et que, d'après les recommandations d'équilibre nutritionnel, vous réduisez la consommation de graisses ? Et bien, vous devez augmenter votre consommation d'hydrates de carbone et de protéines pour récupérer les calories perdues en éliminant les graisses, n'est-ce pas ? En réalité, c'est un peu plus compliqué. Vous n'allez pas à un magasin et vous achetez trois cuillérées de protéines, cinq d'hydrates de carbone et deux de graisse. Vous achetez de la viande, des oeufs, des légumes, des fruits et des produits lactiques. Certains aliments, par exemple la viande et les oeufs, n'ont que de la graisse et des protéines, pendant que d'autres, comme les pommes et les raisins, ne sont pratiquement que des hydrates de carbone avec un peu de protéines. Vous pouvez réduire la graisse visible de la viande pour réduire la quantité de graisses, mais il est très difficile d'extraire un seul macronutriment d'un aliment. Donc, la seule forme de changer la proportion de graisses, de protéines et d'hydrates de carbone est de changer le type d'alimentation. Si vous voulez réduire la consommation de graisses, manger moins de viande, moins d'oeufs et moins de produits laitiers, et substituez-les par des fruits et des légumes. Ceci semble raisonnable, mais est-ce réellement ainsi ?

Non, et voici l'explication. Les êtres humains n'ont pas besoin de la même quantité des trois macronutriments pour avoir une bonne santé. Une personne normale nécessite au moins 70 à 100 grammes de protéines par jour, ou autour de 300 calories, de 6 à 10 grammes d'acide linoléum (un type de graisse essentielle pour la santé) et autour de 75 calories. Que ce passe-t-il avec les hydrates de carbone ? La quantité normale d'hydrates de carbone requise par les êtres humains pour la santé est de *zéro*[1]

Ce n'est pas nous qui avons fait ces vérifications logiques, mais il s'agit aujourd'hui d'un consensus de la communauté scientifique. Cependant, ceci ne signifie pas que vous alliez vous sentir mieux juste après avoir acquis ces 75 grammes de protéines et 6 grammes de graisses. Vous avez besoin de plus de calories pour fournir l'énergie suffisante pour les fonctions corporelles. Ceci veut dire que si vous obtenez l'énergie suffisante, venant de la protéine ou de la graisse, grâce à une consommation minimale de chaque une d'elles, vous êtes entrain de le faire correctement. Les esquimaux mangent très peu d'hydrates de carbone (pendant l'hiver ils ne les goûtent même pas) et ils vivent heureusement jusqu'à leur âge mûr. Même si leur régime traditionnel se compose d'une grande quantité de protéines et d'une énorme quantité de graisses, les esquimaux ne souffrent que très rarement de maladies cardiaques, du diabète, d'obésité (en dépit des dessins animés), d'hypertension et d'autres maladies que l'on associe avec un style de vie plus civilisé. De plus, les esquimaux n'ont pas un système métabolique d'une planète extraterrestre. Ils possèdent exactement la même biochimie et physiologie que nous avons. Oui, vous pourriez avoir leur même régime et survivre parfaitement.[2]

Tenant compte que les protéines et les graisses sont essentielles pour la santé et les hydrates de carbone non, que se passe-t-il lorsque nous réduisons la graisse comme nous indiquent les nutritionnistes ? Puisque nous ne pouvons pas enlever la plupart des graisses des aliments, nous finissons par substituer les aliments gras par ceux qui ne le sont pas. Puisque la plupart des sources de protéines de bonne qualité, comme la viande, les oeufs et les produits laitiers, contiennent une grande quantité de graisses, pour éliminer ces graisses, nous finirons par éliminer les protéines également, en les substituant par des hydrates de carbone. La plupart des sources de protéines qui proviennent des légumes, comme les haricots ou les céréales, sont incomplètes à moins qu'elles se combinent soigneusement avec d'autres aliments qui contiennent plus d'hydrates de carbone que de protéines. Finalement, si nous suivons strictement le régime pauvre en graisses, nous pouvons arriver à un manque de protéines. Il est très compliqué d'avoir peu de graisses puisque la seule graisse essentielle est l'acide linoléum, qui se trouve dans les huiles végétales.

---

[1] Comme vous découvrirez dans les chapitres suivants, votre corps contient toute une machinerie biochimique nécessaire pour produire du sucre, en alimentant les tissus qui en ont besoin – les globules rouges, quelques parties de l'oeil, le cerveau et le rein.

[2] Nous savons ceci grâce à l'étude réalisée en 1929 et 1930 par les explorateurs Vilhjalmur Stefansson et Karsten Anderson. Ces hommes revinrent de l'Arctique en informant que les esquimaux étaient capables de survivre tout l'hiver uniquement à base de viande, alors qu'ils réalisaient des travaux très durs et qu'ils consommaient d'énormes quantités d'énergies. Pour prouver que ce n'était pas un cas exclusif des esquimaux, les deux explorateurs se prêtèrent comme volontaires pour être étudiés et furent admis à l'hôpital Bellevue de New York pendant un an. Pendant cette période, ils mangèrent une diète composée de 2 500 calories par jour, avec 75% de matière grasse. À la fin de l'année, ils avaient presque perdu 6 livres de poids, leurs niveaux de cholestérol et autres valeurs chimiques du sang étaient normales et aucun d'eux ne souffrait d'effets secondaires.

Mais, ce qui est probablement le pire, c'est que manger trop d'hydrates de carbone qui stimule le stockage de graisses du corps. Si vous essayez de réduire la consommation de graisses, vous ne grossirez pas puisque certains macronutriments stimulent de profonds changements hormonaux métaboliques. D'une manière surprenante, la graisse ne fait pas grand chose. Si vous buviez une assiette de graisse pendant que l'on vous branche à un appareil électrique pour mesurer les niveaux d'hormones de votre métabolisme – principalement l'insuline et la glucose – vous ne verriez pas beaucoup d'activités, puisque la graisse est essentiellement inerte métaboliquement. Cependant, les hydrates de carbone animeraient d'activité métabolique une fête de thé de Mad Hatter. Si vous mangiez une grappe de raisin tout en étant branché au même appareil, il commencerait un sauvage mouvement des aiguilles indiquant la rapide augmentation de l'insuline et la réduction de son hormone opposée, la glucose, réaction métabolique totalement naturelle, influencée par l'ingestion d'hydrates de carbone. Logiquement, ce processus continue avec la consommation d'une grande quantité d'hydrates de carbone, qui produirait une grande quantité d'insuline, comme cela arrive.

Même les hydrates de carbone plus complexes stimulent cette réponse puisque *tous* les hydrates de carbone sont essentiellement du sucre. Plusieurs molécules de sucre, principalement la glucose, s'unissent chimiquement pour composer la famille des hydrates de carbone. Votre corps a digéré des enzymes qui cassent ces liens chimiques et libèrent les molécules de sucre dans le sang, où elles stimulent l'insuline et d'autres hormones métaboliques. Ceci signifie que si vous suivez un régime de 2200 calories avec un 60% d'hydrates de carbone – ce que recommandent la plupart des nutritionnistes – votre corps finira par devoir lutter métaboliquement contre *près de deux tasses de sucre par jour.*

¿Qu'est-ce que l'Insuline a à voir avec Tout Cela?

Qu'est-ce que l'insuline a à voir avec autre chose qui ne soit pas le diabète ? Et si vous n'avez pas le diabète, pourquoi avez-vous à vous préoccuper d'elle ? Parce qu'elle est importante pour la santé.

L'insuline est une hormone produite et libérée dans le sang par le pancréas et elle affecte virtuellement chaque cellule du corps. L'insuline occupe un ou deux chapitre médicaux de chaque livre médical de biochimie et physiologie, des sections entières dans des textes d'endocrinologie et même deux pages de petites lettres dans notre Encyclopédie Britannique d'il y a quinze ans. Il existe des livres entièrement dédiés à ses activités myriades. L'insuline règle la quantité de sucre dans le sang, mais elle a beaucoup d'autres fonctions. Elle contrôle le stockage de graisses, dirige le flux d'aminoacides, d'acides gras et de tissus d'hydrates de carbone. Elle règle la synthèse de cholestérol du foie, fonctionne comme une hormone de croissance, aide dans le contrôle de l'appétit, ordonne aux reins de retenir du liquide y d'autres fonctions. Cette hormone dominante du métabolisme est une substance absolument essentielle pour la vie, sans laquelle nous mourrions rapidement.

Mais l'insuline est également une hormone « monstrueuse », puisqu'elle a un côté obscur. La vie se soutient grâce à des quantités appropriées : trop d'insuline cause d'énormes problèmes de santé. Beaucoup d'études scientifiques, et il y en a chaque fois plus, plaident pour le fait qu'un excès d'insuline est la cause principale ou le facteur de risque plus significatif de l'hypertension, des maladies cardiaques, de l'obésité, du haut cholestérol, et d'autres graisses dans le sang, et du diabète (effectivement, l'insuline peut causer le diabète, un concept duquel nous parlerons plus tard dans ce livre).

Qu'actuellement vous n'aillez pas de diabète ne veut pas dire que vous ne puissiez le développer dans l'avenir, spécialement si cela vient de famille. De même pour les maladies cardiaques, l'hypertension et toutes les autres. Le problème de l'insuline possède une grande base génétique. De cette manière, une bonne manière de déterminer si vous risquez de souffrir quelque trouble en relation avec l'insuline, est de réviser soigneusement votre arbre généalogique. Si vos parents ou grands-parents eurent ou ont l'une des suivantes maladies, vous risquez de l'avoir :

- **Maladies cardiaques**
- **Hypertension**
- **Accumulation de graisses autour de la taille**
- **Cholestérol élevé**
- **Triglycérides et autres graisses élevées**
- **Diabète de type II**
- **Excès de rétention de fluides (gonflement des chevilles)**

En même temps que vous considérez les profils de santé des membres de votre famille, comptez sur le fait que plus vous vous sentez identifié avec ces troubles, plus de possibilités de les développer. Si vous avez ce risque, vous avez une importante raison de vous préoccuper de l'insuline, puisqu'en la contrôlant vous pouvez « sauver votre vie ». Si vous avez déjà souffert l'un (ou plusieurs) de ces troubles, vous pouvez améliorer votre santé en contrôlant l'insuline.

APPRIVOISEZ LE MONSTRE:
Contrôlez l'Insuline à Travers Le Régime

Comment pouvez-vous arriver à la contrôler ? Avec notre régime de nutrition – un régime avec des restrictions sur les hydrates de carbone, une consommation modérée de graisses et la quantité de protéines adéquates, qui contrôlent les hormones métaboliques du corps, en plus de l'insuline. La première conséquence du régime est la révolution des niveaux d'insuline, ce qui semble nous dire que ce régime peut générer des changements diététiques. De fait, le régime est la seule voie pour résoudre ce problème.

La nourriture que nous mangeons a une énorme influence sur les hormones de notre corps – pour le bien ou pour le mal. Si nous nous alimentons de repas équilibrés, nous pouvons altérer positivement notre corps, contrairement au fait de mener une alimentation non équilibrée qui peut provoquer d'énormes désastres dans notre santé. Nous pouvons creuser plus facilement nos tombeaux avec une fourchette ou une cuillère qu'avec une pelle.

Notre régime utilise la nourriture comme instrument pour inverser, ou tout au moins améliorer notablement les troubles causés par un système métabolique hors du commun. Notre régime diététique est très facile à suivre, très goûteux, très complet et permet même la consommation modérée de boissons alcoolisées. Il fonctionne, et ce qui est mieux, il fonctionne rapidement.

À quelle vitesse ? En une semaine ou moins, vous vous sentirez mieux et avec plus d'énergie. En trois semaines, vous remarquerez la réduction du cholestérol et d'autres réductions substantielles dans les niveaux du sang, peut-être même avant (nous disons « peut-être » parce que nous n'avons jamais fait une consultation à une personne avant trois semaines). Les personnes souffrant d'hypertension – une condition normalement liée à l'insuline – mettront d'une à deux semaines à obtenir une pression artérielle plus basse, voir normale. En peu de semaines, et quelques fois en quelques jours, les patients diabétiques ou avec des problèmes liés au diabète, verront comment se normalisent leurs niveaux de sucre dans le sang, ou comment ceux-ci s'améliorent. Ce programme corrige ou améliore substantiellement l'hypertension, le haut niveau de cholestérol et le diabète de type II, normalisant les altérations des hormones métaboliques du corps, qui est la cause principale de tous ces problèmes.

L'obésité, l'autre problème principal de la santé, réside dans le métabolisme de l'insuline altérée. Ceci, bien évidemment, ne disparaît pas si vite. Même si notre programme nutritionnel ouvre toutes les portes pour permettre que toutes les graisses du corps brûlent, ceci met du temps et celui-ci dépend de la quantité de graisses à brûler. Néanmoins, la bonne nouvelle est que la plupart de nos patients, bien avant de perdre beaucoup de poids avec ce programme, ont senti comment les troubles médicaux qu'ils ressentaient, comme l'hypertension, le haut cholestérol, le diabète, la goutte et d'autres, allaient mieux ou même disparaissaient. Actuellement, il est reconnu comme le programme typique pauvre en calories et graisses et avec une réduction d'hydrates de carbone qui font que ces troubles aillent mieux à chaque fois, en même temps que notre corps perd du poids. Mais, dans notre régime, ces améliorations sont presque toujours dues à des changements rapides du métabolisme.

Bien évidemment, nous n'avons pas toutes les réponses, mais nous avons un programme de nutrition que nous avons essayé sur nous-même, sur nos trois enfants, sur des milliers de nos patients et sur des quantités de personnes de tous les pays, sans une seule réaction défavorable[3]

Notre rapprochement est scientifique et valable historiquement, et peut non seulement s'expliquer avec l'appui d'articles scientifiques mais également avec des livres de médecine. C'est important puisque cela démontre que nous avons appuyé nos conclusions sur des faits scientifiques et non sur des théories. Les scientifiques publient leurs découvertes dans des revues médicales/scientifiques, créant une quantité de débats et une série d'activités dans d'autres laboratoires du monde entier. De nombreux scientifiques répètent alors les expérimentations, quelques fois avec les mêmes résultats et d'autres fois avec d'autres différents. Avant qu'une théorie de connaissance scientifique soit considérée comme valable, elle doit être confirmée avec de nombreux essais réalisés dans différents laboratoires en obtenant le même résultat. C'est alors que la littérature médicale prend place, et que peuvent se publier des livres de médecine. Non seulement tous les concepts fondamentaux de notre programme se trouvent dans nos livres essentiels de médecine mais de plus il existe des études qui confirment que nos investigations commencent à être publiées dans des revues de médecine (si vous le désirez, vous pouvez contacter notre éditeur pour une bibliographie plus étendue).

Est-ce que cette image a été montrée antérieurement?

La réponse pour toute personne intéressée est bien évidemment oui. L'histoire du régime commence en 1825, lorsque le français Jean Anthelme Brillat-Savarin public un essai intitulé «Prévention ou traitement curatif de l'obésité», dans son ouvrage classique sur la gastronomie «La physiologie du goût», où il affirmait : «Actuellement, un régime pauvre en graisses est la cause plus commune et active de l'obésité, puisque, comme il a été clairement prouvé, les céréales et l'amidon saturent les graisses chez l'homme comme chez les animaux. Cet effet... joue un rôle important dans la commercialisation des animaux d'engraissement dans nos marchés et l'on peut facilement déduire qu'une abstinence plus ou moins ferme de tout produit contenant de l'amidon ou de la farine mènera à une réduction de poids». M. Brillat-Savarin trouva

---

[3]En 1989, Michael écrivit un livre, Thin So Fast, publié par Warners, qui décrivait notre régime nutritionnel comme la seule façon de perdre du poids. Depuis, nous avons reçu d'énormes quantités de lettres de nos lecteurs de tout le monde nous racontant leurs succès, après de nombreuses années d'échecs d'autres diètes.

de forme empirique les vertus d'un régime pauvre en hydrates de carbone et publia ses découvertes. En 1862, William Banting, un entrepreneur de la haute société de Londres, était tellement obèse qu'il ne pouvait se lacer les chaussures et devait descendre les escaliers de dos. Il essaya tous les remèdes typiques de l'époque jusqu'à ce que son médecin lui donna un régime sans aliments riches en amidon ni sucres. M. Banting suivit ce régime au pied de la lettre et perdit un demi kilo par semaine jusqu'à atteindre un poids normal, en améliorant ainsi sa santé et son habileté à descendre les escaliers en avant. Il était si content de ce succès qu'il publia et distribua, à ses frais, 2500 copies de sa « *Letter on Corpulence* » où il décrivait son traitement et les modifications propres à son programme. La demande de ce pamphlet fut si grande que beaucoup d'éditions furent réalisées aux deux côtés de l'Atlantique avant sa mort en 1878, à l'âge de quatre-vingt et un ans. Son régime fut connu si vite que son nom se transforma en synonyme de « faire régime » : les personnes ne faisaient pas de régime, ils suivaient la ligne de Banting. Aux États-Unis, le régime « bantien » de maigre mena au développement du bifteck américain de Salisbury, un produit de première nécessité à la fin de XIX° siècle.

Le suivant livre connu sur la santé et la perte de poids fut « *Eat and Grow Thin* », écrit par Vance Thompson qui fut mari de l'actrice Lillian Spencer et fondateur de la revue *M'll New York*. Ce petit livre appelait aux vertus d'un régime restreint en hydrates de carbone (selon l'affirmation des sagas asiatiques Mahdah), et fut un important best-seller qui arriva à sa 112° édition en 1931.

Ces premiers livres portant sur le régime ont en commun que leurs auteurs n'étaient ni médecins ni scientifiques (M. Brillat-Savarin était avocat), et principalement, ils observaient et promotionnaient ces régimes parce qu'ils obtinrent de bons résultats, faits témoignés par des milliers de « patients » qui le suivirent. À la fin des années 1920, les scientifiques d'un important courant de médecine observèrent et informèrent sur l'efficacité du régime pauvre en hydrates de carbone, lorsque, en explorant l'Arctique, Vilhjalmur Stefansson et un collègue se soumirent à un régime de viande uniquement pendant un an (voir note au pied de la page 2).

Pendant une époque plus récente, en Angleterre, T. L. Cleave, chirurgien – capitaine de l'Armée Royale – et John Yudkin, professeur de nutrition au Collège de la Reine Isabelle, à l'université de Londres, ont étudié et écrit sur les mérites d'un régime pauvre en hydrates de carbone. Le Dr. Yudkin a publié des articles, dans la plupart des prestigieuses revues de médecine pendant toute sa carrière qui dure déjà depuis près de soixante ans, sur comment mener un régime pauvre en hydrates de carbone du point de vue scientifique et sous une perspective naturelle. À l'âge de quatre-vingt-cinq ans, il continue à écrire et publier. *This Slimming Business* et *A-Z of Slimming* sont des classiques sur ce thème.

Les trois livre plus importants sur les régimes aux États-Unis ont été écrits par des médecins, détaillant leurs propres versions sur le régime pauvre en hydrates de carbone. Le Dr. Irwin Stillman publia *Quick Weight Loss Diet* en 1967, décrivant comment il vainquit l'obésité et une attaque au coeur en réduisant les hydrates de carbone et en buvant de grandes quantités d'eau. Le Dr. Atkins écrivit *Dr. Atkin's Diet Revolution*, un autre best-seller avec des millions d'exemplaires vendus en 1972, racontant sa propre expérience et celle de ses patients avec un régime pauvre en hydrates de carbone. En 1979, le Dr. Herman Tarnower expliqua son rapprochement au régime pauvre en hydrates de carbone avec l'aide de ses patients de cardiologie et de médecine générale dans son livre *The Complete Scarsdale Medical Diet*. Ces livres, en version de couverture cartonnée ou de poche, Sont vendus autour de 20 millions d'exemplaires (de manière surprenante, les deux derniers livres sont encore en édition vingt ans après), et il n'y sûrement aucune personne qui fasse un régime et qui n'ait pas entendu parler d'eux. Pourquoi sont-ils si populaires ? Parce qu'ils fonctionnent.

Aucun des auteurs sur ces prestigieux livres de régime n'écrivit sur la science fondamentale impliquée. Ils ne firent que découvrir la restriction d'hydrates de carbone comme moyen effectif pour perdre du poids et améliorer sa santé dans un régime facile à suivre. Essentiellement, ces auteurs « découvrirent » par des essais et des erreurs la même chose que M. Brillat-Savarin, M. Banting et les autres personnes qui arrivèrent à la même conclusion. Il n'existe aucun doute que ces régimes fonctionnent. La seule question est pourquoi. Dans les chapitres suivants, vous apprendrez la cause biochimique et physiologique. Et comment la restriction d'hydrates de carbone fonctionne à travers la réduction de l'insuline. Vous serez capable d'utiliser nos techniques pour augmenter les programmes qui nous ont précédés.

Tout d'abord, nous verrons l'étude plus étendue sur le régime pauvre en graisses, le premier rapprochement de l'histoire de la nutrition à un haut niveau d'hydrates de carbone : la civilisation de l'Ancien Egypte. Vous pourrez utiliser l'Histoire pour arriver à vos propres conclusions.

Note Finale

À la fin de chaque chapitre vous trouverez un résumé de tout ce que vous avez besoin de savoir.

Chapitre 2

Le Piège du Symptôme du Traitement

Toutes les grandes vérités commencent par des blasphémies.

GEORGE BERDNARD SHAW

«Vous voulez que je mange quoi?»

La femme d'âge moyen assise au pupitre en face de nous se montrait de plus en plus incrédule lorsque nous lui expliquions les changements qu'elle devait faire sur son régime, changements nécessaires pour réduire le niveau dangereux et élevé de graisses dans le sang. Elle n'avait pas de problème grave de poids. Elle était venue nous demander conseil sur son traitement de cholestérol, mais elle avait de gros problèmes pour accepter ce conseil.

«Mais si je mange tous les aliments que vous me conseillez, mon cholestérol n'augmentera pas ? Je ne comprends pas comment je peux manger un oeuf ou de la viande rouge dans mes conditions. Êtes-vous sûrs que cela fonctionnera?»

Nous lui expliquions comment sa physiologie fonctionnait et pourquoi le cholestérol était haut. Son métabolisme changerait au même temps qu'elle commencerait à suivre notre programme de nutrition, et ces changements produiraient une spectaculaire diminution de ses niveaux de cholestérol. Nous lui dîmes qu'une fois commencé le régime approprié, elle verrait d'importants résultats en peu de semaines, au lieu de mois comme la plupart des régimes normaux, s'ils fonctionnent réellement. Elle pourrait alors juger si elle était sur le bon chemin ou non. Elle n'avait pas l'air convaincue de l'explication scientifique à son problème ni de la solution, mais elle fut surprise de la rapidité des résultats :

> «Six semaines ! Pensez-vous que j'aurais beaucoup changé dans ce temps ? » –demanda-t-elle.
> «Vous serez bien surprise».
> «J'espère bien. Je ne pourrais pas supporter une expérience comme celle de la dernière fois. J'ai tant travaillé avec mon ancien médecin... Je suivis fidèlement le régime qu'il m'indiqua et, pourquoi ? Pour pratiquement rien. Je ne me plains pas, mais vous devez comprendre

que c'est la dernière chance. Si je n'arrive pas à contrôler le cholestérol, je vais être perdue.»

Nous le comprîmes parfaitement. Même si son problème est plus important que celui d'autres personnes, Jayne Bledsoe[1] est une patiente typique que l'on traite dans nos essais. Nous avons écouté des cas similaires par la bouche d'autres patients qui ont eu des problèmes de cholestérol.

EN TRAITANT LE SYMPTOME, LE PROBLÈME DISPARAÎT

Jayne n'était pas consciente d'avoir un problème jusqu'à ce qu'elle alla chez le médecin. Son docteur l'examina et lui dit qu'elle semblait en bonne santé, lui fit une prise de sang et lui dit qu'il l'appellerait quand il recevrait les résultats. Le lendemain, il l'appela et lui lâcha la bombe : les niveaux de graisses dans le sang étaient très haut et c'était dangereux. Le sérum de son cholestérol était de 750 mg/dl (milligrammes/décilitres), quand les données normales sont en dessous de 200, et ses triglycérides (une autre graisse du sang, qui est normalement autour de 100 à 200 mg/dl) de 3000 mg/dl ! La plupart des médecins s'inquiètent lorsqu'un cholestérol surpasse les 300 mg/dl, n'en parlons donc pas s'ils atteignent les 750 mg/dl, et se préoccupent automatiquement en voyant le niveau de triglycérides. Il n'est pas surprenant que son médecin, suivant le protocole de médecine établi, mette en marche « Le régime du premier échelon », l'intègre immédiatement dans le Programme National de Conscience sur le Cholestérol, et continue avec « Le régime du deuxième échelon»: un régime et deux puissants médicaments[2] pour la réduction du cholestérol.

---

[1]Comme celle-ci, la plupart des histoires de ce livre appartiennent à des patients réels dont nous avons changé les noms. Certaines fois, une histoire concernant plusieurs patients s'utilise pour illustrer une chose déterminée.

[2] Prit du « Dossier du Programme national d'éducation du cholestérol avec une équipe d'experts en Détection, évaluation et traitement du Cholestérol élevé dans le sang chez des adultes. », *Archives de Médecine générale* 148 : 36-69, janvier 1988. Sous ces directrices, les médecins traitent les patients souffrants de cholestérol élevé de forme professionnelle. Ils commencent par faire une modification dans la diète limitant les graisses à 30% et les protéines à 10% ou 20% de calories qui stimulent la consommation d'hydrates de carbone. On appelle ça la Diète du premier échelon. Si avec cette Diète du premier échelon, le niveau de cholestérol dans le sang refuse la diminution ou reste pareil, on passerait à la Diète du deuxième échelon, plus rigoureuse pour réduire la consommation de graisses. Dans ces cas où la diète échoue, la plupart des médecins finissent par prescrire un médicament ou plusieurs pour baisser le cholestérol.

Jayne suivit au pied de la lettre les prescriptions du docteur pendant six mois, non sans difficultés. Les médicaments lui produisaient des nausées et le régime lui donnait faim constamment. Le changement arriva lorsque en parlant avec sa famille et ses amis, l'un d'eux lui dit : « Je ne connais personne de vivant avec un niveau de cholestérol de 750 ! » À cette époque, Jayne se fit un nouvel examen, elle voulait se sentir mieux. Et elle était mieux, mais ce n'était pas encore assez. Son cholestérol était descendu de 750 mg/dl à 475 mg/dl et ses triglycérides de 3000 mg/dl à 2000 mg/dl. C'était déjà un pas, mais la préoccupation persistait pour Jayne et son médecin. Ils discutèrent les différentes options du traitement. Son médecin lui suggéra d'augmenter la dose du médicament pour baisser le cholestérol ou ajouter un autre médicament au régime. Jayne voulut y réfléchir avant de décider sur l'option à prendre. Elle décida de ne rien faire avant d'obtenir une deuxième opinion d'un autre médecin. Elle vint donc à notre clinique.

Après avoir écouté son histoire, nous lui extrayions à nouveau du sang et découvrîmes qu'elle avait réellement les niveaux de cholestérol et les triglycérides très hauts, 450 mg/dl et 1900 mg/dl respectivement. En plus, la quantité de sucre dans son sang était monté jusqu'à 155 mg/dl (normalement il doit être en dessous de 115 mg/dl), un signe qui menaçait un risque de diabète.

Nous lui donnâmes des instructions pour qu'elle cesse de prendre les médicaments pour la réduction du cholestérol, et nous lui changeâmes le régime complètement. Son nouveau régime de nutrition lui permettrait de manger de la viande (même de la viande rouge), des œufs, du fromage et beaucoup d'autres aliments dont la plupart du monde voit comme *responsables* du cholestérol et non comme la solution. Nous lui dîmes qu'on l'appellerait au bout de trois semaines pour l'examiner à nouveau et qu'elle retourne faire ses analyses de sang dans six semaines.

Elle appela le jour de son rendez-vous et nous dit qu'elle « se sentait parfaitement », et que ses nausées et sa faim avaient disparu. Les résultats de son travail reflétés dans le sang l'étonnèrent. Le niveau du cholestérol de Jayne était descendu jusqu'à 186 mg/dl et celui des triglycérides jusqu'à 90 mg/dl. Tout était revenu à la normalité. Comme vous pourrez comprendre, elle était ravie.

Comment cela put arriver ? Comment est-ce possible qu'un régime puisse baisser le cholestérol, alors que tout le monde croît qu'elle devrait monter et, de plus, en une personne avec un niveau cholestérol très élevé ? Nous savons que le cas de Jayne Bledsoe n'a rien d'anormal ni d'aberrant puisque nous avons essayé des variations de son régime sur d'innombrables patients avec les mêmes résultats pour tous. Les résultats de Jayne ont du sens puisque son problème, sa maladie n'a rien à voir avec le haut niveau du cholestérol qui n'est qu'un signe de son problème fondamental, l'hyperinsulinémie, une augmentation chronique du sérum de l'insuline.

Lorsque Jayne entra pour la première fois dans notre bureau, son niveau d'insuline était de 20 mU/ml (milliunités/millilitre), plus ou moins le double de ce que nous considérons normal qui est de moins de 10 mU/ml. Après un régime créé pour baisser son niveau d'insuline, ses analyses nous montrèrent que les niveaux étaient descendus à 12 mU/ml, presque normaux. En traitant son problème réel, l'excès d'insuline, nous fûmes capables de résoudre ses problèmes secondaires, comme le haut cholestérol, les triglycérides et le sucre dans le sang. Les thérapies standard de médecine traitent les symptômes d'excès d'insuline, le haut cholestérol, les triglycérides et l'obésité au lieu de traiter l'excès d'insuline. Malheureusement, le traitement standard des symptômes pourrait arriver à *augmenter* les niveaux d'insuline et accentuer le problème principal.

L'excès d'Insuline : Un Véritable Problème

L'insuline est une substance qui influe directement sur chaque cellule du corps et de forme dominante sur le système métabolique. Sans elle, nos procédés métaboliques n'auraient pas de sens. L'insuline est une hormone sécrétée par le pancréas, organe glandulaire en dessous de l'estomac, dans la cavité profonde de l'abdomen. Au même temps qu'elle se déplace par le système circulatoire, l'insuline règle le niveau de sucre dans le sang, sa fonction la plus importante, et bien d'autres choses. L'insuline, en activant ou en évitant certaines fonctions métaboliques, peut faire que nous nous sentions endormis, affamés, satisfaits, étourdis, assoupis ou gonflés. Elle peut faire monter la pression artérielle, augmenter les niveaux de cholestérol (comme dans le cas de Jayne Bledsoe), remplir de graisses les cellules, faire que le corps retienne des liquides, nuire aux artères et même transformer les protéines et le sucre en graisse. L'insuline, en sa proportion adéquate, maintient le système métabolique en équilibre. En excès, elle se transforme en une hormone maligne qui parcourt le corps et cause des dégâts métaboliques, laissant derrière soi le chaos et des maladies.

Même si, depuis les années vingt (lors de sa découvert), les chercheurs ont reconnu ses effets positifs, ils ont également agroupé, pendant ces trois dernières décades, une grande quantité de données qui démontrent que certains de ces effets ne sont pas si bienfaisants.

Puisqu'il n'existe aucun médicament disponible pour réduire significativement les niveaux d'insuline, la manipulation du régime est le seul traitement effectif pour l'excès d'insuline et les maladies qu'elle entraîne (même si l'exercice physique aide). Ceci ne veut pas dire que la haute pression artérielle, par exemple, ne puisse se traiter avec des médicaments. Comme tout le monde sait, uniquement les symptômes peuvent être traités et non la cause fondamentale.

L'Hypertension et les Maladies Cardiaques : La Connexion de l'Insuline

Les médecins ont toujours su que les personnes qui ont une pression artérielle haute meurent d'apoplexie et d'attaque au coeur plus fréquemment que ceux qui possèdent une pression artérielle normale. En traitant l'hypertension sur une grande échelle, les médecins se sont rendus compte qu'ils pouvaient réduire significativement les morts causées par apoplexie y maladies du coeur. En s'appuyant sur ce raisonnement et avec très peu de preuves, puisqu'il n'a jamais été établi d'études sur l'hypertension à long terme, nous avons réussi que l'objectif soit que les américains souffrant d'hypertension cherchent un diagnostique et prennent des médicaments. Les premières études à long terme sur les bénéfices du traitement venaient de commencer. Les chercheurs des centres médicaux de tout le pays réunirent des groupes de personnes souffrant d'hypertension, de manière à pouvoir les traiter et les contrôler minutieusement pendant le nombre d'années nécessaires pour obtenir des résultats valables. Les statistiques reflétèrent des résultats montrant que l'hypertension contrôlée avec des médicaments diminuait les risques de mort par apoplexie ou d'attaques au coeur en 40 pour cent et 25 pour cent respectivement.

Les statisticiens furent-ils exacts ? Pas réellement, tout au moins dans la présentation des résultats. Quand ceux-ci furent terminés, les chercheurs s'étonnèrent. Les morts dues à l'apoplexie avaient diminuées autour de 25 pour cent, exactement ce que les statisticiens avaient prévu, mais les calculs sur les maladies cardiaques ne (se) coïncidaient pas. En plus de la diminution prévue de 40 pour cent, les experts ne découvrirent pas une *baisse significative* des morts causées par des maladies cardiaques, en comparaison avec les personnes qui ne reçurent aucun traitement. Les personnes qui ne connaissaient pas leur problème d'hypertension et ne se préoccupèrent donc pas, ne développèrent pas de maladies cardiaques plus activement que ceux qui creusèrent jusqu'au fond de leur problème et prirent des médicaments jour après jour et contrôlèrent leur pression artérielle. Comme vous pouvez imaginer, cette divergence entraîna beaucoup de problèmes aux scientifiques. En se basant sur leurs ordonnances, 19 millions d'américains ont dépensé chaque année plus de 4 billions de dollars en médicaments pour réduire la pression artérielle. Qu'est-ce qui se passa ? Pourquoi les chiffres augmentèrent de cette manière ?

En même temps que les chercheurs examinaient les données minutieusement, ils découvrirent que l'hypertension et les maladies cardiaques avaient un dénominateur commun : l'excès d'insuline. Une découverte qui stimula de nouvelles recherches. Puisqu'un excès d'insuline cause de l'hypertension et des maladies cardiaques. À travers de mécanismes que nous verrons dans les chapitres suivants, il est évident que réduire la pression artérielle sans diminuer les niveaux d'insuline ne cause que de très maigres effets sur l'évolution des maladies cardiaques.

Il est triste de dire que beaucoup de médicaments, diurétiques et bêtabloquants, normalement augmentaient les niveaux d'insuline tout en baissant la pression artérielle. Plus encore, beaucoup de patients souffrant d'hypertension qui prenaient des médicaments dans l'espoir de prévenir des maladies cardiaques, ne faisaient qu'aggraver le problème réel : l'excès d'insuline. Dans la plupart des cas, un contrôle diététique des niveaux élevés d'insuline aurait pu éliminer l'hypertension et la menace de maladies cardiaques.

Le problème de Jayne Bledsoe était l'insuline élevée. Les maladies auxquelles l'insuline influe directement (hypertension, hauts niveaux de cholestérol, et d'autres graisses dans le sang, diabète, maladies cardiaques et obésité) sont la cause de la plupart des décès et des handicaps actuels aux États-Unis. Il s'agit d'obscurs meurtriers de la civilisation occidentale. Ils ont tué plus du double d'américains de ceux qui moururent pendant la I° et la II° Guerre Mondiale, la Guerre de Corée et au Vietman.

Comment pouvons-nous savoir que ces troubles sont causés par les régimes et non pas par d'autres facteurs ou une combinaison d'autres facteurs ? De même que, dans beaucoup d'aspects de la médecine, il existe toujours des choses inconnues, nous possédons de l'information sur trois aspects scientifiques différents – recherche historique, épidémiologique et expérimentale. Rien dans ce livre n'est théorique, tout est contrasté avec la biochimie de n'importe quel texte de médecine. Par contre, c'est la première fois que cette information était recueillie dans un livre.

La réalité scientifique parlera par elle-même, donc commençons par examiner ces liens biochimiques entre les régimes et les maladies.

NOTE FINALE

Tout le monde connaît l'insuline comme un régulateur du sucre dans le sang, et réellement celle-ci est une de des principales fonctions dans le corps. Mais il y a encore plus. L'insuline peut être considérée comme une hormone dominante dans le métabolisme humain, liée avec le réglage de la pression artérielle, la production de cholestérol et triglycérides, et le stockage de graisses. Lorsque les niveaux d'insuline montent trop – un thème auquel nous dédierons du temps dans ce livre – il se produit des troubles dans le métabolisme, comme une haute pression artérielle, du cholestérol et des triglycérides élevés, le diabète et l'obésité qui laissent des traces. Les troubles sont un symptôme d'un désordre dans le métabolisme : l'excès d'insuline et la résistance à l'insuline.

Il n'existe pas de médicaments qui soignent l'excès d'insuline. Un régime adéquat est le seul moyen pour sa stabilisation. (Le régime typique pauvre en graisses et riche en hydrates de carbone ne fera rien sauf provoquer l'effet inverse). Certains médicaments, spécialement les bêtabloquants et quelques diurétique (la plupart traitent l'hypertension et les problèmes cardiaques), normalement empirent le problème, faisant que le corps crée plus d'insuline, et médecin et patient se voient enfermés dans le «piège du symptôme du traitement».

C'est ce qui arrive normalement : un patient prend du poids puis développe l'hypertension, raison pour laquelle le médecin lui recette un diurétique pauvre en sel. Le patient revient avec une amélioration de la pression artérielle, mais avec une légère montée des niveaux de cholestérol et commence un régime pauvre en graisses. Non seulement il ne revient pas plus mince et avec un changement des niveaux du cholestérol, mais il augmente les triglycérides et le sucre dans le sang. Cette progression arrive parce que ces troubles sont en relation avec la principale altération : l'excès d'insuline, qui s'aggrave avec le traitement.

Ces altérations arrivent si souvent dans notre société que nous nous effrayons lorsque l'on apprend le nombre de victimes qu'elles affectent. Les maladies cardiaques, l'hypertension et le diabète tuent le double de personnes qui moururent chaque année dans les deux Guerres mondiales, celle de Corée et celle du Vietnam ensembles.

Comment pouvons-nous savoir que ces troubles sont causés par les régimes et non pas par d'autres facteurs ou une combinaison d'autres facteurs ? De même que, dans beaucoup d'aspects de la médecine, il existe toujours des choses inconnues, mais nous en sommes sûrs grâce aux données que nous possédons de trois aspects scientifiques différents dans la recherche historique, l'épidémiologique et l'expérimentale

Chapitre 3

L'EXCÈS D'INSULINE ET LE SYNDROME DE SON INTOLÉRANCE

Une personne est incapable d'apercevoir quelque chose – quand elle est devant ses yeux.

LUDWING WITTGENSTEIN

Recherches philosophiques

Pensez comment serait la vie si nous ne possédions pas l'habileté de stocker l'excès d'énergie des aliments que nous mangeons. Comme un mixeur qui ne fonctionne que lorsqu'on le branche, nous devrions être constamment branchés à notre source d'énergie : la nourriture. A simple vue, cela ne semble pas mal. Beaucoup de gens grappillent, mangent un petit peu à la fois tout au long de la journée, et ne serait-il pas incroyable de pouvoir continuer à faire cela sans les conséquences de l'obésité, du haut cholestérol ou d'autres maladies de haute consommation ?

Un désavantage clair est que nous devrions manger plus de nourriture plus rapidement à la fois que nous augmentons l'intensité de notre activité. Supposons, par exemple, que nous réalisons une activité énergétique comme la natation. Nous pourrions nous fatiguer dès que nous sautons dans l'eau, ce qui serait embarrassant. Ce serait comme laisser le mixeur allumé pendant deux heures juste après de l'avoir utilisé, le débrancher et l'allumer à nouveau. Il ne se passerait rien, puisque le mixeur ne peut pas stocker l'électricité. Donc, nous devrions manger pendant que l'on nage. Ce serait ennuyeux et inadéquat avoir à calculer comment consommer des aliments à n'importe quelle heure, même en dormant.

Si nous mangions de trop, ce serait la même chose que brancher un mixeur de 120 volts d'électricité à un circuit de 240. Que se passerait-il si nous restions bloqués dans un ascenseur et nous y mangions toute la nourriture ? Sitôt finis, nous commencerions à balbutier et suffoquer pendants nos derniers soupirs, comme une voiture sans essence. Notre survie dépendrait d'avoir des substances alimentaires immédiatement accessibles et toute activité capable de nous séparer de notre nourriture supposerait un danger mortel.

Nos Batteries Incorporées

Savez-vous que, théoriquement, la plupart du monde pourrait être quelques mois sans manger, quelques-uns même un an ou plus, en fonction de leur obésité ? Nous pourrions manger dix fois par jour où seulement une, ou aucune. Nous pourrions dépenser d'énormes quantités d'énergie sans manger grand chose ou manger de grandes quantités de nourriture sans dépenser aucune énergie. En un mot, nous avons la capacité d'utiliser l'énergie venant des aliments que nous mangeons pour nos besoins immédiats et de stocker le reste pour un usage futur. Nous avons nos propres « batteries incorporées » : la graisses que notre corps possède se recharge à chaque fois que nous mangeons et utilise l'énergie quand nous ne mangeons pas. En fait, la quantité de graisses dans le corps d'une personne normale pesant 168 kilogrammes contient suffisamment d'énergie pour lui permettre d'aller de Miami à New York sans rien manger.

L'insuline et quelques autres hormones dirigent les activités du métabolisme et assurent que «notre batterie», la graisse, fonctionne de manière à pouvoir vivre sans être branchés à une source d'énergie constante. C'est justement nos systèmes métaboliques, ceux qui règlent le stockage énergétique de l'excès de nourriture comme la graisse, et la libération et l'élimination de ces graisses du corps pour les transformer en énergie nécessaire pour vivre. Le système métabolique réalise ces activités silencieusement et sans aucun effort conscient de notre part, mais il n'est pas infaillible.

Le Yin et le Yang de Notre Métabolisme

L'insuline et le glycogène sont les principales hormones responsables du stockage et de la libération d'énergie de notre corps. Lorsque nous mangeons, l'insuline fait que notre métabolisme stocke l'excès d'énergie des aliments pour un usage postérieur. Quand il faut l'utiliser, le glycogène mène le métabolisme par une autre voie, nous permettant de brûler la graisse stockée pour obtenir l'énergie dont nous avons besoin pour nager, marcher ou beaucoup dormir après avoir mangé. Si nous pensons à l'insuline comme l'hormone de l'alimentation et du stockage, et au glycogène comme l'hormone du jeûne et de l'élimination de graisses, sachant le style de vie américain où l'on n'arrête pas de manger, on peut déduire facilement que l'insuline domine le corps la plupart du temps.

Même si l'insuline réalise d'innombrables fonctions dans le corps, sa principale priorité est de maintenir que les niveaux de sucre dans le sang ne soient pas très élevés. La principale fonction du glycogène est d'empêcher que les niveaux de sucre dans le sang soient trop bas. L'importance de cette minutieuse régulation des niveaux de sucre dans le sang reprend beaucoup plus de sens par le fait que sans elles nous serions morts en quelques jours, voir en quelques heures. Sans l'insuline, le sucre dans le sang monterait comme une fusée, produisant des altérations métaboliques importantes, la déshydratation, le coma et la mort, L'absence du glycogène permettrait la baisse immédiate du sucre dans le sang, créant des dégâts cérébraux, la somnolence, le coma et la mort, puisque le cerveau nécessite de sucre afin de bien fonctionner. Dû à l'inévitable besoin de maintenir le sucre dans le sang dans un degré de stabilité, le corps n'accorde pas d'importance aux activités secondaires de ces hormones, du moment qu'elles maintiennent les niveaux de sucre dans le sang. Et c'est là qu'apparaît le problème.

Est-ce que le sucre du sang peut régler l'insuline et le glycogène ? Bien sûr que oui. Si le sucre du sang monte, l'insuline monte. Au contraire, si le sucre du sang baisse, de même pour l'insuline, alors que le niveau de glycogène augmente. Ce mécanisme nous fournit un contrôle indirecte sur notre insuline et glycogène en manipulant le niveau de sucre du sang. Bien que l'on veuille essayer, nous ne pouvons pas changer notre insuline et notre glycogène directement : nous ne pouvons pas prendre de médicaments ni de retroalimentation biologique, et nous ne pouvons pas prendre de pilules d'insuline ou de glycogène puisqu'elles sont détruites dans le processus digestif. La seule forme de modifier les niveaux d'insuline et de glycogène est de changer notre niveau de sucre dans le sang en nous injectant ces hormones, ce qui peut se faire en un moment.

Si vous désirez que vos niveaux d'insuline augmentent, vous devez uniquement boire une boisson sucrée. Votre sucre augmentera en quelques minutes, ainsi que votre niveau d'insuline. Cependant, il est difficile d'augmenter les niveaux de glycogène. D'une certaine manière vous devez arriver à baisser le niveau de sucre suffisamment pour stimuler le pancréas pour qu'il libère le glycogène. La seule forme de faire ceci rapidement est l'injection d'insuline. Ce surplus d'insuline baissera votre sucre suffisamment pour que le pancréas libère du glycogène. D'un autre côté, vous pouvez attendre plusieurs heures sans manger jusqu'à ce que le sucre dans votre sang baisse tout seul et produise une augmentation de glycogène.

Notre niveau de sucre dans le sang dirige le fonctionnement de notre système métabolique. Il est à la tête du processus. Lorsque le sucre augmente, il donne l'ordre au métabolisme de procéder dans un sens. Lorsqu'il diminue, il ordonne le contraire. Si, grâce à l'insuline et le glycogène, le sucre dans notre sang contrôle notre métabolisme, et nous pouvons contrôler les niveaux de sucre dans notre sang en prenant ou non certains aliments, ne pouvons-nous pas déduire que nous sommes capables de contrôler notre métabolisme? Et bien, oui. En fait, l'habileté à contrôler notre métabolisme est la base de notre programme diététique.

L'Insuline Face au Glycogène: Équilibrer la Balance

Dû à son rôle dans le stockage d'énergie, l'insuline active de nombreux systèmes métaboliques qui ne le sont pas en permanence. Ces systèmes furent établis pour fonctionner de manière intermittente, mais grâce au processus et au régime typique américain, ils ont tendance à fonctionner tout le temps. De quels systèmes parlons-nous ? Premièrement, du système de synthèse du cholestérol. L'insuline active les enzymes qui circulent dans l'appareil producteur de cholestérol, produisant ainsi une surproduction de cholestérol. En fait, de 70 à 80 pour cent du cholestérol dans nos veines a été créé par notre corps. Uniquement 10 à 20 pour cent provient de notre diète. Toute cellule du corps possède la capacité de produire du cholestérol, mais la plupart est créé par les cellules du foie, et en moindre partie, par celles des intestins et de la peau. Les niveaux élevés d'insuline incitent ces cellules à produire d'immenses quantités de cholestérol qui se dirigent alors vers le sang. Vous vous demanderez pourquoi la nature les dessina ainsi. Le stockage d'énergie provenant de l'excès de nourriture, comme la graisse, semble raisonnable, mais pourquoi produire du cholestérol ?

L'excès d'énergie alimentaire fait augmenter le sucre dans le sang, ce qui provoque la montée de l'insuline qui donne lieu au cycle du stockage et produit l'accumulation de graisses. Le corps doit créer de nouvelles cellules pour stocker la graisse et renforcer les muscles. L'insuline agit alors comme une hormone de croissance dans ce processus. Le cholestérol joue un rôle vital dans ce processus de renforcement et de stockage. Il fournit le cadre structurel pour toutes les cellules. En fait, si tout le cholestérol de notre corps disparaissait subitement, vous vous dissoudriez à l'instant comme la sorcière méchante du *Magicien d'Oz* lorsque Dorothy lui lança l'eau. Malheureusement, l'*excès* d'insuline stimule l'*excès* de cholestérol, l'origine du problème.

L'excès d'insuline stimule également la prolifération et la croissance des cellules musculaires dans les revêtements de nos artères, une activité qui cause plusieurs problèmes. Les cellules musculaires plus grandes épaississent les parois artérielles, les rendant moins élastiques et réduisant leur volume intérieur. En étant moins élastiques, les petites artères coronaires sont plus enclines à développer des plaques et des spasmes artériels, les principales causes des maladies liées au coeur. La haute pression du sang survient lorsque le coeur doit développer une plus grande pression pour pomper le sang à travers les étroites et épaisses artères du corps. Pour compléter ce problème, l'insuline cause dans les reins une rétention de liquides et de sel, ce qui fait augmenter le volume de sang et donc, la pression artérielle.

Néanmoins, ne laissons pas de côté son opposé : le glycogène, l'hormone qui brûle la graisse et élimine les tissus gras en inversant les processus de renforcement et de stockage mis en marche par l'insuline. Stimulé par le glycogène, le corps élimine les graisses en les brûlant et les transformant en énergie. Puisque le corps ne nécessite pas un extra de cholestérol pour se livrer des cellules, le glycogène arrête la production de cholestérol et participe à son élimination de la circulation. Le corps n'a pas besoin de plus de liquides pour brûler la graisse, ce qui incite les reins à les expulser.Le glycogène stimule la destruction et la disparition de la croissance musculaire dans les artères et réduit l'incidence de spasmes artériels. Il est plus facile de voir le scénario complet de ces deux hormones dominantes dans le graphique suivant, de façon à ce que vous puissiez les comparer plus facilement.

LES RÔLES DE L'INSULINE ET DU GLYCOGÈNE

L'INSULINE	EL GLYCOGÈNE
Baisse le sucre élevé dans le sang	Augmente les bas niveaux de sucre dans le sang.
Mène le métabolisme au stockage	Mène le métabolisme à brûler les graisses sous forme d'énergie
Transforme le glucose en des protéines pour la graisse	Transforme les protéines en graisse pour le glucose
Transforme les graisses en du stock	Transforme les graisses en cétones et les envoies aux tissus sous forme d'énergie
Élimine la graisse du sang et la transporte aux cellules grasses	Libère dans le sang la graisse des cellules grasses pour que les tissus les utilisent comme énergie
Augmente la production de cholestérol du corps	Réduit la production de cholestérol du corps
Cause que les reins retiennent les excès de liquide	Oblige les reins à libérer l'excès de liquide
Stimule la croissance des cellules artérielles des muscles	Stimule la perte des cellules artérielles des muscles
Stimule l'utilisation de glucose pour l'énergie	Stimule l'utilisation de graisses comme énergie

En examinant ce graphique, sans être un scientifique très réputé vous pouvez voir que nous nous sentirons mieux si nous utilisons plus le côté du glycogène. Cependant, souvenez-vous que le contrôle du métabolisme ne dépend pas d'une hormone ou d'une autre (hormone), ni tout se résume en insuline ou glycogène. Toutes les deux sont présentes dans le sang en même temps. Ce qui mène le métabolisme à stocker ou à brûler dépend de la *prédominance* de l'un ou de l'autre.

COMMENT LA NOURRITURE AFFECTE SUR L'INSULINE ET SUR LE GLYCOGÈNE

Les scientifiques ont fournis aux recherches tous types de repas sous toutes les possibles combinaisons, analyses de sang et mesures d'insuline et glycogène pour découvrir comment la nourriture affecte ces hormones. Les résultats de ses expériences sont sur le graphique suivant:

L'INFLUENCE DE L'ALIMENTATION DANS L'INSULINE ET LE GLYCOGÈNE

Types d'aliments	Insuline	Glycogène
Hydrates de carbone	+++++	Pasde variation
Protéines	++	++
Graisses	Pas de variation	Pas de variation
Hydrates de carbone/Graisses	++++	Pas de variation
Protéines et Graisses	++	++
Prot. Élevées/Hydr. de carbone bas	++	+
Hydr. de carbone élevés/Prot. bas	+++++++++	+

Comme vous pouvez voir dans le graphique, des trois constituants essentiels des aliments –la graisse, les protéines et les hydrates de carbone-, le troisième est celui qui influe le plus sur l'insuline, puisqu'il produit également des changements les plus importants sur le niveau de sucre dans le sang. La graisse n'influe absolument pas puisqu'elle n'affecte en rien l'insuline. La combinaison d'hydrates de carbone et de protéines, spécialement les grandes quantités d'hydrates avec des petites quantités de protéines, produit le plus haut changement dans l'insuline. Quelque chose d'étonnant, considérant la diète typique des américains.

Ce que Nous Mangeons

Que mange l'américain typiqu? Que se passe-t-il avec l'ancien schéma de la viande et les frites – riche en protéines et hydrates de carbone ? Et la pizza, qui se compose principalement de fromage, viande et pain – riche en protéines et hydrates de carbone? Et les pâtes avec du fromage – riches en protéines et hydrates de carbone? Pensez à n'importe quel aliment que nous mangeons normalement: les oeufs avec de la viande hachée, le lait et les céréales, le porc accompagné de haricots, le poulet avec des beignets, le beurre de cacahuète et la gélatine, la glace, le chewing-gum, le «chili con carne», la lasagne... la liste serait interminable. Chaque un de ces aliments populaires est une combinaison de beaucoup d'hydrates de carbone avec quelques protéines, et bien sur, beaucoup de graisse, que nous étudierons bientôt.

Pour l'instant, oublions les protéines et centrons nous sur les hydrates de carbone que nous mangeons, qui réalisent une activité exceptionnelle pour la montée de l'insuline. Le?Deuxième?programme sur la santé et la nutrition nationale (NHANES II), commandée par le Centre national de statistique sur la santé, publia en 1983 des données sur les coutumes d'alimentation des américains[1]. Pourriez-vous deviner quel est l'aliment le plus consommé par les américains? Le pain blanc de mie, les petits pains et les crackers, composés principalement d'hydrates de carbone. Et le deuxième plus consommé? Les beignets (donuts), les galettes et les gâteaux, encore plus d'hydrates de carbone et de graisses. Quant au troisième, ce sont les boissons alcoolisées. En total, de la liste des vingt produits les plus consommés par les américains, onze sont des hydrates de carbone et des protéines, et seulement cinq sont riches en protéines ou une combinaison de protéines et de graisses. Ces cinq derniers ne représentent que 12 pour cent des calories que nous mangeons.

Que se passe-t-il avec la graisse et le cholestérol, dont nous n'avons pas tenu compte jusque là? Devons-nous nous préoccuper des problèmes qu'ils peuvent causer? Bien sur que oui, mais ils ne sont pas aussi importants que les problèmes que peuvent causer les hydrates de carbone. Lorsque les graisses de la diète et le cholestérol causent des problèmes, c'est normalement dû aux hydrates de carbone consommés qu'ils possèdent. Il est vrai que la graisse est la matière brute par laquelle le corps produit le cholestérol, et il est également vrai que si vous ajoutiez plus de graisse à votre diète, votre cholestérol augmenterait, *mais uniquement si vous continuez à manger ces graisses combinées avec des hydrates de carbone.* La graisse est une matière brute que le corps utilise pour produire du cholestérol, et l'insuline circule à travers la matière cellulaire qu'elle produit. Si vous réduisez le niveau d'insuline, les cellules ne pourront pas transformer les graisses en cholestérol, et peu importe la

[1] L'information plus récente de NHANES (NHANES III) n'est pas encore complète, mais les résultats partiels montrent une réduction de la consommation de graisses, une augmentation de la consommation d'hydrates de carbone et une augmentation de presque 25 pour cent de l'obésité

quantité de graisse disponible. Consommer des graisses sans hydrates de carbone pour qu'elles se transforment en cholestérol est la même chose qu'essayer que votre voiture aille plus vite en lui mettant un réservoir d'essence plus grand. Si vous réduisez les hydrates de carbone et vous ajoutez plus de graisses, non seulement vous ne grossirez pas mais vous verrez réduire vos niveaux de cholestérol.

Malheureusement, la diète américaine typique est quasi en sa totalité composée de graisses et d'hydrates de carbone. En 1985, d'après le Conseil de diète et santé appartenant au Conseil national de la recherche, 46 pour cent des calories de la diète commune américaine provenait des hydrates de carbone, 43 pour cent des graisses et uniquement 11 pour cent des protéines : *89 pour cent de la diète américaine se compose de graisses et d'hydrates de carbone.*

La Nourriture Malsaine et d'Autres Paradoxes

Connaître le fonctionnement de l'insuline peut nous aider à analyser des données apparemment contradictoires. Le sondage d'Harris, réalisé en 1990 par la revue Prévention, présente des données qui, à première vue, semblent incongrues. Les américains obtinrent une ponctuation de 66,2 sur 100 dans cette enquête sur la variété des coutumes dans le soin de leur santé, mieux que 61,5 pour cent obtenu en 1983, première année de réalisation de l'enquête. Qu'est-ce qui bénéficie la santé? D'après ce que nous supposons, manger moins de graisses et par conséquence, moins de cholestérol. L'enquête montrait que même si moins d'américains faisaient un effort pour éviter ou réduire la consommation de sucres, sucreries et d'autres produits riches en hydrates de carbone, « nous avons amélioré sensiblement depuis 1983, puisqu'un nombre plus élevé d'individus est préoccupé par les points plus importants de sa diète, comme le niveau de cholestérol », en parlant de notre attitude face au thème de la santé. Vous penserez qu'avec cette amélioration dans le comportement de la diète dans ces sept dernières années et avec la réduction de la consommation de graisses et du cholestérol, la population aurait une pression artérielle plus basse, moins d'obésité et moins de problèmes de cholestérol. Le sondage ne se centra que sur l'obésité. Il informa que 64 pour cent des américains adultes, autour de 100 millions de personnes, avaient des problèmes de surpoids, 58 pour cent en 1983. Si l'équilibre nutritionnel est correct, et la graisse et le cholestérol sont les principaux problèmes, il est logique de penser à une réduction de l'obésité si plus de personnes suivent une diète « saine ». L'enquête refléta le contraire.

Vous pouvez trouver des exemples spécifiques qui semblent contraires à l'idée que l'insuline élevée cause les nombreux problèmes que nous avons discutés. Par exemple, nous avons un ami dont le fils pourrait être branché à une pompe d'eau sucrée. Ce garçon porte toujours un rafraîchissement. Il mange des sucreries, des galettes, des tartes et des glaces sans cesse. Ses repas préférés sont les «spaghettis, les pizzas, les céréales croustillants et le pain grillé». Il consomme plus de 500 grammes d'hydrates de carbone par jour, chiffre équivalent à deux tasses de sucre (tout hydrate de carbone se métabolise exactement comme le sucre).

Néanmoins, le garçon est mince et son cholestérol n'est que de 135 mg/dl. Que ce passe-t-il? Est-ce une altération des statistiques, comme la personne qui fume et boit sans cesse et vit jusqu'à quatre-vingt-dix ans?

Même s'il mange plus de sucre que la plupart des adolescents, ce jeune homme n'est pas si différent du reste des jeunes américains d'aujourd'hui. Ils consomment tous beaucoup de sucre et d'autres hydrates de carbone, mais ne semblent pas souffrir leurs effets. Les études réalisées aux États-Unis et en Angleterre indiquent que beaucoup de jeunes d'entre cinq ans et l'adolescence consomment autour de 200 grammes de sucre, plus ou moins une tasse, par jour. Il s'agit d'une tasse de sucre pure, sans tenir compte des hydrates de carbone. La totalité d'hydrates de carbone devrait être beaucoup plus grande, presque le double. Les données nous montrent que les enfants consomment trop de sucre et d'autres hydrates de carbone mais la plupart d'eux ne sont pas gros. Et si, en plus, vous compariez les niveaux de cholestérol et la pression artérielle, comme nous les fîmes, vous découvririez qu'ils sont pour la plupart d'entre eux dans la moyenne ou même en dessous.

Quoique les enfants de nos jours sont deux fois plus gros de ceux d'il y a une génération[2], on ne voit encore pas trop d'enfants relativement gros car la plupart d'eux n'ont pas encore de problème d'insuline. Mais leur âge, leur diète et leurs gènes les mettront finalement à jour. Après trente ou quarante ans de croissance, maintenant une diète basée en hydrates de carbone, leur complexe métabolisme commencera à tomber en déchéance, et ils commenceront à développer l'obésité, l'hypertension et tout le reste. Ils auront à ce moment un problème d'insuline.

Pendant l'enfance, l'insuline – mécanisme réglant le sucre dans le sang – fonctionne à la perfection. Lorsque vous êtes un enfant et vous mangez une glace ou un rafraîchissement sucré, la quantité de sucre dans le sang commence à monter et le pancréas sécrète un peu d'insuline, qui réduit la quantité de sucre dans le sang immédiatement. Le pancréas ne libère qu'une petite quantité d'insuline pour forcer le sucre à revenir aux niveaux normaux, puisque pendant l'enfance les cellules sont extrêmement sensibles à l'insuline. Les petites quantités d'insuline libérées donnent comme résultat des niveaux d'insuline bas. Grâce à cette extrême sensibilité, les petites quantités d'insuline peuvent maîtriser d'énormes quantités de sucre et d'autre hydrates de carbone provenant de la goinfrerie des enfants. Mais tout ceci a un prix. Ce prix est le développement d'une moindre sensibilité aux capteurs de l'insuline – connue comme la *résistance à l'insuline* – et les niveaux d'insuline augmentent chroniquement.

---

[2] *Archives de Pédiatrie et médecine sur les Adolescents, 1995.*

La Résistance à l'Insuline: Seulement Lorsque Trop est Suffisant

Lorsque les cellules deviennent résistantes à l'insuline, les récepteurs dessinés pour agir avec l'insuline commencent à mal fonctionner. La cause de ce mauvais fonctionnement n'a pas encore été trouvée lors des dernières recherches, mais nous savons qu'il résulte de la combinaison d'une tendance héréditaire et de l'abus d'un mauvais style de vie. Ceci veut simplement dire que les récepteurs nécessitent plus d'insuline pour un bon fonctionnement à l'heure d'éliminer le sucre du sang. Si avant, ils n'avaient besoin que d'un petit peu pour le baisser, maintenant ils nécessitent d'un approvisionnement continu supplémentaire d'insuline pour maintenir le sucre dans un niveau normal.

Avec le temps, le sucre dans le sang augmente chaque fois plus et se maintient haut, avant même d'avoir consommé les aliments riches en hydrates de carbone et en dépit de la grande quantité d'insuline disponible pour le baisser. Souvenez-vous que si votre médecin analysa votre niveau de sucre pendant l'époque où vous développiez cette résistance à l'insuline, le niveau semblera parfaitement normal. Le changement silencieux plus important qui a lieu est l'augmentation continue du besoin d'insuline pour maintenir le niveau de sucre. Seulement en examinant vos niveaux d'insuline, grâce à une analyse que la plupart des médecins ne tiennent pas en compte actuellement, vous pourrez savoir si vos niveaux d'insuline sont hauts (appelée hyper insulinémie), ou si vous avez *résistance à l'insuline*. L'*hyper insulinémie* veut dire que vous avez trop d'insuline dans le sang, tandis que résistance à l'insuline signifie que les récepteurs ne répondent pas correctement à l'insuline. C'est l'histoire typique de l'oeuf et la poule : qu'est-ce qui fut d'abord? Les chercheurs ne sont pas encore sûrs, mais le pouvoir de l'évidence montre l'excès d'insuline comme le coupable.

La libération soudaine d'une petite quantité d'insuline chez les enfants et les adolescents après avoir consommé des hydrates de carbone, n'est pas la cause du problème, c'est quelque chose de normal. Ce sont les continuels niveaux élevés d'insuline – l'hyper insulinémie de ces adultes résistants à l'insuline donnent lieu à une pression artérielle haute, une augmentation du cholestérol, le diabètes et l'excès de poids à un âge adulte. L'hyper insulinémie est le problème réel. Tous les autres «problèmes» ne sont que des symptômes. Si vous regardez à nouveau le schéma qui montre les rôles de l'insuline et du glycogène, vous pourrez facilement voir quels types de maux cause l'hyper insulinémie et comment se développent ces symptômes. Regardez bien tous les processus énumérés à gauche en plein fonctionnement, tels qu'ils se comportent stimulés par l'insuline, et vous pourrez alors imaginer le degré des dégâts qu'elle cause en secret?

Malheureusement, la plupart des médecins ne traitent que les symptômes, et quelques fois d'une manière qui ne fait qu'aggraver le problème. Que se passe-t-il si vous vous mettez au régime avec une diète pauvre en graisses? En même temps que se réduit la consommation de graisses, se réduit également celle de protéines, car tous les aliments qui sont riches en protéines ont de grandes quantités de graisse. La viande, les oeufs, le fromage, la plupart des produits laitiers, qui sont la meilleure source de protéines provenant de la diète, sont des produits tabous ou restreints d'un régime pauvre en graisses. Avec cette restriction de protéines et de graisses, les seuls composants qui nous restent dans la diète sont les hydrates de carbone. Ceux-ci apparaissent par défaut lorsque l'on réalise un régime riche en hydrates de carbone et pauvre en graisses, la meilleure diète pour augmenter la production d'insuline. Pour commencer, si vous souffrez d'hyper insulinémie et vos triglycérides et cholestérol sont hauts, vous augmenteriez la production d'insuline dans votre corps, ce qui vous créera de l'hypertension. Au lieu de combattre l'origine du problème, vous sortirez de la consultation avec une ordonnance contre l'hypertension, un régime plus exigent et peut-être même une autre ordonnance pour baisser le cholestérol.

Vous serez alors tranquille, votre médecin content et les compagnies pharmaceutiques extasiées : ils viennent de vous embaucher comme nouveau client pour un prix d'entre 50 à 200 dollars par mois pour toujours.

Si ces méthodes ne fournissent que des solutions esthétiques contre l'hypertension, le cholestérol et d'autres problèmes, comment pouvons-nous traiter ces altérations et les faire disparaître? Vous n'avez qu'à traiter l'hyper insulinémie et tous les autres troubles disparaîtront.

La seule méthode disponible pour traiter l'hyper insulinémie est la diète. Heureusement, l'approche diététique fonctionne parfaitement. Vous pouvez traiter le cholestérol élevé avec un régime pauvre en graisses et réducteur de cholestérol avec un succès assuré, le jour où les poules auront des dents. Ou bien, vous pouvez réduire votre niveau d'insuline avec notre programme en quelques jours, sentir presque immédiatement la réduction de la pression artérielle, une diminution significative des niveaux de cholestérol et des triglycérides en quelques semaines et une perte de graisses stockées dans votre corps dans les semaines et mois suivants.

Néanmoins, il est important de savoir que, même si le régime fonctionne rapidement et redonne la sensibilité à l'insuline, *il ne fonctionne que si on le fait.* Il ne mène pas aux niveaux enfantins d'insensibilité aux grandes quantités d'hydrates de carbone. Vous devez suivre les directives pour maintenir les changements. Si vous reprenez les anciennes habitudes d'alimentation, vous retrouverez à nouveau les anciens problèmes. Cette structure de nutrition a du succès car elle fonctionne en accord avec votre système métabolique, au lieu de s'y opposer. Le système a été essayé maintes fois dans tout le monde.

Beaucoup mieux à la Campagne : Les Aborigènes et leur Résistance à l'Insuline

La Dr. Kerin O'Dea, une femme médecin australienne, et ses collègues qui ont étudié les aborigènes australiens pendant la dernière décade, ont réalisé un travail dans lequel se reflète une thérapie toute nouvelle de nutrition pour les maladies issues d'un régime pauvre en hydrates de carbone. Les aborigènes sont un groupe intéressant sur lequel se développa une haute incidence à l'hyper insulinémie et au diabète de type II, lorsqu'ils furent soumis à un régime typique des villes occidentales. Comme un grand nombre d'américains, ils étaient génétiquement disposés au développement de ces altérations, mais ce fut beaucoup plus vite. Malheureusement pour ces aborigènes, cette situation les convertit en de parfaits candidats pour une étude des liens entre la diète et l'hyper insulinémie.

La Dr. O'Dea commença son étude en observant l'insuline et les hauts niveaux de glucose dans les aborigènes des villes qui avaient une diète occidentale. Elle découvrit que les niveaux d'insuline et de glucose étaient considérablement hauts, ce qui n'a rien de surprenant sachant leur diète normale : farine, sucre, riz blanc, boissons carbonatées, boissons alcoolisées (bière et vin de Porto), lait en poudre et viandes grasses et bon marché. Cette diète est semblable à celle de la plupart des américains adolescents. Lorsque nous regardons la composition de la diète, surtout aux trois types de nutriments, nous trouvons qu'elle est « très élevée en hydrates de carbones raffinés (40-50%) et en graisses (40-50%), et relativement basse en protéines (< ou = à 10%) », exactement la même composition que la diète typique américaine.

La Dr. O'Dea commença alors l'essai de sa diète sur ces personnes, une diète qu'elle avait dessinée pour rapprocher la diète native qu'ils consommeraient s'ils retournaient à la campagne : une grande quantité de protéines, pas beaucoup de graisses et très peu d'hydrates de carbone. La composition nutritive était de « 70-75% de protéines, 20-25% de graisses et moins de 5% d'hydrates de carbone ». Elle maintint les aborigènes avec ce régime « riche en protéines et pauvre en hydrates de carbone » pendant deux semaines, et ensuite, analysa à nouveau leur sang. Elle découvrit que ces individus avaient « développé une petite, mais significative, amélioration dans la tolérance à la glucose, suivie par une légère réduction de la réaction à l'insuline ». Elle conclut en affirmant que «ces découvertes suggéraient une amélioration dans l'utilisation de la glucose et dans la sensibilité de l'insuline après avoir réalisé le régime pauvre en hydrates de carbone et riches en protéines».

Ce succès inspira la Dr. O'Dea pour entreprendre ce qui fut une longue et exceptionnelle étude. Elle réunit des groupes d'aborigènes d'âge moyen, hyper insulinémiques, diabétiques et avec un léger surpoids qui avaient mené une diète occidentale pendant beaucoup plus de temps que les autres. Ceux-ci acceptèrent de retourner à leur pays d'origine dans un village isolé à l'ouest de l'Australie pendant sept semaines, pendant lesquelles ils deviendraient à nouveau des chasseurs.

Pendant les sept semaines que les aborigènes vécurent à la campagne et dans les montagnes, la Dr. O'Dea et son groupe réunirent des échantillons des aliments que mangeaient les aborigènes, pendant qu'ils parcouraient les lieux, pour les analyser postérieurement. Selon la localisation du groupe, sur la côte ou à l'intérieur, l'alimentation variait, pouvant varier les protéines entre 54% et 80%, les graisses entre 13% et 40% et les hydrates de carbone entre un minimum de 5% et un maximum de 33%. Comment s'alimentaient ces aborigènes avec une alimentation restrictive d'hydrates de carbone et riche en protéines ? Leurs niveaux de glucose dans le sang baissèrent d'une moyenne de 210 mg/dl à 118 mg/dl. Les niveaux d'insuline se réduirent presque à la moitié, de 23 mu/ml à 12 mu/ml, ce qui est presque normal. Les triglycérides, molécules de stockage de graisse, se synthétisèrent dans le foie grâce à la stimulation de l'insuline et diminuèrent énormément, de 354 mg/dl à 106 mg/dl. Toutes ces amélioration se produisirent pendant ces sept semaines grâce à l'alimentation, qui était dans la plupart du temps d'origine animale. (L'exercice physique ne fut pas un facteur déterminant dans cette amélioration, puisque la Dr. O'Dea détermina que les aborigènes étaient moins actifs à la campagne qu'en ville).

La Dr. O'Dea le résuma de la manière suivante: « ... toutes les anomalies métaboliques comme le diabète de type II améliorèrent (comme la tolérance à la glucose et la réaction de l'insuline à la glucose) ou se normalisèrent complètement (comme les lipides du plasma) dans un groupe d'aborigènes diabétiques pendant une période de temps relativement courte (7 semaines), en réaction au style de vie traditionnelle du chasseur». La Dr. O'Dea découvrit par une expérimentation routinière avec un groupe de personnes souffrantes de maladies de la civilisation la même chose que des anthropologues apprirent en examinant une momie et les données du squelette : une alimentation restreinte en hydrates de carbone et riche en protéines qui fournit une bonne santé à ceux qui la mènent.

Où nous mène ceci ? Vous êtes sûrement entrain de vous demander si vous devez commencer à vous alimenter d'escargots, tortues, kangourous, crocodiles, grillons et d'autre bêtes diverses pour avoir un cholestérol bas. Cela fonctionnerait, mais vous ne devez pas arriver à ce point là. Notre régime vous fournit tous les bénéfices de l'alimentation de ces chasseurs, en utilisant les aliments que vous pouvez capturer dans les magasins et même dans les lieux les plus proches de fast-food. Tout ce que l'on doit faire pour obtenir les bénéfices de l'alimentation des chasseurs est de mener un régime en accord avec votre composition naturelle, chose que nous pouvons faire facilement.

Note Finale

L'insuline et son opposé, le glycogène, sont les hormones maîtres qui contrôlent le métabolisme humain. Le mot insuline peut causer une association mentale avec le diabète, et ce lien est valable. Le rôle plus important de l'insuline est de contrôler le niveau de sucre dans le sang.

Beaucoup de personnes, spécialement celles qui souffrent de maladies cardiaques, hypertension, cholestérol élevé ou obésité dans leur famille, ont hérité une tendance par laquelle les capteurs de l'insuline dans les cellules ne fonctionnent pas bien à cause de l'âge, les maladies, le stress ou des réactions dues aux nombreuses années avec le sucre haut et la consommation d'amidon. En même temps que ces capteurs deviennent lents et inactifs, se développe la résistance à l'insuline. Puisqu'il est impératif que le sucre sorte du sang pour entrer dans les cellules, le pancréas produit chaque fois plus d'insuline pour forcer la réaction des capteurs inactifs. Ainsi commence un cercle vicieux où il est nécessaire chaque fois d'une quantité majeure d'insuline pour maintenir le système en marche. Finalement, certaines personnes deviennent si résistantes à l'insuline que la quantité nécessaire pour faire que les capteurs réagissent et maîtrisent le niveau de sucre dans le sang, est chaque fois plus élevée, même supérieure à la production du pancréas. Ces personnes deviennent diabétiques à l'âge adulte.

L'excès d'insuline stimule une grande variété de systèmes métaboliques : elle mène les reins à retenir du sel et des liquides, stimule le foie à produire du cholestérol, cause le développement des triglycérides, épaissit la proportion musculaire des parois des artères, augmente le risque d'hypertension et envoie un message aux cellules de graisse pour stocker le sel et le sucre provenant de l'alimentation.

Les actions de l'insuline sont contrecarrées par la deuxième hormone métabolique, le glycogène. Le glycogène envoie des signaux : aux reins pour qu'ils libèrent l'excès de liquides et de sel, au foie pour qu'il retarde la production de cholestérol et de triglycérides, aux parois des artères pour qu'elles se relaxent et cessent la pression artérielle, et aux cellules de graisse pour qu'elles libèrent la graisse stockée et qu'elle soit brûlée avec l'énergie. Cependant, lorsque les niveaux d'insuline dans le sang sont élevés, elles réduisent le système d'une telle manière qu'elles suppriment les actions du glycogène.

Puisque la nourriture est celle qui contrôle principalement la production de ces deux hormones, nous avons été capables de créer une structure de nutrition qui augmente la libération de glycogène et réduit celle d'insuline, créant un équilibre plus ajusté entre les deux hormones. Sous ces conditions, les actions du glycogène dominent, permettant ainsi au métabolisme de soigner le mauvais fonctionnement des capteurs et réussissant leur sensibilité. Une fois arrivés à ce point, les troubles métaboliques que cause la résistance à l'insuline s'améliorent ou disparaissent. Si votre cholestérol et triglycérides étaient hauts, ils reprennent la normalité, l'hypertension se normalise, le sucre dans le sang se stabilise et vous pouvez perdre l'excès de graisses stocké dans votre corps.

Tous ces bénéfices ne sont pas résolus par le traitement des symptômes – pression artérielle, problème de cholestérol, surpoids ou diabète – mais par celui de l'origine qui les cause, c'est à dire, l'insuline chroniquement élevée et la résistance à l'insuline. Nous n'avons pas encore de médicaments pour traiter ces troubles. Le seul moyen est un régime correct mais qui fonctionne extrêmement bien.

Chapitre 4

Évaluer votre Risque

L'âge mûr commence à se voir par la taille de votre ceinture.

BOB HOPE

Maintenant que vous comprenez le rôle que joue l'alimentation dans le contrôle du métabolisme (spécialement dans la production des hormones de l'insuline et du glycogène), et que vous savez qu'un régime riche en hydrates de carbone et pauvre en protéines augmentera probablement le risque d'obésité et d'autres problèmes de santé liés à l'insuline, vous devez vous demander comment vous pouvez appliquer cette information à vous-même. Bonne question. Comment pouvez-vous évaluer votre risque par devant ces troubles ? Vous pouvez commencer comme nous le faisons lorsqu'un patient vient nous demander de l'aide pour perdre du poids, contrôler son cholestérol ou ses triglycérides ou traiter des problèmes diabétiques : nous examinons les dossiers de sa famille. Sachant les types de problèmes que les membres de votre famille ou vous-même ont souffert, vous saurez votre risque de souffrir des altérations liées à l'insuline.

Ce test d'un dossier médical vous aidera à en savoir plus :

Vous obtenez 20 points si :

· Vous avez un début de diabète adulte ou si vous avez développé du diabète pendant la grossesse.

Obtenez 10 points chaque fois que vous répondez oui si :

· Vous avez les triglycérides élevés.
· Vous avez un niveau bas de DHL («bon») cholestérol.
· Vous avez un surpoids à la hauteur de votre ceinture.

Obtenez 5 points chaque fois que vous répondez **oui** *si :*

· Vous avez un pression artérielle élevée.
· Vous souffrez de surpoids principalement aux jambes et à la hauteur des hanches.
· Vous avez un cholestérol élevé.
· Vous retenez des liquides.
· Vous désirez du sucre et des aliments féculents.

Obtenez 3 points chaque fois que vos parents ont répondus **oui:**

· Vous avez / avez eu une pression artérielle élevée
· Vous souffrez / avez souffert de maladies cardiaques
· Vous souffrez / avez souffert d'un début de diabète adulte

Vérifiez votre ponctuation avec les résultats suivants pour évaluer votre risque :

· Moins de 10 points : risque bas de développer des problèmes avec l'insuline.

· Entre 10 et 15 points : risque modéré de développer des problèmes liés à l'insuline.

· Entre 15 et 20 points : risque élevé de problèmes avec l'insuline.

· 20 points ou plus : Vous* aurez *probablement des troubles liés à l'insuline.

Pendant que ce dossier évalue votre risque, les analyses confirment ces soupçons et calculent les altérations de votre métabolisme et l'état de votre santé au complet. Les analyses de sang et d'autres mesures vous fournissent également un point de référence, avec lequel vous pouvez vous guider en même temps que vous vous soignez avec votre alimentation. Quel type d'analyse vous recommandons-nous?

L'Évaluation du Risque selon le Laboratoire

À l'aide de votre médecin, vous deviez avoir des analyses réalisées à jeun. Pour être prêt pour les analyses de sang, vous ne devriez manger et boire que de l'eau de huit et dix heures avant. Si vous prenez des médicaments, consultez votre médecin pour qu'il vous conseille lesquels prendre avant de faire les analyses. Le meilleur moment pour que l'analyse de sang soit efficace est au petit matin, après avoir jeûner toute la nuit. Consultez votre médecin sur la réalisation du test suivant :

Le Sérum Insulinémique

Le traitement de de ce test es très important. L'échantillon devra se congeler et le test doit se compléter en 24 heures depuis l'analyse de sang. Vous devez vous assurer que ce test est réalisé par un laboratoire d'une renommée nationale, comme Smith-Kline, Roche Biomedical ou Nichols, ou par le laboratoire de recherche national habitué à ce type d'analyses. Les résultats peuvent beaucoup varier – même sur le même échantillon – s'il n'est pas utilisé correctement. Sachez que même la plupart des laboratoires établiront des valeurs d'entre 25 à 30 comme anormalement hauts, en incluant des échantillons considérés comme « normaux » de beaucoup de personnes avec une résistance à l'insuline, qui n'ont pas encore développé le diabète. Dans les cliniques, l'évaluation des niveaux d'insuline, comme un détecteur de la maladie, est encore au commencement. Dans notre clinique, comme dans beaucoup de centres de recherche, nous utilisons les niveaux normaux d'insuline de jeunes sains à jeun comme mesure standard de comparaison. Si votre résultat d'insuline se trouve par-dessus 10 mg/dl, vous pouvez considérer que vous avez développé un peu de résistance à l'insuline. Plus vous surpassez le niveau de 10, plus fort sera le trouble. Sachant que 10 est le maximum établi comme normal, un résultat de 25 voudrait dire que vous prenez deux fois et demi de plus la quantité normale d'insuline pour maintenir le sucre du sang à un niveau normal. Une lecture de 48 voudrait dire que vous prenez quatre fois et demi de plus d'insuline pour maintenir le sucre normal. Si le résultat de vos niveaux d'insuline est élevé, refaites le test dans les huit semaines suivantes puis dans des intervalles de huit semaines tout en étant au régime jusqu'à obtenir un niveau normal.

SMA-24 ou le Profil Chimique

Ces analyses passent un grand nombre de critères différents qui normalement incluent le glucose dans le sang, les électrolytes (sodium, potassium, chlorure, bicarbonate), les mesures du coeur, du foie et les fonctions des reins, l'acide urique, le cholestérol et parfois, les triglycérides. Les points importants à traiter sont :

1. Le niveau de Sucre dans le sang : Si, en jeûnant, vous surpassez 115 mg/dl, vous êtes entrain de perdre le contrôle du sucre dans le sang. Il est également important d'observer la quantité d'insuline que vous prenez pour maintenir le sucre normal. La proportion de sucre (moyenne en mg/dl) divisée par l'insuline, devrait être supérieure à 7. Si votre proportion est inférieure à 7, vous êtes entrain de développer ou vous avez développé une résistance à l'insuline (néanmoins, avec un niveau qui surpasse 7 vous ne seriez pas hors de danger). Pour calculer vos progrès, refaites ce test dans huit semaines et ensuite une fois toutes les huit semaines, jusqu'à obtenir un niveau normal.

2. Le niveau de Potassium : Si vous êtes en dessous du niveau normal, vous devez prendre une quantité supplémentaire de potassium, à moins que vous ne preniez des médicaments pour la pression artérielle qui puisse influencer. (Consultez votre médecin ou votre pharmacien). Si au début, votre niveau est bas, refaite la mesure une semaine après d'avoir pris la quantité extra pour vérifier si votre niveau est à nouveau normal. S'il est encore bas, doublez la quantité extra prise et refaite la mesure chaque semaine jusqu'à ce que votre niveau soit normal.

3. L'analyse de la fonction des Reins : Si les résultats sont normaux, vous ne devriez pas avoir de problèmes avec la quantité consommée de protéines. Si vos analyses montrent un problème aux reins, vous saurez probablement que vous souffrez un dommage. Dans ce cas, vous ne devriez pas prendre plus de protéines que celles requises chaque jour. Si vos résultats sont anormaux, refaites le test dans six ou huit semaines. Vous devriez voir une amélioration des résultats, ou au moins, qu'ils ne soient pas pires. S'ils sont pires, ne continuez pas avec le programme.

4. L'analyse de la fonction du Foie : Habituellement, les personnes qui ont des troubles liés à l'insuline non reconnue, augmenteront quelques enzymes du foie. Cette augmentation arrive normalement, car les dépôts de graisses se font dans le foie. Dans ce cas, vous devrez vérifier que les résultats des analyses reviennent à la normalité, tout en continuant avec notre programme de nutrition. Si les analyses du foie sont anormales, votre médecin devrait les refaire huit semaines après avoir suivi le programme, puis à des intervalles de huit semaines jusqu'à ce qu'ils se normalisent. Si votre phosphate alcalin (une des analyses du foie) était anormal, cela pourrait être un signe de maladie de la vésicule biliaire. Dans ce cas, vérifiez que vous n'avez pas de calculs biliaires.

5. Le Cholestérol et les Triglycérides : Voir «Le Profil des Lipides» à la page suivante.

6. L'Acide Urique : Ce test vous aidera à calculer le risque de goutte qui affecte fréquemment les personnes qui ont des problèmes liés à

l'insuline. Si le résultat est haut et vous ne souffrez pas normalement de goutte, soyez heureux. Ce résultat fera qu'en même temps, le régime avance. Répétez le test après huit semaines si les résultats obtenus sont hauts.

Le Profil des Lipides

Ce test subdivise les graisses du sang dans ses différents composants, le total de cholestérol, de triglycérides, de cholestérol VLDL, de cholestérol LDL et de cholestérol HDL. Les indicateurs plus efficaces des problèmes, liés à l'insuline, sont l'augmentation des triglycérides et la baisse du cholestérol HDL, mais vous pouvez également voir de hauts niveaux de cholestérol du type VLDL et LDL. Le plus important, à l'heure d'évaluer le risque de maladies cardiaques, est la proportion total de cholestérol HDL ou « bon » cholestérol, quelque soit la quantité normale de cholestérol, comme il est décrit au chapitre 13.Si vous divisez le nombre total de cholestérol (en mg/dl) par le nombre de HDL, la proportion devrez être de 4 ou moins de 4. Si vous vous trouvez au-dessus, vous devriez considérer le haut risque de maladies cardiaques. En même temps que vous progressez avec notre programme de nutrition, ces résultats s'amélioreront. Vous devrez sentir une baisse importante et rapide des triglycérides, suivie par une diminution du total du cholestérol par rapport à la proportion du cholestérol HDL. Si les résultats étaient élevés, évaluez à nouveau ces indicateurs après huit semaines. Si vous êtes sous prescription médicale, pour réduire le cholestérol ou les triglycérides, votre médecin devra les évaluer avant (trois ou quatre semaines) et probablement il devra réduire la dose de votre médication. En suivant les indications à des intervalles de trois ou quatre semaines, votre médecin sera capable de supprimer la médication à la fois que vous récupérez votre contrôle métabolique. Refaites-vous les analyses de lipides huit semaines après avoir supprimer la médication, et suivez la diète pendant cette période. Ensuite, refaites-les tous les six mois, et finalement une fois par an.

L'HÉMOGLOBINE A1 C

Ce test mesure la quantité de globules rouges, pigments du sang, qui se mélangent au sucre dans le sang. La réaction qui les unit est irréversible, et dépend de la quantité de sucre qu'il y a dans le sang. Dû au fait que les globules rouges sont en circulation autour de 90 à 120 jours avant d'être éliminés et recyclés, ce test nous fournit une façon de mesurer la quantité de sucre dans le sang en moyenne dans les derniers 30 à 60 jours. Dans ce test, plus le résultat est bas, mieux c'est. Même si les indications sont ce que les laboratoires estiment comme « normal », vous devez savoir que ces résultats « normaux » incluent beaucoup de personnes qui ont une résistance à l'insuline. Si vous êtes dans la moyenne normale, évaluez-vous selon l'échelle suivante. Prenez note des résultats plus hauts et plus bas de la moyenne normale de la Hgb A1 C utilisés par votre médecin. Déterminez le résultat de l'analyse, en ajoutant la valeur plus haute et plus basse et en le divisant par deux. La moitié de ce rang (la moyenne) représente la moyenne de sucre dans le sang, qui est de 100. Tous les 10 points par dessus la moyenne valent 4 points dans les mg/dl du sucre. Dans notre laboratoire, un résultat de 5 est la moyenne pour l'interprétation de la Hgb A1C. En nous basant sur cette moyenne, vous devez vous guider sur l'échelle suivante:

4.0=60	4.5=80	5.0=100	5.5=120
4.1=64	4.6=84	5.1=104	5.6=124
4.2=68	4.7=88	5.2=108	5.7=128
4.3=72	4.8=92	5.3=112	5.8=132
4.4=76	4.9=96	5.4=116	5.9=136
6.0=140	6.5=160	7.0=180	7.5=200
6.1=144	6.6=164	7.1=184	7.6=204
6.2=148	6.7=168	7.2=188	7.7=208
6.3=152	6.8=172	7.3=192	7.8=212
6.4=156	6.9=176	7.4=196	7.9=216

L'Avantage de l'ÉLECTROCARDIOGRAMME

Tout changement dans l'alimentation, mais spécialement dans ce régime, donnera lieu à des pertes spectaculaires d'eau et d'électrolytes, comme le sodium et le potassium. Pour les personnes qui ont un rythme cardiaque anormal, un changement si drastique pourrait résulter dangereux1. Même si la plupart des personnes n'ont pas ces problèmes, il est préférable de le vérifier avant. Votre médecin peut déterminer si votre rythme cardiaque et la fonction électrique de votre corps sont normaux, en vérifiant les traits du coeur dans un électrocardiogramme standard (EKG). Un électrocardiogramme réalisé dans les deux dernières années ou l'année dernière sera suffisant, à moins que vous ailliez eu des problèmes depuis, pour vous assurer que vous n'avez aucun risque de rythme cardiaque.

L'Analyse d'Urine

Cette analyse vérifie le sucre dans votre urine – un important détecteur du diabète – mais aussi qu'il n'y ait pas de sang ou de protéines (signes de possibles problèmes aux reins) ni d'infections d'urine, qui pourrait se développer par un changement drastique dans l'alimentation.

L'Hémogramme (CBC)

Cette analyse évalue la quantité, la dimension et la forme des globules rouges pour voir de possibles problèmes d'anémie, et la qualité et la classe des globules blancs pour calculer leur fonction d'immunité. Sont considérés quelques pistes nutritionnelles du total de sang [1]. les grands et pâles globules rouges qui indiquent un besoin de vitamines B et surtout B12, et (2) les petits et pâles globules rouges qui montrent un manque de fer. Si vous êtes anémique ou la somme complète de vos globules blancs est anormale, votre médecin aura besoin d'examiner au détail ces problèmes avant de faire quelques changements nutritionnels.

Le Panneau de la Thyroïde

Si vous souffrez de surpoids, du cholestérol élevé, de rétention de liquides ou vous n'avez pas d'énergie, il st important que vous réalisiez une évaluation des activités de la glande thyroïde. Il est très compliqué d'essayer de corriger ces problèmes s'il y a un faible fonctionnement de la thyroïde. Votre examen inclura les niveaux d'hormones de la thyroïde (tout au moins de la T3, libre de T4) et la haute sensibilité à la TSH, puisque le cerveau est le stimulant qui envoie les signaux que nécessite la glande thyroïde pour produire plus d'hormones. Même avec des niveaux normaux de la glande thyroïde, si votre TSH est haut, votre cerveau transmettra qu'il a besoin de plus d'activité au niveau de la thyroïde. Dans ce cas, votre médecin devra vous prescrire une dose adéquate d'une hormone pour substituer la thyroïde, pour normaliser vos résultats. Pour votre médecin, il sera important de refaire l'examen en un intervalle de 8 semaines, sachant quel est votre niveau « correct », pour qu'il puisse adapter la dose à votre besoin.

Si vous prenez normalement un médicament pour des troubles en relation avec l'insuline, vous devriez peut-être faire parvenir la note suivante à votre médecin :

---

[1] Si votre rythme cardiaque est anormal, vous devrez suivre ce programme très soigneusement, réduisant la consommation d'hydrates de carbone de 20 grammes chaque jour. Vous baisserez votre niveau normal en plusieurs semaines au lieu de le faire drastiquement, comme indique le chapitre 5. Même si cette méthode est plus difficile, elle vous permettra de perdre l'excès de liquide de votre corps. Vous devrez maintenir un contact très habituel avec votre médecin pendant cette période.

À Nos Collègues Médecins :

Votre patient vous a apporté cette note après avoir lu notre livre, Maigrissez bien, Maigrissez en mangeant, *sur comment contrôler les troubles liés à l'insuline à travers la nutrition. Nous avons utilisé ces méthodes avec un grand succès, traitant ces troubles dans notre clinique pendant une dizaine d'années à peu près.*

L'hypertension *: En utilisant les lignes directrices de l'alimentation, vos patients souffrant d'hypertension réduiront rapidement la pression artérielle. Avec une telle rapidité que, si vous leur avez recommandé des médicaments diurétiques, ils devront les laisser lorsque les interventions protocolaires commenceront. On peut supprimer d'autres types de médicaments comme les inhibiteurs ACE, ceux qui bloquent la chaîne du calcium o les anti-astringents (bêtabloqueurs), contrôlant ainsi les réactions de la pression artérielle toutes les semaines, pendant une période supérieure à trois ou quatre semaines. Rarement, l'alimentation ne contrôlera pas votre pression artérielle, et dans ces cas, la meilleure option est une petite dose d'inhibiteurs ACE, les bloqueurs de la chaîne du calcium ou les agonisants Alpha. Aucun de ces médicaments n'augmentent l'insuline, alors que les diurétiques et les anti-astringents, oui.*

Si la pression artérielle ne réussit pas à se normaliser, ou si elle se normalise mais elle remonte (plus commun chez les personnes avec du surpoids), la cause peut être l'excès d'acide arachidonique qui rentre dans la circulation provenant d'un collapse de graisses. Si le patient peut prendre de l'aspirine, prescrivez-lui une thérapie de petites doses d'aspirine pour bloquer la production de deux glandes d'acide araquidonique. Une aspirine par jour est suffisante.

Rétention de Liquides *: Normalement, la rétention de liquides disparaît rapidement. Cependant, si elle persiste et le patient a besoin de diurétiques, choisissez-en un comme le Bumex ou le Lasix en petites doses, et prenez-les avec un dose extra de potassium (comme le Micro – K10). À cause de l'augmentation de l'insuline due aux triacides, son usage pour la rétention de liquides aura des effets contraires.*

Hyperlipidémies *: Grâce à la stimulation de l'insuline dans la synthèse du cholestérol (stimulation de la réduction HMG COA à la phase limite du pourcentage), la correction de la résistance à l'insuline à l'aide d'une alimentation qui réduit les hydrates de carbone produira l'augmentation du LDL, VLDL et normalisera la somme du cholestérol. Avec ce régime et de l'exercice, le HDL se stabilisera ou augmentera. Les triglycérides tombent intensément et rapidement. Si vos patients sont des personnes avec peu de lipides, vous devrez les diminuer dans* *les semaines suivantes, et vous obtiendrez des patients contents. Réduisez les doses chaque fois plus (habituellement nous les divisons en deux) et après trois ou quatre semaines, vérifiez leur niveau de lipides et, en fonction du résultat, réduisez-le à nouveau. Nous avons observé que ce régime transforme les niveaux de cholestérol de plus de 600 et ceux de triglycérides de plus de 300 en des niveaux normaux en trois semaines. Le pouvoir métabolique du régime approprié de nutrition pour obtenir ces résultats est incroyable.*

Le Principe du Diabète chez les Adultes *: Chez des patients qui ne sont pas soumis à une médication, le régime mènera leur niveau de sucre dans le sang à la normalité en quelques semaines. Pour les patients qui prennent des agents hypoglycémiques oralement, ils nécessiteront l'aide de leur médecin pour réduire les doses de leur traitement pendant la première ou la deuxième semaine. Dans la plupart des cas, au bout de la troisième semaine, s'ils suivent minutieusement le traitement, ils abandonneront les agents qui contrôlent le niveau de sucre. Normalement, nous divisons en deux leur dose pendant le premier jour de régime et nous le divisons en deux une autre fois, le deuxième jour. Le patient devrait se contrôler à l'aide d'un appareil pour calculer le glucose et faire des analyses de sucre fréquemment pendant cette période. Certains patients réagissent si rapidement qu'ils peuvent abandonner leur traitement en quelques jours, s'ils suivent le régime au pied de la lettre.*

Vous devrez surveiller de très près les patients avec un début de diabète adulte qui prennent de l'insuline. Avant que ces patients puissent commencer le protocole, il faut toujours vérifier le niveau de C peptide (au lieu de l'insuline à jeun, puisqu'il mesurerait ce qu'ils s'injectent et toutes productions de cellules bêta) pour voir la quantité d'insuline qu'ils produisent. S'ils ont obtenu une grande quantité de C peptide, le problème est alors de résistance à l'insuline. Ils réagiront très bien et vous pourrez réduire les doses d'insuline jusqu'à les réduire à zéro à la fois que les patients suivent le régime. Le régime améliorera la santé des patients qui produisent une petite quantité de C peptide, et récupérera l'équilibre des hormones métaboliques en réduisant les doses d'insuline sensiblement.

Mais vous ne pourrez pas éliminer l'insuline complètement puisque ses cellules bêta (se sont fondues ou, parlant autrement,) ont été, en quelle sorte, endommagées. Ce régime fonctionne si bien qu'il faudrait que vous soyez attentifs aux changements de sucre, en aidant, selon chaque cas, vos patients avec les doses d'insuline. Si vous avez des doutes sur le contrôle de vos patients avec des troubles liés à l'insuline grâce à ce régime, n'hésitez pas à nous contacter à notre bureau : **11025 Anderson Road, Suite 130, Little Rock, AR 72212. Michael R. Eades, M.D., et Mary Dan Eades, M.D.**

L'AUTRE FACE DU FACTEUR DE RISQUE: ÊTES-VOUS UNE POMME OU UNE POIRE?

Votre poids ne nous intéresse pas ! Cette affirmation peut sembler étrange pour deux médecins qui passent leur temps dans une clinique de guérison, nutrition, perte de poids et bien-être. Mais, en effet, votre poids n'est pas tellement important par rapport à la cause de la création de votre poids ou, ce qui est la même chose, la quantité de graisses et de substances maigres de votre corps. Donc, nous vous donnerons une méthode facile pour déterminer la composition de votre corps. Vous pourrez calculer la quantité de kilogrammes de tissus maigres actifs (muscles, organes, poils, ongles, squelette et eau) et la quantité de kilogrammes de graisses. Ainsi, vous pourrez déterminer les conditions de nutrition requises avec un calcul estimé et réaliste de votre point de départ, et un bon instrument pour voir vos progrès. Nous vous fournirons également quelques directrices pour vous aider à marquer un objectif sain qui transforme la graisse de votre corps en des tissus maigres et des muscles.

Même si être plus gros est un risque important pour votre santé, la localisation de vos graisses est encore plus important. Si vous comparez votre contour avec un fruit, vous considériez-vous une pomme, avec la plupart de votre poids localisé autour de votre taille ? Où vous sembleriez-vous plutôt une poire, avec le surpoids localisé à la hauteur des hanches et de vos jambes?

Lorsque le corps stocke des graisses dans la région abdominale – la distribution de la pomme – la graisse ne reste pas uniquement sous la peau qui entoure l'abdomen et la taille, mais aussi dans la cavité abdominale, autour du coeur, du foie, des reins et de l'intestin, et même à l'intérieur de ces organes. Ce schéma de graisses en forme de pomme est plus fréquent chez les hommes, et pour cette raison, vous en aurez entendu parler comme d'une distribution de graisses androgène ou masculine. Mais comme ce patron n'est pas exclusif de l'homme, nous préférons utiliser un terme plus descriptif : la graisse abdominale. Même si beaucoup de femmes développent également ce contour de pomme, elles stockent normalement leur excès de graisses sous le schéma du contour de la poire : plus fin à la poitrine et à la partie supérieure du corps et avec l'accumulation principale de graisses autour des hanches et des jambes, appelé le patron féminin. Et comme dans le cas précédant, puisque des hommes peuvent avoir ce contour de poire, nous l'appelons graisse aux hanches et aux jambes, pour être plus clair.

L'insuline a une influence plus grande sur les cellules de graisse situées du côté abdominal, et, pour cette raison, les personnes qui ont un métabolisme avec une insuline défectueuse et qui développent la résistance à l'insuline, ont plus de probabilités de stocker la graisses abdominale et avoir un contour de pomme. Puisque l'excès d'insuline crée un fort stockage ici, l'excès de graisse abdominale a lieu avec un risque plus haut de problèmes métaboliques liés à l'insuline: hypertension, cholestérol élevé, maladies cardiaques et diabète. Sachez que le stockage de graisses dans la zone abdominale ne cause pas ces problèmes, mais d'autres symptômes propres au trouble métabolique fondamental : la résistance à l'insuline.

D'un autre côté, la graisse aux hanches et aux jambes n'est pas une conséquence du trouble métabolique. Cela ne veut pas dire qu'il n'y ait pas de relation. Les cellules grasses du corps réagissent aux signaux de l'insuline pour stocker de la graisse. Mais ici, le stockage se réalise principalement sous la peau (la graisse sous-cutanée), en créant des petites boules de graisse dans les muscles des hanches et des jambes. Dans ces zones, hors des cavités plus importantes du corps, il n'y a pas d'organes vitaux où la graisse puisse se déposer et s'infiltrer. Pour ces raisons, l'accumulation de l'excès de graisses dans la région des hanches et des jambes ne suppose pas un risque aussi élevé que celui de l'excès de graisse abdominale. Néanmoins, si l'accumulation de graisses continue pendant longtemps, le corps au contour de poire commencera également à stocker de la graisse abdominale et apparaîtront alors les problèmes métaboliques liés à l'insuline. Très souvent, la pression artérielle monte un peu, suivie du cholestérol, des triglycérides et finalement du sucre dans le sang. Pour beaucoup de femmes qui ont eu de la graisse aux hanches et aux jambes pendant longtemps, et qui semblaient saines, ces problèmes de santé ajoutés peuvent ne pas être immédiats et surgir quelques années après avoir eu des enfants, et apparaître comme une vengeance lors de la ménopause.

La Proportion de la ceinture àux hanches

Quelques fois, en regardant votre silhouette, vous saurez tout de suite où se stocke la graisse, mais ce n'est pas toujours le cas. La technologie actuelle, grâce au TAC et au tomographe informatisé, est un instrument pour savoir et permettre aux chercheurs de voir en images où se dépose l'accumulation de graisses et comment peuvent être les apparences extérieures. Mais comme le TAC est très cher, ce n'est pas un instrument pratique pour indiquer la distribution de graisses du public en général. Même s'il n'existe pas une méthode plus précise, il y en a beaucoup moins coûteuses et, plus tard dans ce même chapitre, nous vous offrirons une méthode qui ne nécessite pas un équipement cher ou une interprétation médicale et qui ne coûte pas les 1000 dollars du TAC.

Pour déterminer notre proportion de la taille aux hanches, une bonne méthode pour savoir le schéma du stockage, vous n'aurez besoin que d'un mètre ruban, un crayon et un papier. Mesurez votre taille à la hauteur du nombril et vos hanches à l'endroit plus large. Pour vous assurer la précision de cette mesure, mesurez exactement sur la peau, et non sur vos habits. Maintenez le mètre ajusté, mais sans vous serrer la peau. Prenez note des mesures trois fois et calculez la mesure exacte. Vous aurez besoin des mesures et de la moyenne plus tard, lorsque vous noterez la composition de votre corps.

MOYENNE DE LA MESURE DE LA CEINTURE

Ceinture #1 110 **centimètres**
Ceinture #2 112
Ceinture #3 109
Total ÷3 110 **centimètres**

MOYENNE DE LA MESURE DES HANCHES

Hanches#1 120 **centimètres**
Hanches#2 118
Hanches#3 122
Total ÷3 120 **centimètres**

Avec ces deux nombres, la moyenne des mesures de la ceinture divisée par la moyenne des mesures des hanches, vous pouvez déterminer facilement votre proportion de la ceinture aux hanches.

Moyenne des mesures de la Ceinture ÷ Moyenne des mesures des Hanches = 0,92

Utilisez le schéma suivant de la proportion de la ceinture aux hanches pour déterminer votre modèle:

PROPORTION DE LA CEINTURE AUX HANCHES

Masculin	**moins de 2,54 cm**	**Schéma de cuisses et jambes**
	2,54 cm ou plus	**Schéma abdominal**
Féminin	**2 cm ou moins**	**Schéma de cuisses et jambes**
	Plus de 2 cm	**Schéma abdominal**

Si vous êtes (vous-même ou l'un de vos proches) dans le groupe des pommes, stockant des graisses dans la région abdominale mais vous ne souffrez pas trop de surpoids ni d'hypertension, cholestérol élevé ou triglycérides ou de problèmes de sucre, vous devriez quand même considérer le risque de ces troubles liés à l'insuline. Si vous suivez ce programme, vous aurez une bonne santé assurée. Si vous souffrez déjà l'un de ces troubles, la réduction de graisses de la région abdominale prend alors plus d'importance.

Vous pouvez utiliser cet instrument de mesure pour calculer votre progrès, en même temps que vous continuez la phase d'intervention. Les hommes devraient essayer d'arriver à avoir une proportion à la ceinture de 2,54 ou moins, et les femmes au contour de pomme devraient avoir 2 ou moins. Si votre contour est celui de la poire, pendant que vous vous efforcez d'avoir un corps idéal, vous améliorez votre santé, réduisant le risque d'importants troubles métaboliques. Maintenant que vous avez déterminé votre schéma de stockage, regardez bien cette simple méthode pour calculer en quoi consiste votre poids, tissus maigres et graisses. Cette méthode nécessite du crayon et du mètre ruban que vous avez utilisé avant, une échelle précise et les schémas et papiers de travaux qui sont fournis.

QUELLE EST LA COMPOSITION DE VOTRE CORPS ?

Déterminez la Graisse de votre Corps

Le premier pas pour déterminer votre composition est de calculer la graisse de votre corps et le pourcentage de celle-ci par rapport au poids total. Utilisez maintenant les feuilles de travail fournies pour calculer le pourcentage de graisse de votre corps (comme les calculs varient selon le sexe, assurez-vous d'utiliser ceux qui correspondent et suivez les instructions. Nous verrons un sexe à la fois).

POUR LES FEMMES:

1. Sans chaussures, mesurez votre hauteur en centimètres.

2. En utilisant les mesures antérieures, écrivez votre hauteur et les mesures de votre ceinture et vos hanches dans les espaces étiquetés à la page suivante.

3.Comparez-le avec le schéma des constantes de réforme chez la femme, et découvrez chaque moyenne dans la colonne appropriée. Notez vos constantes (A pour les hanches, B pour l'abdomen, C pour la hauteur) dans la feuille de travail. Ces constantes vous permettent de comparer vos mesures, à l'aide d'un formulaire, et de calculer votre pourcentage de graisse dans le corps.

LES FEMMES :
CALCULER LEUR POURCENTAGE DE GRAISSE DANS LE CORPS

Premièrement, sachez la moyenne de vos mesures en cm :

	Hanches	Abdomen	Hauteur
Mesure #1	______	______	______
+			
Mesure #2	______	______	______
+			
Mesure #3	______	______	______
Total =			
Divisé par 3	120	100	164

4. En utilisant le suivant schéma, cherchez chacune des moyennes de vos mesures et votre hauteur dans la colonne appropriée. Les nombres répertoriés seront la Constante A (hanches), la Constante B (abdomen) et la Constante C (hauteur). Utilisez les constantes de dessous. Ajoutez les constantes A et B, et soustrayez la constante C à cette addition. Arrondissez le résultat au nombre entier le plus proche. Le résultat est le pourcentage de graisses de votre corps :

Ajoutez ____________ **Constante A (hanches)**

\+ ____________ **Constante B (abdomen)**

Total ____________

Moins - ____________ **Constante C**

____________ **= le pourcentage de graisses de votre corps.**

Voyons un exemple : comment un patient calcule le pourcentage de graisses dans votre corps. Lisa mesure 1,67 m. et pèse 71,2 kg. Elle mesure ses hanches, avec les résultats de 97,8 cm, 96,5 cm et 97,8 cm. La moyenne de la mesure de sa hanche est de 97,3 cm. (calculée de la manière suivante : 97,8+96,5+97,8=292,1 et 292,1 divisé pas trois = 97,4). Lisa arrondit son résultat à 97. Les mesures de son abdomen étaient de 68,5 cm, 67,3 cm et 70,4 cm donnant une mesure moyenne de 68,7 cm. Le chiffre arrondi est de 69. Retournant au schéma des constantes de conversion de la femme, Lisa a la moyenne de ses hanches (97) et sa constante A (44,65), celle de son abdomen (69) et sa constante B (19,20), et sa hauteur qui correspond à sa constante C (40,23). En suivant la feuille de travail fournie, elle additionne les constantes A et B (44,65 + 19,20 = 63,85) et soustrait le constante C au résultat (63,85 – 40,23 = 23,62). Le pourcentage de graisses du corps de Lisa est de 23,6%.

POUR LES HOMMES :

1. Mesurez votre poignet au lieu d'union de la main et de l'os du poignet, là où se plie le poignet. Maintenez le mètre ruban ajusté, sans serrer la peau. Prenez note de trois mesures de votre poignet, écrivez-les sur une feuille et calculez la moyenne.

2. Pesez-vous et notez votre poids en kilogrammes à l'endroit indiqué sur la feuille de travail. Écrivez la mesure de votre ceinture obtenue antérieurement selon la proportion de la ceinture aux hanches.

3. Soustrayez la moyenne de la mesure de votre poignet et votre ceinture. Vous trouverez ce résultat sur la liste cataloguée comme ceinture moins poignet, dans la partie supérieure du schéma du calcul de la graisse dans le corps masculin. Dans la partie de gauche, vous avez votre poids. Regardez en même temps la colonne de votre poids et celle de la moyenne de la ceinture moins le poignet, juste à côté. Au point où ces deus colonnes se retrouvent, vous pourrez voir le pourcentage de graisses de votre corps. Nous verrons cela par des exemples avec ces schémas et la feuille de travail.

Constantes de Conversion pour le Calcul de graisse corporelle chez la femme

Hanches		Abdomen		Hauteur	
Cm.	Constante A	Cm.	Constante B	m.	Constante C
76	33.48	50	14.22	1.40	33.52
77	33.83	52	14.40	1.41	33.67
78	34.87	53	14.93	1.42	34.13
80	35.22	54	15.11	1.43	34.28
81	36.27	55	15.64	1.44	34.74
82	36.62	57	15.82	1.46	34.89
83	37.67	58	16.35	1.47	35.35
85	38.02	59	16.53	1.48	35.50
86	39.06	60	17.06	1.49	35.96
87	39.41	62	17.24	1.50	36.11
89	40.46	63	17.78	1.52	36.57
90	40.81	64	17.96	1.53	36.72
91	41.86	65	18.49	1.54	37.18
92	42.21	67	18.67	1.55	37.33
94	43.25	68	19.20	1.57	37.79
95	43.60	69	19.38	1.58	37.94
96	44.65	71	19.91	1.59	38.40
97	45.00	72	20.09	1.61	38.55
99	46.05	73	20.62	1.62	39.01
100	46.40	74	20.80	1.63	39.16
101	47.44	76	21.33	1.64	39.62
102	47.79	77	21.51	1.65	39.77
104	48.84	78	22.04	1.67	40.23
105	49.19	80	22.22	1.68	40.38
106	50.24	81	22.75	1.69	40.84
108	50.59	82	22.93	1.71	40.99
109	51.64	83	23.46	1.72	41.45
110	51.99	85	23.64	1.73	41.60
111	53.03	86	24.18	1.74	42.06
113	53.41	87	24.36	1.76	42.21
114	54.53	89	24.89	1.77	42.67
115	54.86	90	25.07	1.78	42.82
116	55.83	91	25.60	1.80	43.28
118	56.18	92	25.78	1.81	43.43
119	57.22	94	26.31	1.82	43.89
120	57.57	95	26.49	1.83	44.04
122	58.62	96	27.02	1.85	44.50
123	58.97	97	27.20	1.86	44.65
124	60.02	99	27.73	1.88	45.11
125	60.37	100	27.91	1.89	45.26
127	61.42	101	28.44	1.90	45.72

128	61.77	102	28.62	1.91	45.87
129	62.81	104	29.15	1.93	46.32
130	63.16	105	29.33	1.94	46.47
132	64.21	106	29.87	1.95	46.93
133	64.56	107	30.05	1.96	47.08
134	65.61	109	30.58	1.98	47.54
135	65.96	110	30.76	1.99	47.69
137	67.00	111	31.29	2.00	48.15
138	67.35	113	31.47	2.02	48.30
139	68.40	114	32.00	2.03	48.76
140	68.75	115	32.18	2.04	48.91
142	69.80	116	32.71	2.05	49.37
143	70.15	118	32.89	2.07	49.52
144	71.19	119	33.42	2.08	49.98
146	71.54	120	33.60	2.09	50.13
147	72.59	121	34.13	2.10	50.59
148	72.94	123	34.31	2.12	50.74
150	73.99	124	34.84	2.13	51.20
151	74.34	125	35.02	2.14	51.35
152	75.39	127	35.56	2.16	51.81

Mark pèse 90,7 kilogrammes. Il obtient les mesures suivantes de son poignet : 16,5 cm, 17,1 cm et 17,1 cm, ce qui donne une moyenne de la mesure de son poignet de 16,9 cm (calculée de la manière suivante : 16,5 + 17,1 + 17,1 = 50,7, divisé par trois = 16,9 cm). Sa ceinture (abdomen) mesure 96,5 cm, 95,2 cm et 97,1 cm, donnant une moyenne de 96,5 cm (calculée de la manière suivante : 96,5 + 95,2 + 97,1 = 288,8 divisé par trois = 96,3 cm). Mark soustrait la mesure de son poignet à celle de sa ceinture (96,5 – 16,9 = 79,6) et arrondit au nombre le plus proche. De cette manière et grâce au schéma de conversion, il découvrira le chiffre de sa ceinture moins son poignet (78,7). En regardant en dessous et vers la gauche, il trouvera son poids (90,7), et suivra toute la colonne jusqu'à trouver ce numéro 78,7. Le chiffre qui apparaît à l'intersection est celui qui lui correspond: 55,9. Mark a alors un pourcentage de graisse dans son corps de 22%.

HOMMES :
CALCULER LEUR POURCENTAGE DE GRAISSE DANS LE CORPS

Premièrement, sachez la moyenne de vos mesures en cm ou en kg :

	Poignet	Ceinture	Poids
Mesure #1	________	________	______
Mesure #2	________	________	______
Mesure #3	________	________	______
Total =	________	________	______
Divisé par 3 =	________	________	______
Mesure de la Ceinture	__________		
Moins			
Mesure du Poignet	__________		

__________ = «Ceinture moins Poignet»

En utilisant le schéma de la ceinture moins le poignet, vous trouverez votre poids en kilogrammes sur la colonne de gauche. Vous saurez alors le chiffre correspondant sur la colonne « Ceinture moins Poignet » en haut du schéma. De haut en bas et toujours vers la gauche, vous verrez le point d'intersection des deux résultats. Ce résultat représente le pourcentage de graisse dans votre corps :

__________________ = **Pourcentage de graisse dans votre corps**

CALCULER LE POIDS DES TISSUS MAIGRES DANS VOTRE CORPS

Maintenant que vous avez obtenu un calcul correct du pourcentage de graisses dans votre corps, vous pouvez utiliser ce nombre ou résultat pour calculer le poids de vos tissus maigres. Dû au fait que le corps se divise en deux parties, le poids de la graisse et le poids de la fibre, si vous savez votre poids et le pourcentage de graisses selon votre poids, vous pouvez déterminer le poids des tissus maigres.

D'abord, pesez-vous en kg et multipliez le résultat par le pourcentage en décimales des graisses de votre corps (par exemple, si le pourcentage de graisse est de 42 on le multiplierait par 0,42 pour obtenir le résultat) :

Poids total X % de graisses du corps = poids de graisses en kilogrammes

Une fois que vous savez le poids de la graisse de votre corps, vous pouvez soustraire celle-ci au total de poids pour obtenir le poids des tissus maigres :

Poids total – Graisses du corps = Poids des tissus maigres

Dans le cas de Lisa, le calcul serait : son poids (71,2 kilogrammes) multiplié par le pourcentage de graisses en décimales (23,6 est 0,236), nous donne le nombre total de kilogrammes de graisses qu'elle a (71,2 x 0,236 = 16,8 kilogrammes de graisses). Son poids total (71,2) moins le poids de graisses qu'elle a (16,8), nous donne le poids de tissus maigres dans son corps (54,4 kilogrammes).

Mark obtiendrait le poids de ses tissus maigres de la même forme. Son poids (90,7) multiplié par le pourcentage de graisses en décimales (22 est 0,22), nous donne le nombre total de kilogrammes de graisses qu'il a (90,7 x 0,22 = 19,9 kilogrammes de graisses). Son poids total (90,7) moins le poids de graisses qu'elle a (19,9), nous donne le poids de tissus maigres dans son corps (70,8 kilogrammes).

Savoir le poids des tissus maigres du corps est important pour deux raisons : il est fondamental pour déterminer la quantité nécessaire de protéines par jour (chapitre 5) et vous permet de calculer votre poids réel. Même si nous insistons sur nos patients et sur vous-même. L'essentiel est que la composition de votre poids soit correcte. Si vous êtes comme la plupart des gens, vous avez un poids idéal en tête que vous désirez obtenir et maintenir. Sachant le poids de tissus maigres que vous avez normalement, vous pouvez l'utiliser comme référence pour obtenir ce poids idéal. Si vous devez sacrifier du poids provenant des tissus maigres pour y arriver, nous vous encourageons à réviser votre objectif. Quel est votre objectif de « poids idéal » ?

CEINTURE MOINS POIGNET
Calcul de la graisse du corps masculin

Mesure de la ceinture moins le poignet : **(en cm.)**		56	57	58	59	61	62	63	64	66	67	68	70	71	72	73	75	76	77	78
Poids en Kg.	55	4	6	8	10	12	14	16	18	20	21	23	25	27	29	31	33	35	37	39
	57	4	6	7	9	11	13	15	17	19	20	22	24	26	28	30	32	33	35	37
	59	3	5	7	9	11	12	14	16	18	20	21	23	25	27	28	30	32	34	36
	61	3	5	7	8	10	12	13	15	17	19	20	22	24	26	27	29	31	32	34
	63	3	5	6	8	10	11	13	15	16	18	19	21	23	24	26	28	29	31	33
	66	3	4	6	7	9	11	12	14	15	17	19	20	22	23	25	27	28	30	31
	68	2	4	6	7	9	10	12	13	15	16	18	19	21	23	24	26	27	29	30
	70	2	4	5	6	8	10	11	13	14	16	17	19	20	22	23	25	26	28	29
	72	2	4	5	6	8	9	11	12	14	15	17	18	19	21	22	24	25	27	28
	75	2	3	5	6	8	9	10	12	13	15	16	17	19	20	22	23	24	26	27
	77	2	3	4	6	7	9	10	11	13	14	15	17	18	19	21	22	24	25	26
	80	2	3	4	6	7	8	10	11	12	13	15	16	17	19	20	21	23	24	25
	82	1	3	4	5	7	8	9	10	12	13	14	16	17	18	19	21	22	23	25
	84	1	3	4	5	6	8	9	10	11	13	14	15	16	18	19	20	21	23	24
	86	1	2	4	5	6	7	8	10	11	12	13	15	16	17	18	19	21	22	23
	88	1	2	3	5	6	7	8	9	11	12	13	14	15	16	18	19	20	21	22
	90	1	2	3	4	6	7	8	9	10	11	12	14	15	16	17	18	19	21	22
	93	1	2	3	4	5	6	8	9	10	11	12	13	14	15	17	18	19	20	21

Mesure de la ceinture moins la poignet **(en cm.)**		**56**	**57**	**58**	**59**	**61**	**62**	**63**	**64**	**66**	**67**	**68**	**70**	**71**	**72**	**73**	**75**	**76**	**77**	**78**
Poids en Kg.	95	1	2	3	4	5	16	7	8	9	11	12	13	14	15	16	17	18	19	21
	97	1	2	3	4	5	6	7	8	9	10	11	12	13	15	16	17	18	19	20
	99	0	2	3	4	5	6	7	8	9	10	11	12	13	14	15	16	17	18	19
	102	0	1	2	3	4	6	7	8	9	10	11	12	13	14	15	16	17	18	19
	104	0	1	2	3	4	5	6	7	8	9	10	11	12	13	14	15	16	17	18
	106	0	1	2	3	4	5	6	7	8	9	10	11	12	13	14	15	16	17	18
	108	0	1	2	3	4	5	6	7	8	9	10	11	12	13	14	15	16	17	17
	111	0	1	2	3	4	5	6	7	8	9	9	10	11	12	13	14	15	16	17
	113	0	1	2	3	4	5	6	6	7	8	9	10	11	12	13	14	15	16	17
	115	0	1	2	3	3	4	5	6	7	8	9	10	11	12	13	14	14	15	16
	118	0	1	2	2	3	4	5	6	7	8	9	10	10	11	12	13	14	15	16
	120	0	1	1	2	3	4	5	6	7	8	8	9	10	11	12	13	14	15	15
	122	0	1	1	2	3	4	5	6	7	7	8	9	10	11	12	13	13	14	15
	125	0	0	1	2	3	4	5	5	6	7	8	9	10	11	11	12	13	14	15
	127	0	0	1	2	3	4	4	5	6	7	8	9	9	10	11	12	13	14	14
	129	0	0	1	2	3	4	4	5	6	7	8	8	9	10	11	12	12	13	14
	131	0	0	1	2	3	3	4	5	6	7	7	8	9	10	11	11	12	13	14
	133	0	0	1	2	2	3	4	5	6	6	7	8	9	10	10	11	12	13	14
	136	0	0	1	2	2	3	4	5	5	6	7	8	9	9	10	11	12	12	13

Mesure de la ceinture moins le poignet **(en cm.)**		80	81	82	83	85	86	87	88	90	91	92	93	95	96	97	98	99	100	102
Poids en Kg.	55	41	43	45	47	49	50	52	54	56	58	60	62	64	66	68	70	70	74	76
	57	39	41	43	45	46	48	50	52	54	56	58	59	61	63	65	67	69	71	72
	59	37	39	41	43	44	46	48	50	52	53	55	57	59	61	62	64	66	68	69
	61	36	38	39	41	43	44	46	48	50	51	53	55	56	58	60	62	63	68	67
	63	34	36	38	39	41	43	44	46	48	49	51	53	54	56	58	59	61	63	64
	66	33	35	36	38	39	41	43	44	46	47	49	51	52	54	55	57	59	60	62
	68	32	33	35	36	38	40	41	43	44	46	47	49	50	52	53	55	57	58	60
	70	31	32	34	35	37	38	40	41	43	44	46	47	49	50	52	53	55	56	58
	72	30	31	33	34	35	37	38	40	41	43	44	46	47	48	50	51	53	54	56
	75	29	30	31	33	34	36	37	38	40	41	43	44	45	47	48	50	51	52	54
	77	28	29	30	32	33	34	36	37	39	40	41	43	44	45	47	48	49	51	52
	80	27	28	29	31	32	33	35	36	37	39	40	41	43	44	45	47	48	49	51
	82	26	27	28	30	31	32	34	35	36	37	39	40	41	43	44	45	47	48	49
	84	25	26	28	29	30	31	33	34	35	36	38	39	40	41	43	44	45	46	48
	86	24	26	27	28	29	30	32	33	34	35	37	38	39	40	41	43	44	45	46
	88	24	25	26	27	28	30	31	32	33	34	35	37	38	39	40	41	43	44	45
	90	23	24	25	26	28	29	30	31	32	33	35	36	37	38	36	40	41	43	44
	93	22	23	25	26	27	28	29	30	31	32	34	35	36	37	38	39	40	41	43

Mesure de la ceinture moins le poignet: **(en cm.)**		80	81	82	83	85	86	87	88	89	91	92	93	94	95	96	98	99	100	102
Poids en Kg.	95	22	23	24	25	26	27	28	29	30	32	33	34	35	36	37	38	39	40	42
	97	21	22	23	24	25	26	28	29	30	31	32	33	34	35	36	37	38	39	40
	99	20	22	23	24	25	26	27	28	29	30	31	32	33	34	35	36	37	38	39
	102	20	21	22	23	24	25	26	27	28	29	30	31	32	33	34	35	36	37	38
	104	19	20	21	22	23	24	25	26	27	28	30	31	32	33	34	35	36	37	38
	106	19	20	21	22	23	24	25	26	27	28	29	30	31	32	33	34	35	36	37
	108	18	19	20	21	22	23	24	25	26	27	28	29	30	31	32	33	34	35	36
	111	18	19	20	21	22	23	24	25	26	27	27	28	29	30	31	32	33	34	35
	113	18	18	19	20	21	22	23	24	25	26	27	28	29	30	31	31	32	33	34
	115	17	18	19	20	21	22	23	24	24	25	26	27	28	29	30	31	32	33	34
	118	17	18	19	19	20	21	22	23	24	25	26	27	27	28	29	30	31	32	33
	120	16	17	18	19	20	21	22	22	23	24	25	26	27	28	29	29	30	31	32
	122	16	17	18	19	19	20	21	22	23	24	25	25	26	27	28	29	30	31	31
	125	16	16	17	18	19	20	21	22	22	23	24	25	26	27	27	28	29	30	31
	127	15	16	17	18	19	19	20	21	22	23	24	24	25	26	27	28	29	29	30
	129	15	16	17	17	18	19	20	21	21	22	23	24	25	26	26	27	28	29	30
	131	15	15	16	17	18	19	19	20	21	22	23	23	24	25	26	27	27	28	29
	133	14	15	16	17	17	18	19	20	21	21	22	23	24	25	25	26	27	28	28
	136	14	15	16	16	17	18	19	19	20	21	22	22	23	24	25	26	26	27	28

Mesure dela ceinture moins le poignet: **(en cm.)**		104	105	106	108	109	110	111	113	114	115	117	118	119	120	122	123	124	125	126
Poids en Kg.	95	43	44	45	46	47	48	49	50	51	53	54	55	56	57	58	59	60	61	62
	97	42	43	44	45	46	47	48	49	50	51	52	53	54	56	57	58	59	60	61
	99	41	42	43	44	45	46	47	48	49	50	51	52	53	54	55	56	57	58	59
	102	40	41	42	43	44	45	46	47	48	49	50	51	52	53	54	55	56	57	58
	104	39	40	41	42	43	44	45	46	47	48	49	50	51	52	53	54	55	56	57
	106	38	39	40	41	42	43	44	45	46	47	48	49	50	51	51	52	53	54	55
	108	37	38	39	40	41	42	43	44	45	46	46	47	48	49	50	51	52	53	54
	111	36	37	38	39	40	41	42	43	44	44	45	46	47	48	49	50	51	52	53
	113	35	36	37	38	39	40	41	42	43	44	44	45	46	47	48	49	50	51	52
	115	34	35	36	37	38	39	40	41	42	43	44	44	45	46	47	48	49	50	51
	118	34	35	35	36	37	38	39	40	41	42	43	43	44	45	46	47	48	49	50
	120	33	34	35	36	36	37	38	39	40	41	42	43	43	44	45	46	47	48	49
	122	32	33	34	35	36	37	37	38	39	40	41	42	43	43	44	45	46	47	48
	125	32	32	33	34	35	36	37	38	38	39	40	41	42	43	43	44	45	46	47
	127	31	32	33	33	34	35	36	37	38	38	39	40	41	42	43	43	44	45	46
	129	30	31	32	33	34	34	35	36	37	38	39	39	40	41	42	43	43	44	45
	131	30	31	31	32	33	34	35	35	36	37	38	39	39	40	41	42	43	43	44
	133	29	30	31	32	32	33	34	35	36	36	37	38	39	39	40	41	42	43	43
	136	29	29	30	31	32	33	33	34	35	36	36	37	38	39	39	40	41	42	43

Mesure de la ceinture moins le poignet:: **(en cm.)**		**104**	**105**	**106**	**108**	**109**	**110**	**111**	**113**	**114**	**115**	**117**	**118**	**119**	**120**	**122**	**123**	**124**	**125**	**126**
Poids en Kg.	55	77	79	81	83	85	87	89	91	93	95	97	99	99	99	99	99	99	99	99
	57	74	76	78	80	82	84	85	87	89	91	93	95	96	98	99	99	99	99	99
	59	71	73	75	77	78	80	82	84	86	87	89	91	93	94	96	98	99	99	99
	61	68	70	72	74	75	77	79	80	82	84	86	87	89	91	92	94	96	98	99
	63	66	68	69	71	72	74	76	77	79	81	82	84	86	87	89	91	92	94	96
	66	63	65	67	68	70	71	73	75	76	78	79	81	83	84	86	87	89	91	92
	68	61	63	64	66	67	69	70	72	74	75	77	78	80	81	83	84	86	87	89
	70	59	61	62	64	65	67	68	70	71	73	74	76	77	79	80	82	83	85	86
	72	57	59	60	61	63	64	66	67	69	70	72	73	75	76	77	79	80	82	83
	75	55	57	58	60	61	62	64	65	67	68	69	71	72	74	75	76	78	79	81
	77	54	55	56	58	59	60	62	63	64	66	67	69	70	71	73	74	75	77	78
	80	52	53	55	56	57	59	60	61	63	64	65	66	68	69	70	72	73	74	76
	82	50	52	53	54	56	57	58	59	61	62	63	65	66	67	68	70	71	72	74
	84	49	50	51	53	54	55	56	58	59	60	61	63	64	65	66	68	69	70	71
	86	48	49	50	51	52	54	55	56	57	58	60	61	62	63	65	66	67	68	69
	88	46	47	49	50	51	52	53	55	56	57	58	59	60	62	63	64	65	66	68
	90	45	46	47	48	50	51	52	53	54	55	57	58	59	60	61	62	63	65	66
	93	44	45	46	47	48	49	51	52	53	54	55	56	57	58	60	61	62	63	64

VOTRE POIDS IDÉAL

Regardez le suivant schéma pour retrouver le pourcentage de graisses idéal de votre corps, en fonction de votre âge et votre sexe. Notez les chiffres des extrémités du rang et soustrayez-les au 100%, tel que nous faisons dans l'exemple suivant. Nous devrons utiliser une autre personne car Lisa a un poids idéal.

Exemple : Missy, âge 35

Poids des tissus maigres = 43,5 kilogrammes

Pourcentage idéal de graisses du corps = 21 – 27 %

1ª Pas : Soustrayez à 100 chacun des chiffres idéaux du rang.

100% - 21% = 79% et 100% - 27% = 73%

2º Pas : Divisez le poids des tissus maigres entre ces résultats.

43,5 divisé par 79 = 0,55 et 43,5 divisé par 73 = 0,60

3º Pas : Multipliez ces deux chiffres par 100.

0,55 x 100 = 55 et 0,60 x 100 = 60

Ce calcul offre à Missy son poids idéal, qui se situe entre 55 et 60 kilogrammes. Normalement, ces résultats sont ceux des patients de notre clinique. Elle mesure 1,60 m et son poids idéal, selon les médecins qu'elle a consultés, est de 52,2 kilogrammes. Elle n'a pesé 52,2 kilogrammes que lorsqu'elle était au Lycée, et il est facile de voir pourquoi elle pèse plus. Elle aurait pu si elle avait diminué le pourcentage de graisses à moins de 16% (c'est improbable pour une femme de son âge, à moins qu'elle ne soit une athlète, et, du point de vue hormonal, ce ne serait pas sain, si elle y arrivait). Si elle devait perdre des kilogrammes du poids de ses tissus maigres, de ses 43,5 kilogrammes, on ne verrait pas les progrès. Une meilleure option est de maintenir chaque kilogramme de ses tissus maigres avec la quantité appropriée de graisses qui lui permette d'avoir une bonne santé et oublier son poids, puisque ce n'est pas le plus important. Avec 56,7 kilogrammes, elle est ferme et mince, forte et saine. Le fait de se forcer pour atteindre son « poids idéal » est une folie.

Pourcentage de graisse idéal dans le corps

ÂGE	HOMMES	FEMMES
10-30	12-18%	20-26%
31-40	13-19%	21-27%
41-51	14-20%	22-28%
51-60	16-20%	22-30%
61 ou plus	17-21%	22-31%

Maintenant, c'est à vous. En utilisant la feuille du poids idéal, calculez le votre. Ce poids sera celui que vous devrez atteindre. Chaque kilogramme de graisses perdu vous approchera de votre objectif. Chaque kilogramme perdu à votre ceinture réduit le contour de pomme et votre risque de troubles métaboliques. Les spécialistes en motivation vous diront toujours que si vous ne savez pas où vous allez, vous n'y arriverez jamais. Maintenant, vous avez une image dans la tête d'où vous voulez arriver, et ceci vous aidera à concentrer tous vos efforts pour arriver à votre objectif.

Le Corps Parfait

De même que Lisa, si vous vous adaptez aux directrices d'un corps parfait, vous allez commencer une vie de progrès personnel. Après avoir compléter les feuilles de travail vous pourrez découvrir, comme Missy, que votre poids idéal est plus bas que celui que vous pensiez. Ou bien vous pourriez découvrir que les 9 kilogrammes que vous dites que vous devez perdre, se transforment en plus de 18. D'où que vous commenciez, pensez toujours que votre objectif n'est pas perdre du poids. Votre objectif principal est d'avoir un corps bien fait, se composant de masse musculaire saine, forte et vigoureuse, avec la quantité suffisante de graisses pour se maintenir saine. Quelque soit le poids que vous aillez, il sera bien pour vous. Nous disons toujours à nos patients de la clinique que notre programme, qui consiste en une alimentation pour perdre du poids, est une recette pour récupérer la santé. La perte de graisses n'est qu'une partie du bénéfice global. Et celle-ci est la raison pour laquelle nous voulons que vous commenciez un nouveau style de vie, pour être plus en forme, plus mince et plus sain, mais pas plus faible, lorsque vous aillez complété votre programme et vous puissiez vous maintenir en pleine forme pour toujours.

LA FEUILLE DE TRAVAIL POUR LE POIDS IDÉAL

Le poids calculé de vos tissus maigres : 44

Le pourcentage de graisses idéal pour votre âge et sexe, provenant du schéma antérieur :

21 % à 27 %

1° Pas : Soustrayez à 100 chacun des pourcentages antérieurs :

100% - 21 % = 79 et 100% - 27 % = 73

2° Pas : Divisez le poids de vos tissus maigres pas chacun des résultats obtenus dans le pas antérieur :

44 / 79 = 0,556 et 44 / 73 = 0,6027

3° Pas : Multipliez chacune des réponses du 2° pas par 100 :

______ x 100 = 56

votre poids idéal se trouve dans ce rang

______ x 100 = 60

II PARTIE

Le Système
«Maigrissez Bien, Maigrissez en Mangeant»

Chapitre 5

RÉUNISSANT TOUT : DESSINEZ VOTRE PROPRE PLAN

Après tout, c'est peut-être vrai : les pâtes font grossir.

New York Times
8 février 1995

Si vous avez lutté contre votre poids, votre pression artérielle, votre cholestérol ou votre sucre à l'aide d'un régime où il y avait des pâtes et des céréales complètes, les aliments sans sucre, pauvres en graisses, et même sans graisses, et vous avez échoué, arrêtez de vous accuser ! Vous n'avez pas échoué, vous avez simplement mené une alimentation erronée. Si vous avez été démotivé par ce que vous dit votre médecin, « Réduisez les graisses à 30 grammes ou moins par jour et vous réduirez votre poids », vous l'avez écouté mais ça n'a pas fonctionné. Ne vous désespérez pas. L'aide dont vous avez besoin est ici. Si votre cholestérol est élevé, vous avez déjà oublié le goût d'un bon bifteck lors du dîner, vous ne vous souvenez plus de la dernière fois que vous avez mangé un oeuf, et vos niveaux de cholestérol sont toujours élevés, ne vous inquiétez pas. Le changement d'alimentation peut vous aider et vous aidera sûrement à récupérer le contrôle de vos troubles métaboliques. Vous pouvez perdre de la graisse, réduire votre cholestérol et triglycérides, baisser votre pression artérielle et normaliser votre niveau de sucre dans le sang, en modifiant votre façon de manger et maintenir ces bénéfices toute votre vie. Jouir d'une bonne santé est à votre portée et vous n'avez besoin que l'information appropriée. Ce chapitre vous fournira cette information. Joignez-vous à nous maintenant et nous vous montrerons le chemin pour manger selon vos goûts, en jouissant d'une bonne santé et de bien-être. Tout ceci en réalisant les deux étapes du procès d'intervention, une phase de transition en terminant par le maintien.

Avant de commencer, quelques mots de précaution médicale :

Si vous êtes enceinte ou vous prenez des médicaments pour contrôler le cholestérol, la pression artérielle, la rétention de liquides ou le niveau de sucre dans le sang, ne commencez pas ce régime sans consulter auparavant un médecin.

Le Programme en Quelques Mots

· Déterminez votre besoin de protéines et dessinez votre plan d'alimentation en arrondissant la quantité exacte de protéines en grammes. Choisissez le poisson, les volailles, la viande rouge, le fromage pauvre en graisses (fromage blanc, féta, mozzarella, munster), les oeufs et le tofu (soja). Assurez-vous que vous avez suffisamment de protéines (votre corps ne peut pas les stocker). Si vous avez faim, allez 1 once de protéines (= 7 grammes) au-delà de vos besoins.

. Ajoutez 30 grammes ou moins d'hydrates de carbone tout au long de la journée de la Première Phase d'intervention – si vous devez perdre beaucoup de graisses et/ou corriger un problème de santé – ou 55 grammes ou moins par jour lors de la Deuxième Phase d'intervention – si vous voulez perdre un peu de graisses, en équilibrant votre corps (vos tissus maigres en fonction de la graisse) ou améliorer votre santé. Si vous prenez des médicaments dus à un problème de santé grave, ou vous souffrez d'un surpoids de plus de 20%, vous devriez consulter un médecin. Souvenez-vous que vous pouvez éliminer la fibre des hydrates de carbone des aliments achetés (vérifier l'étiquette), ce qui équivaut à consommer plus d'hydrates de carbone. Pour vous faciliter la tâche, ce livre a réalisé ces calculs à travers de schémas d'aliments. Choisissez des légumes, des tomates, des poivrons, des avocats (bien sûr !), du brocoli, des aubergines, des courgettes, des haricots verts, des asperges, du céleri, des concombres, des champignons et des salades. Vérifier la liste d'hydrates de carbone aux pages 123-128.

. Ajoutez 25 grammes de fibre par jour.

. Ne vous préoccupez pas der la graisse, mais choisissez des graisses saines : l'huile d'olive, l'huile de noisette, avocat et beurre (oui !). Votre corps peut utiliser, et utilisera, la graisse extérieure comme combustible.

. N'ayez jamais faim – ayez toujours à portée de la main des apéritifs et faites les repas réguliers.

. Buvez au moins 8 verres d'eau.

. Un verre de vin (3 grammes d'hydrates de carbone) ou une bière

Miller Lite (un peu plus de 3) est possible, mais n'oubliez pas de compter les hydrates de carbone.
. Prenez un supplément de vitamines et au moins 90 mg de potassium.
. Les édulcorants, eau gazeuse et boissons light sont valables, mais avec modération.
. Vous réduirez (pendant un temps) le sucre et les produits riches en amidon, même les pommes de terre, les haricots (sauf les haricots verts) et le maïs. Les desserts peuvent être des fruits pauvres e n hydrates de carbone, comme les baies, les pêches et le melon, ou la gelée sans sucre.
. Si vous goûtez, souvenez-vous de soustraire les hydrates de carbone du prochain repas.
. De l'exercice ! Le mieux est un entraînement pour le maintien personnel (avec des haltères), mais toute activité qui vous fasse transpirer est convenable.
. Lorsque vous aurez des doutes, mangez sans graisse, du poisson, des volailles ou des salades.
. Souvenez-vous de consulter le modèle de menu de la page 165.

De Combien de Protéines Avez-vous Besoin ?

La pierre angulaire de tout programme de nutrition est la quantité adéquate de protéines de bonne qualité. Dans n'importe quelle étape de notre programme, il est important que vous obteniez des protéines chaque jour.

Au chapitre 4, vous avez appris comment calculer la masse musculaire de vos tissus maigres et le pourcentage de graisses de votre corps. Si vous ne l'avez pas encore fait, le moment est venu. La masse corporelle des tissus maigres (LBM) est la partie active de votre métabolisme qui dépense l'énergie, en réparant l'usure de chaque jour et les problèmes des parties vitales du corps, et remplace les flux vitaux et chimiques – en peu de mots, elle fait tout le travail pour que l'on puisse vivre. C'est également celle qui cause la faim. L'idéal est de maintenir cette masse intacte, chacun des kilogrammes qui la composent. Il faudra donc que vous l'alimentiez, la soigniez, l'hydratiez, l'exerciez et que vous en soyez reconnaissant[1]. Les régimes typiques pauvres en calories et graisses et riches en hydrates de carbone ont un apport de protéines marginal, ce qui peut faire que 50% du poids perdu soit du poids musculaire. Chaque kilogramme de masse musculaire active perdue réduit la vitesse du métabolisme (vous pouvez compenser la perte en exerçant cette masse musculaire avec un entraînement de résistance de poids, en montant des escaliers, etc. Voir chapitre 7).

Le soin correct de la masse corporelle des tissus maigres nécessite une proportion suffisante de protéines de bonne qualité, chaque jour, qui permettent de réaliser toutes les fonctions vitales. Si vous êtes une personne qui mène une activité physique modérée et en bonne santé (c'est à dire que vous faites autour de 20-30 minutes d'exercice par jour, deux fois par semaine), chaque kilogramme de votre LBM nécessite spécifiquement 1,2 grammes de protéines par jour. Ceci équivaut à 60 grammes de protéines par jour pour une personne avec un LBM de 50 kilogrammes, 72 grammes par jour pour une personne avec un LBM de 60 kilogrammes, 90 grammes par jour pour une personne avec un LBM de 75 kilogrammes et 108 grammes par jour pour une personne avec un LBM de 90 kilogrammes. Le besoin de protéines par jour dépendra de la quantité de kilogrammes de LBM que vous aillez et de votre activité physique. Si vous souffrez d'un surpoids supérieur à 40% par rapport à votre poids idéal, vous devrez chercher à faire plus d'exercice que celui que vous faites normalement ou augmenter l'intensité lorsque vous marchez, vous courez, vous montez des escaliers, etc. réduisant ainsi l'excès de kilogrammes. Les catégories d'activités sont les suivantes :

1. Sédentaire. ***Si vous ne pratiquez aucune activité physique, votre besoin de protéines sera de 1 gramme par Kg. de masse maigre. Sédentaire = 1.***

2. Modérément active. ***Si vous avez une moyenne d'activités physiques équivalente à 20-30 minutes par jour, trois fois par semaine, votre besoin de protéines est de 1,2 grammes par kilogramme de masse maigre. Modérément active = 1,2.***

3. Active. ***Si vous participez à des activités physiques organisées pendant plus de 30 minutes par jour, trois à cinq fois par semaine, votre besoin de protéines est de 1,4 grammes par kilogramme de masse maigre. Active = 1,4.***

4. Très active. ***Si vous vos consacrez à des activités physiques vigoureuses pendant une heure ou plus par jour, cinq fois ou plus par semaine, votre masse maigre nécessitera 1,6 grammes de protéines par kilogramme. Très active = 1,6.***

---

[1] Nous disons idéalement. Nous espérons que vous puissiez maintenir chaque kilo de votre corps. Mais du point de vue des faits, si vous avez un surpoids important, vous perdrez probablement de la masse corporelle des tissus maigres, en même temps que la réduction de poids diminue l'exigence des muscles qui vous soutiennent. Si vous surpassez 40 pour cent votre poids idéal, les muscles qui supportent votre poids doivent travailler plus. À la fois que vous perdez du poids, cette exigence diminue et les muscles s'affinent. Lorsque ceci arrive, vous pouvez peser moins car votre effort est moindre, ce qui est bien. Nous ne voulons pas que vous perdiez des kilos des muscles, car ils s'affaibliraient.

5. Athlète. ***Si vous êtes un athlète de compétition, vous vous entraînez et faites deux fois par jour des activités physiques dures pendant une heure ou plus, votre besoin de protéines est de 1,8 grammes par kilogramme de masse maigre. Athlète = 1,8.***

Pour calculer votre besoin de protéines par jour, vous n'avez qu'à prendre votre LBM (en kilogrammes) et le multiplier par le numéro de la catégorie de l'activité qui s'ajuste à votre vie.

____44____ **kilogrammes de masse corporelle maigre**
x ____1____ **le numéro de la catégorie de l'activité**
____44____ **= le besoin minimum de protéines nécessaire par jour**

Le résultat sera le besoin minimum de protéines en grammes nécessaire chaque jour. Divisez ce nombre par trois pour arriver à la consommation minimum de protéines par repas et par jour, dans le cas de trois repas par jour.

________ **divisé par trois** = ____15____ **grammes par repas**

Vos trois repas du jour devraient avoir au moins cette quantité de protéines de bonne qualité, sans se préoccuper de la phase du programme où l'on se trouve. Vous pouvez utiliser le guide standard d'alimentation que vous voulez (The Complete Book of Food Counts, Corinne T. Netzer, Dell, de 1994 est une bonne référence) pour choisir les aliments qui satisfassent votre besoin de protéines.

Nous avons même fait en sorte que ce programme soit plus facile à suivre. Nous l'avons calculé en divisant la consommation de protéines par repas en quatre catégories générales, avec différentes combinaisons et présentations pour les plats principaux et tout en considérant les protéines maigres. Regardez le schéma d'équivalence des protéines, à la fin du chapitre (il commence à la page...). Vous trouverez ces quatre niveaux de base de la consommation de protéines, qui fournissent 20, 27, 34 et 40 grammes de protéines par repas. Choisissez le schéma d'équivalence qui s'accorde et surpasse votre besoin de protéines et vous saurez la quantité d'aliments qui, par eux-mêmes ou en combinaison avec d'autres, couvrent vos besoins. Ne vous préoccupez pas si vous consommez trop de protéines. Assurez-vous plutôt qu'il ne vous en manque pas.

Voyons un exemple pour savoir comment utiliser ces schémas. Imaginez que votre besoin de protéines est de 70 grammes par jour. Ces besoins divisés par trois repas, nous donnent 23 grammes par repas. C'est alors le tour des schémas d'équivalence. Le schéma A, niveau de 20 grammes par repas, ne vous fournirait pas assez de protéines. Vous devrez donc passer au schéma B qui a un niveau de 27 grammes par repas. Regardez alors le côté gauche, vers le bas et au fond pour voir chacune des sources de protéines : viande, oeufs, fromages forts ou légers, fromage blanc, tofu et soja. Choisissez une source de protéines de gauche et une autre du fond (sachez qu'il peut s'agir de la même source ou d'une combinaison entre plusieurs). Suivez le schéma selon votre élection du côté gauche et d'en bas vers le haut, en fonction de votre élection du bas. Là où les deux lignes se rejoignent, vous trouverez la quantité de nourriture pour cette source ou combinaison de sources. Par exemple, si vous voulez manger une omelette au fromage, vous découvririez que vous avez besoin de deux oeufs entiers plus deux blancs plus 57,4 grammes de fromage pour compléter vos besoins pour ce repas.

Vous devriez aussi savoir que 28,7 grammes de maigre et 28,7 grammes de fromage sont équivalents du point de vue des protéines. Donc, si vous voulez préparer votre omelette avec du jambon blanc et du fromage Gouda, vous pourriez créer un délicieux plat avec deux oeufs, plus deux blancs, plus 15 grammes de jambon blanc et 15 grammes de fromage Gouda haché.

Vous devriez également remarquer du point de vue de la teneur en protéines, que toute source provenant de la « viande » nous fournit, d'un total de 30 grammes, presque 7 grammes de protéines. Lorsque nous disons « viande » dans nos arguments de la liste d'équivalences de protéines classées comme « viande, poisson ou volaille », nous parlons de veau, poulet, thon, porc, saumon, crevettes, escalope, hareng, dindon, lapin, agneau, sanglier, bar, langouste, gazelle... Vous pouvez vous faire une idée : toutes les protéines de source animale seront considérées comme « viande ». Ce qui veut dire qu'avec n'importe quelle variété de fromage, tofu et protéines provenant de l'oeuf et dans les limites établies de ce que vous pouvez manger, vous pourrez créer une énorme variété de combinaisons de protéines pour couvrir vos besoins quotidiens.

Est-ce que je peux Manger de la Viande Rouge et des Oeufs ?

Oui et non. Votre cholestérol n'augmentera pas parce que vous mangez de la viande rouge et du jaune d'oeuf. Puisque vous faites attention pour contrôler vos hormones métaboliques, votre foie n'utilisera pas les graisses saturées provenant de l'extérieur, ni l'excès de cholestérol de ces aliments pour le libérer dans le sang (voir chapitre 13 pour plus de détails). Est-ce que cela veut dire que je pourrais déjeuner un bifteck accompagné d'oeufs ? Bien sûr. Ou les côtes de porc à l'heure du repas ? Oui.

Ce que *vous ne pouvez pas* faire, c'est manger toute la viande rouge et tous les jaunes d'oeufs dont vous avez envie en même temps puisque vous vous surchargeriez d'amidon et de sucre. Cela signifie que vous ne pouvez pas prendre de galettes, ni de sauce, ni de purée de pommes de terre pour accompagner votre bifteck ou vos oeufs.

Si vous souffrez d'hypertension, de cholestérol élevé, d' une importante rétention de liquides ou d'inflammations comme l'arthrite, la bursite, l'asthme, des allergies ou la dermatite, vous devriez limiter votre consommation de viandes rouges et jaunes d'oeufs. Nous vous suggérons cela, non par leur haut niveau de cholestérol, mais par leur haut contenu d'acide araquidonique, l'un des acides gras qui provoquent la production de « mauvais eicosanoïdes » et qui mènent ou aggravent ces problèmes (voir chapitre 12). Si vous souffrez ces problèmes, éliminez la viande rouge et le jaune d'oeuf de votre régime pendant trois semaines, et ainsi voir si vos conditions s'améliorent. Ensuite, reprenez une portion lors d'un repas ou deux et vérifiez si les symptômes reviennent ou s'aggravent. Si c'est le cas, vous êtes une personne sensible aux aliments contenant de l'acide araquidonique et vous devriez faire attention lorsque vous prenez ces aliments–spécialement le jaune d'oeuf, la plus grande source d'acide araquidonique. Et, lorsque vous mangerez du veau, suivez les directrices sur la manière de la préparer, au chapitre 12.

MAIS, QUE SE PASSE-T-IL SI JE SUIS VÉGÉTARIEN ?

Le végétarisme plus strict peut créer de la monotonie dans l'apport de protéines, puisque les seules sources adéquates n'ont pas d'hydrates de carbone et apparaissent sous forme de soja (comme le tofu, le tempeh et l'algue spiruline). Vous découvrirez que vous devez être créatif puisque vous aurez besoin de manger plus pour couvrir vos besoins de protéines. La carence la plus importante qui affecte les végétariens est la dénutrition protéinique. L'élection d'une alimentation sans animaux n'altère pas le besoin humain de protéines de haute qualité pour nourrir la masse de tissus maigres, ni évite les possibles conséquences de ne pas en avoir assez.

Par exemple, notre patiente Kathy, une végétarienne stricte, vint se plaindre de la fatigue constante. En même temps que nous l'examinions, nous avons trouvé ses triglycérides et la pression artérielle un peu élevés et les niveaux de son sang étaient un peu bas. Kathy était en forme puisqu'elle courrait et faisait de l'exercice. Mais une douleur chronique au pied et la fatigue qu'elle avait, l'obligèrent à laisser la course et, par conséquent, elle grossit un peu. Même si Kathy mangeait surtout du tofu, elle avait une alimentation pauvre en graisses, où dominaient les hydrates de carbone, puis des céréales complètes, des pâtes, des pommes de terre, du riz, des salades, des fruits et des jus de fruits. Notre première consigne fut d'augmenter sa consommation de protéines et graisses, puis de réduire les produits riches en amidon. Avec un poids de masse corporelle maigre de 44 kilogrammes, Kathy avait besoin d'au moins 60 grammes de protéines par jour, équivalent à une demi-tasse de tofu ou 85 grammes de tempeh dans chaque repas, et avec de l'huile d'olive dans certains plats comme le tofu frit ou les hamburgers de tempeh. Elle avait besoin d'une quantité plus grande que celle qu'elle consommait habituellement. En quelques semaines, non seulement elle sentit plus d'énergies, mais ses triglycérides et sa pression artérielle se normalisèrent et elle recommença à courir.

Les ovo-lacto-végétariens auront plus de variétés dans leur diète puisqu'il existe une énorme variété de fromages, d'oeufs, de yaourts, et d'autres produits laitiers qui peuvent s'ajouter au tofu, au tempeh et à l'algue spiruline. Connaissant les schémas d'équivalence, le tofu fournit une quantité de 10 grammes de protéines et seulement 2 grammes d'hydrates de carbone en un quart de tasse. De même que les « viandes »d'animaux, le tempeh fournit 7 grammes de protéines en un quart de tasse, mais aussi 7 grammes d'hydrates de carbone. Et la spiruline séchée est très riche en protéines, autour de 15 grammes chaque 28,7 grammes, mais contient aussi 7 grammes d'hydrates de carbone.

Pas seulement Trois Repas par jour

Si vous êtes végétarien ou omnivore, vous devez prendre le petit déjeuner, déjeuner et dîner chaque jour, pour avoir la quantité minimale de protéines nécessaire à votre masse corporelle maigre et répartir cette quantité le long de la journée. Mais souvenez-vous que ces trois repas vous fournissent la quantité minimale. Si vous avez faim, vous pouvez ajouter des protéines dans quelques apéritifs (nous reparlerons des apéritifs plus tard) pendant la journée. Une bonne règle à savoir pour la proportion des apéritifs est qu'elle soit égale à la moitié de la quantité de protéines d'un repas. Et, même si cette quantité est l'idéale, puisque les protéines ont un effet d'équilibre sur les hormones du métabolisme, vous n'êtes pas obligé de vous limiter à ces quantités. Si vous avez faim, surtout au début de la réhabilitation nutritionnelle, mangez des protéines légères pour votre coeur. De plus, les protéines légères n'interrompront pas l'harmonie métabolique que vous voulez avoir. Plus tard, lorsque vous serez dans une phase dynamique de correction, au lieu d'avoir des caprices ou que la faim vous obsède, vous vous souviendrez de bien faire tous les repas.

L'autre composant principal, dans la création de votre régime nutritionnel, sera le maintien de la limitation d'hydrates de carbone. Mais avant ça, voyons d'autres composants : l'ingestion de liquides, le besoin de graisses, les vitamines, les minéraux et les électrolytes. Aucun d'eux n'a un rôle dans le chemin métabolique de la pomme, mais ils sont très importants et vous devez comprendre comment ils s'ajustent à votre programme.

N'OUBLIEZ PAS VOS VITAMINES, MINÉRAUX ET ÉLECTROLYTES

De la façon où nous l'avons vue dans le chapitre 6, la fonction parfaite du métabolisme dépend de l'obtention régulière de la quantité appropriée des vitamines et minéraux plus importants. Si vous mangez tous types de fruits, légumes, viandes, fromages et céréales possibles, même à l'étape plus restrictive de la diète, vous obtiendrez les quantités adéquates de chacune des vitamines et minéraux nécessaires. Malheureusement, la plupart d'entre nous, avons nos goûts et aversions envers les aliments. Nous mangeons beaucoup de ce qui nous plaît et nous nous obligeons très peu à manger ce qui ne nous intéresse pas, même s'ils possèdent d'importants micronutriments. Pour cette raison, nous vous demandons que vous complétiez votre alimentation avec un supplément de vitamines et minéraux. Vous trouverez une liste de ces compléments au chapitre 6.

Même s'il n'y a pas d'aliments qui vous déplaisent et vous mangez régulièrement, le pouvoir de contrôle de l'insuline pour envoyer des signaux aux reins, pour qu'il élimine l'excès de liquide, produira une perte de potassium dans l'urine. Vous devrez substituer le potassium pendant les premières semaines de l'intervention pour maintenir votre corps à l'écart de cette perte. Vous pouvez augmenter la consommation de potassium avec l'utilisation régulière de sel Morton's Lite, ou le substitutif de sel Morton's Lite Nosalt, des sels pures potassiques, ou en prenant tout complément substitutif du potassium catalogué au chapitre 6. *Souvenez-vous ! Si vous prenez des médicaments pour régler la pression artérielle, consultez votre médecin avant de prendre un extra de potassium. Certains de ces médicaments préviennent la perte de potassium, et donc votre niveau de potassium peut arriver à être dangereusement élevé si vous combinez les deux choses.*

QUELLE QUANTITÉ DE GRAISSES PUIS-JE MANGER?

Au chapitre 12, vous apprendrez les meilleures graisses et pourquoi. Nous les résumons à continuation :

Les bonnes graisses et les huiles

Huiles d'olive : extra vierge, vierge ou pure.
Huiles de noix : noix, macadamia, noisette et huile de cacahuète
Huile de graines de sésame (light)

Avocat et huile d'avocat
Beurre sans sel ou margarine

Néanmoins, le plus important est que vous appreniez pourquoi la graisse ne fait pas grossir. Ne vous préoccupez pas si vous manger des graisses non saturées de grande qualité ou des graisses naturellement saturées, du moment que vous suivez les directrices du programme en relation à la consommation d'hydrates de carbone. La plupart des problèmes associés à «faire du régime» - sécheresse de la peau, fragilité des ongles, cheveux sans éclat, chute des cheveux, apparition de calculs biliaires, troubles menstruels, propension au rhume et d'autre infections – arrivent parce que le contenu de graisses dans l'alimentation est trop bas. Puisque les êtres humains nécessitent de la graisse comme combustible, nous ne limitons pas les graisses aux patients de notre clinique. Nous les laissons établir leur propre besoin de consommation, car celle-ci est auto contrôlable. Nous voulons dire que toutes les personnes ont un interrupteur qui s'allume et s'éteint avec la consommation de graisses. Très peu de personnes mangeraient une barquette de beurre ou une cuillerée de graisse de porc ou boiraient une tasse d'huile d'olive. Sans les hydrates de carbone qui entourent la graisse, ce n'est pas très appétissant. Lorsque vous évitez les frites en sachet, des pommes de terre frites ou au four, des donuts, des tartes, des pâtisseries, des galettes et du chocolat, vous évitez aussi une grande quantité de graisses extérieures, même lors des repas légers. Choisissez les «bonnes graisses» et mangez-les chaque fois que vous en aurez besoin.

À moins que la lumière du stockage ne se soit allumée – par exemple, que l'excès d'hydrates de carbone ait élevé le niveau d'insuline – *votre corps peut utiliser et utilisera la graisse provenant de l'alimentation comme combustible à brûler selon les besoins d'énergie*[2]. Cependant, vous devez savoir que le système de stockage de graisses s'est allumé par l'excès d'insuline, produit par l'excès d'hydrates de carbone. La graisse provenant de l'alimentation saura où aller, tout droit aux cellules grasses pour être stockée, ou au foie pour être transformée en cholestérol. Si vous voulez corriger les troubles métaboliques que vous avez, soit un excès de graisses, l'hypertension, le sucre décompensé, la production de cholestérol élevé ou une combinaison entre plusieurs de ces troubles, vous ne pouvez pas menez une alimentation riche en hydrates de carbone et (plaine de) en graisses.

Néanmoins, si vous suivez les directrices de ce programme, ce qui veut dire avoir un oeil sur les hydrates de carbone, *ne vous en faites pas pour le calcul de la quantité de graisses.*

---

[2] Si vous essayez de perdre du poids et vous êtes quelqu'un de petit, vous devrez limiter votre consommation de graisses. Autrement, il est possible que vous soyez entrain de consommer trop d'aliments et votre corps ne devrait pas utiliser les stocks de graisses. Voir les questions et réponses à la fin du chapitre.

Buvez jusqu'à Flotter

Nous disons à nos patients qu'ils boivent jusqu'à ce qu'ils flottent pour deux raisons très importantes, que nous voulons que vous adaptiez à vous-même. Lorsque vous brûlez des graisses du corps ou de l'alimentation, comme du combustible par l'absence d'hydrates de carbone en trop, certaines graisses peuvent se brûler insuffisamment. Ces graisses insuffisamment brûlées sont appelées cétones. Loin d'être des substances dangereuses ou nuisibles, comme certaines personnes spécialisées en nutrition voudront vous faire croire, les cétones ne sont qu'une dérivation de la décomposition de la graisse. Votre corps peut les brûler et les transformera en énergie, ou s'il y en a en trop, les utilisera pour la respiration ou les éliminera lorsque vous irez aux toilettes. Et c'est ici que boire de l'eau est important : plus vous buvez d'eau, plus vous produirez d'urine et plus vous éliminerez de cétones, en perdant ainsi plus de graisses. Donc, buvez !

La deuxième raison, pour augmenter la consommation d'eau, est l'exercice physique. Dû au fait que votre corps, en son équilibre hormonal, ne retiendra pas l'excès de fluides, la perte d'eau lors de l'exercice physique peut vous déshydrater. Spécialement, si vous participez à des compétitions vigoureuses et athlétiques, *vous devez augmenter la consommation d'eau au moins 50% !*

Et même si nous avons parlé d'eau, tout liquide à base d'eau fonctionnera (du moment qu'il n'a pas d'hydrates de carbone ou de calories). Vous avez besoin de boire au moins un demi-litre de liquide non calorique par jour. Votre consommation peut être d'eau, d'eau minérale, de limonade light, de café ou de thé. Votre café ou thé peut s'adoucir artificiellement ou non, et peut être accompagné d'une petite quantité de lait écrémée ou demi écrémée. Ces produits ont moins d'hydrates de carbone que le lait entier ou les crèmes lactiques.

Vous pouvez boire votre café ou thé, ou coca-cola light avec ou sans caféine. La plupart des personnes n'ont pas de problèmes avec la caféine. Mais certaines sont sensibles à l'insuline, et la caféine peut maintenir leurs niveaux d'insuline élevés. Si vous faites le reste correctement et si vous avez faim entre les repas, mais si vous retenez des liquides ou vous ne perdez pas de poids dans la proportion attendue, vous êtes l'une de ces personnes sensibles à la caféine, et vous devrez prendre des produits sans caféine.

La plupart de la consommation de liquides par jour devrait se faire entre les repas et avant les repas. Quelle différence dans votre bien-être nutritionnel si vous prenez la quantité de liquide nécessaire par jour ? Pourquoi ne pas prendre d'eau pendant les repas ?

Même si certaines personnes pensent que boire, pendant les repas, fait le processus plus lent, nous sommes arrivés à la conclusion que la fonction des boissons froides pendant le repas vous permet de manger plus vite et plus de quantité. Sans eau et sans un grand verre de thé froid, nous mangerions plus lentement, nous mâcherions mieux, nous jouirions plus et nous mangerions moins qu'avant. Maintenant, nous prenons souvent un verre de vin pendant le repas. Essayez vous-même, et comparez si vous mangez moins que lorsque le repas s'accompagne d'une grande boisson. Même si vous mangez moins, ne vous préoccupez pas.

En revanche, *précédez* chaque repas, et même le petit-déjeuner, d'une grande boisson. Les recherches suggèrent que boire un grand verre d'eau froide 15 ou 30 minutes avant le repas, a tendance à réduire l'appétit, et donc, à manger moins. Ceci vous aidera à boire plus : il est facile d'oublier de boire la quantité d'eau nécessaire chaque jour. Donc, notre meilleur conseil et de boire, boire et boire – avant les repas et entre les repas, mais pas pendant que vous mangez. Limitez la quantité de liquide à une demi-tasse ou à une tasse entière, mais buvez-la peu à peu et non d'un seul coup !

Permettez-vous quelques Petits Luxes: Le Vin et les Boissons Alcooliques

Si vous aimez bien, prenez un verre de vin sec, non sucré, blanc ou rouge avec l'un de vos repas. Certaines études récentes ont démontré que le vin, et en particulier le vin rouge, est un agent actif qui augmente la sensibilité du corps envers l'insuline – le principal objectif de ce programme. Puisque nous visons à baisser les niveaux d'insuline, le vin non seulement ne nuit pas à notre régime, mais il lui est bénéfique. Dans nos archives de recherches, nous avons un ancien rapport réalisé par un médecin de New York au début des années 1970 dans lequel il séparait ses patients en trois groupe : les buveurs de vin, les buveurs de liqueurs fortes et les abstèmes. Il maintint le même régime pour les trois groupes et découvrit que les buveurs de vin perdirent plus de poids. Il ne savait pas pourquoi. Il ne fit qu'un rapport des résultats. Maintenant, nous le comprenons car nous savons que le vin améliore la sensibilité à l'insuline. Beaucoup de chercheurs croient que la disparité dans les niveaux de maladies cardiaques découvertes en France, dans le sud de l'Europe, aux Etats-Unis et en Angleterre (l'appelée Paradoxe français) peut avoir son origine dans l'augmentation de la consommation du vin. De cette manière, de même que les Français, les Italiens et les habitants d'autres pays méditerranéens peuvent augmenter leur sensibilité à l'insuline, diminuer leurs niveaux et jouir de plus de vie, en ajoutant une quantité modérée de vin à leur programme ?

Modéré signifie un verre de vin ou deux avec notre repas, pas plus. Le vin a quelques hydrates de carbone après la fermentation, donc plus le vin est sec, moins il a de grammes d'hydrates de carbone. Généralement, les vins blancs et rouges secs contiennent de 1 à 1,5 grammes d'hydrates de carbone dans 28,7 grammes. Les vins sucrés ou le Jerez en contiennent plus, même trop pour pouvoir en jouir pendant les phases d'intervention de ce programme. Si vous choisissez de boire du vin avec votre repas, souvenez-vous d'inclure ces grammes d'hydrates de carbone dans la ration quotidienne d'hydrates de carbone. Nous verrons ceci en profondeur dans la section suivante.

Les boissons alcoolisées distillées, même si elles ont peu d'hydrates de carbone ou si elles n'en ont pas, ont tendance à augmenter l'insuline et à nuire la sensibilité à l'insuline si elles sont consommées en excès. En général, évitez les boissons alcoolisées distillées pendant votre intervention, sauf des cocktails, de temps en temps, qui aient 29 grammes de liqueur distillée, sans mélanger, avec des glaçons ou mélangées avec une boisson (non sucrée). Une « Margarita » de temps en temps ne fait pas de mal, sans le sucre qu'utilisent la plupart des bars. Oubliez la bière, sans la Miller Lite (3,2 grammes d'hydrates de carbone par boîte).

CONTRÔLER LES PRODUITS RICHES EN AMIDON ET SUCRE

Vos tâches pour arriver au contrôle métabolique sont simples : réduire la quantité d'insuline qui circule dans votre sang pendant la journée et récupérer la sensibilité à l'insuline. La forme la plus rapide, et normalement la seule pour arriver à ce contrôle métabolique, est de restreindre la quantité d'hydrates de carbone actifs dans le métabolisme que vous consommez. Est-ce que cela signifie que vous ne pourrez jamais prendre des fruits, du pain et des pâtes ? Non, mais au début, vous devrez contrôler la consommation des hydrates de carbone et de ces catégories d'aliments. Quel degré de contrôle ? Cela dépend du degré de bouleversement dans lequel se trouve votre système métabolique, selon votre dossier médical ou les analyses médicales. Pour cette raison, nous vous avons fourni deux niveaux d'intervention. Choisissez le protocole qui s'adapte le mieux à vos conditions et commencez par là.

PREMIÈRE PHASE D'INTERVENTION :

30 grammes d'Hydrates de Carbone par jour ou moins

Si vous souffrez un surpoids de plus de 20 pour cent, de l'hypertension, de cholestérol et/ou de triglycérides élevés, votre cholestérol HDL est bas, du diabète de type II, une intolérance à la glucose ou une combinaison de plusieurs de ces troubles, vous avez besoin d'une correction drastique et devez commencer ce protocole. La Première phase donne libre cours à l'insuline et vous aide à pouvoir contrôler sa production rapidement.

DEUXIÈME PHASE D'INTERVENTION :
55 grammes d'Hydrates de Carbone par jour

Cette phase réduit également la production d'insuline mais permet une consommation un peu plus riche en hydrates de carbone. Elle est dessinée pour les personnes qui doivent réduire leur poids de moins de 20 pour cent pour arriver à leur poids idéal et pour ne pas souffrir les troubles décrits antérieurement. Elle s'adapte aux personnes qui sont satisfaites de leur poids normal mais veulent réduire la graisse et augmenter les tissus musculaires, et comme règle de transition, à ceux qui commencèrent la Première phase et ont normalisé leur pression artérielle, leurs lipides dans sang et le sucre.

La Forme la plus intelligente de compter les Hydrates de Carbone

Vous pouvez utiliser comme référence l'un des guide standard, comme The Complete Book of Food Counts, pour calculer vos propres rations de légumes, salades, fruits et céréales, et connaître leur quantité d'hydrates de carbone. Mais n'oubliez pas que, pour calculer la quantité totale d'hydrates de carbone de ces aliments, vous devez le faire en soustrayant la fibre de chaque aliment, pour obtenir ce que l'on appelle le *contenu effectif d'hydrates de carbone ou ECC.* En un mot, cela veut dire que nous ne devons pas compter les grammes de fibres dans le total car celle-ci n'a pas la même fonction métabolique que les hydrates de carbone. *Les hydrates de carbone dans chaque ration, comme ceux qui sont marqués sur les étiquettes nutritionnelles d'un aliment, sera le total d'hydrates catalogué moins la quantité de fibres de l'aliment.*

Vous n'êtes pas obligés à calculer les rations si vous ne voulez pas. Nous avons élaboré une liste du contenu d'hydrates de carbone effectifs d'un nombre assez important de repas quotidiens. Regardez le schéma du contenu effectif d'hydrates de carbone, où nous vous fournissons des listes spécifiques de l'ECC pour fruits, légumes, pains et céréales en portions normales. Les valeurs sont fournies de 5 en 5 , donc vous avez des portions de 5 grammes, 10 grammes, 15 grammes, 20 grammes e 25 grammes pour chaque aliment classé. La seule chose que vous devez faire est de choisir l'aliment, et la liste vous dira automatiquement la quantité que vous pouvez manger en fonction des hydrates de carbone. À côté de la quantité que vous allez prendre, vous verrez le nombre de grammes d'hydrates de carbone contenu (la plupart du temps, la quantité sera la même ou légèrement inférieure). Vous verrez que la portion standard de certains aliments est inférieure à 5 grammes. Ceci est dû au fait qu'ils indiquent la quantité réelle d'hydrates de carbone.

Par exemple, pendant la Première phase de la diète, vous pourriez dépenser entre 7 et 10 grammes d'hydrates de carbone en prenant un plat de fraises ou une tranche de pain grillé avec du beurre « light », pour le petit déjeuner. Vous pourriez manger des galettes salées avec une salade de thon ou bien une demi pomme, pour le déjeuner. Avec un repas de 7 grammes d'hydrates de carbone, vous pourriez manger n'importe quel aliment cité dans le tableau. Souvenez-vous qu'une fois digérés, votre corps transforme tous ces hydrates de carbone en sucre, donc tous les éléments que vous voyez sont équivalents. Néanmoins, il faudra décompter les fibres, les vitamines et les minéraux et les produits chimiques anti-cancérigènes des fruits et légumes. L'élection de ce que vous mangez, comme ses conséquences, vous correspond. Choisissez habilement.

Comparaison d'hydrates de carbone
1 de meringue = une carotte moyenne crue = 1/3 d'une banane normale = ¼ d'une pomme de terre très petite = 1 bouchée = 1/7 de pain au lait = ½ tasse de beurre de cacahouète de Reese = 14 morceaux de Reese = 7 grammes de gelée = 1/3 de pain Hershey = ½ tasse de raisins = ½ orange = ½ tasse de melon = ½ tasse de baies = 1 chewing-gum = 7 tasses de champignons = 14 tasses de laitue fraîche = 3 ½ tasses de brocoli frais = 3 pommes de terres frites.

D'un coup d'oeil, vous verrez qu'il existe un très grand nombre d'aliments dans la partie de ceux qui sont catalogués comme contenant un haut niveau d'hydrates de carbone. Ce qui signifie que vous arriveriez au niveau d'hydrates de carbone avec une très petite quantité de nourriture. Dans ces cas, consultez les aliments contenant moins d'hydrates de carbone pour calculer la quantité de grammes par ration.

Le schéma de l'ECC vous simplifie la recherche pour la Première phase des aliments plus pauvres en hydrates de carbone. En même temps, il vous sert à élaborer vos combinaisons d'aliments avec des hydrates de carbone pour la Deuxième phase ou la phase de maintien, où la consommation d'hydrates de carbone par repas augmente. Par exemple, pendant la Deuxième phase, la consommation d'hydrates de carbone par repas sera de 15 grammes.

Rapport d'hydrates de carbone de moins d'un gramme

1 tasse de choux (0.4)
½ tasse de roquette (type de laitue) (0.4)
1 tasse de bok choy (légume asiatique) (0.8)
1 branche de céleri (0.9)
1 grande cuillérée de ciboule hachée (0.1)
½ tasse d'endives (0.8)
1 tasse de laitue hachée (0.4)
1 grande cuillérée de poivrons en boîte hachés (0.6)
½ tasse de betterave crue (0.9)
5 radis (0.8)
1 tasse d'épinards crus (0.6)

Cela signifie que vous pourriez avoir une ration d'un aliment de la colonne des 15 grammes, 3 rations d'aliments différents de la colonne des 5 grammes, ou une ration d'un aliment de la colonne des 10 grammes et un autre de celle des 5 grammes. Lorsque vous arriverez à vous maintenir et vous pourrez arriver aux 20 ou 25 grammes d'hydrates de carbone par repas, vous serez alors capables de choisir cinq aliments différents de 5 grammes d'hydrates de carbone chacun et les répartir dans un repas ! Ou vous pourrez choisir n'importe quelle combinaison, en ajoutant le total à la quantité nécessaire de votre repas ou apéritif.

Les schémas de l'ECC ne vous supposerons aucun effort dès le début de l'intervention jusqu'au maintien. Faites donc des copies de ces schémas et collez-les à votre réfrigérateur.

Rapport des hydrates de carbone de 3 grammes ou moins

¼ de tasse de mûres noires (2.9)
6 asperges fraîches (2.4)
½ tasse d'asperges en boîte (2.8)
4 asperges congelées (2.9)
½ tasse de bambou en boîte (2.3)
1 boîte de brocoli cru (2.2)
½ tasse de brocoli / chou-fleur (2.7)
¾ tasse de brocoli surgelé / oignions / poivre rouge (2.6)
¼ de tasse de carottes cuisinées (3.0)
1 tasse de choux-fleurs (2.6)
½ concombre (3)
¼ de tasse de poireaux en morceaux (2)

½ tasse de champignons crus en morceaux (1.1)
½ tasse de champignons cuits en morceaux (2.3)
5 champignons Enoki entiers (2)
½ tasse d'échalotes crues en morceaux (2.5)
½ tasse de persil en morceaux (1.9)
½ tasse de poivrons doux en morceaux (2.4)
1 grande cuillérée de petits oignons crus en morceaux (1.7)
½ tasse de citrouille cuite en tranches (2.6)
1 petite tomate (2)
1 tasse de navets verts (1.8) (ou ½ tasse cuits)

PICORER OU NE PAS PICORER (LES APÉRITIFS)

Si la question est posée aux États-Unis, la réponse normalement est « picorer ». Mais avant de vous faire une idée erronée, sachez que les apéritifs ne sont pas les sucreries ou des frites, mais un petit repas bien élaboré ou une bouchée vite fait.

La croix du contrôle du métabolisme est le contrôle de vos hormones métaboliques : l'insuline et le glycogène. Lorsque nous mangeons ou nous prenons un apéritif, composé d'une dose appropriée de protéines et d'hydrates de carbone, vous établissez le tonus hormonal de vote corps pour les prochaines heures. Après ce temps, vous devez recommencer. Une journée normale se traduit par manger quatre fois ou plus, c'est à dire petit déjeuner, repas du midi, dîner et un ou deux apéritifs.

Les apéritifs vite fait devraient fournir des protéines de bonne qualité (une bonne règle à savoir est qu'ils se composent de la moitié des protéines d'un repas normal) et une quantité contrôlée d'hydrates de carbone. *L'apéritif* ne veut pas dire nourriture malsaine, même si la plupart du pays nous le pensons ainsi. Vous devez vous efforcer pour trouver les apéritifs disponibles sur le marché qui ne se composent pas essentiellement d'hydrates de carbone, et il y en a quelques uns. Soyez patients. Vous souvenez-vous comment les industries d'aliments se joignirent au pauvre en graisses, nous fournissant ainsi des biscuits salés sans graisses, galettes sucrées sans graisses, tartes au café sans graisses, glaces, frites... ? Au cours des changements dans la nutrition – et il y en a beaucoup – nous serons très tôt entourés d'apéritifs restreints en hydrates de carbone. Jusqu'à ce jour, les apéritifs que nous pourrions inclure sont ceux qui apparaissent dans la fenêtre.

Rapport d'hydrates de carbone de 5 grammes ou moins

½ avocat (3.7)
¼ tasse de myrtilles (4.3)
½ tasse de fraises (3.3)
½ tasse de betteraves vertes (3.9)
½ tasse de carottes et brocoli surgelés de la marque Pillsbury (3.1)
4 choux de Bruxelles (3.4)
1 tasse de choux rouge ou vert (3.6)
1 carotte (5)
½ tasse de aubergine coupée en carrés (3.2)
½ tasse de fenouil frais coupé (3.1)
½ tasse d'haricots secs coupés (3.8)
¼ légumes au style japonais surgelés (3.7)
1 tasse de moutarde (4)
1 poivron piquant entier (ou chili) (4.3)
½ tasse de poivron de Jalapa coupés (ou jalapeños) (4.2)
½ tasse de rhubarbe cuit sans caraméliser (3.5)
1 tasse d'épinards surgelés (3.1)
1 tomate (4.3)
1 tasse de navets cuits en morceaux (4.4)
4 châtaignes entières (4)
½ tasse de châtaignes en boîte et coupées en tranches (4.5)
½ tasse d¡haricots en morceaux (4.5)

LES POSIBILITÉS DE L'APPÉRITIF

Apéritifs	Portion	Protéines	H.de Carbone
Graines de tournesol	**29 grammes**	**5**	**4**
Noix	**29 grammes**	**4**	**5**
Amendes	**29 grammes**	**3**	**4**
Cacahouètes	**29 grammes**	**7**	**5**
Tranche de couenne de porc		**17**	**0**
Tranches de lard fumé	**29 grammes**	**7**	**0-1**
Boules de fromage	**29 grammes**	**6**	**1**
Viande/fromages /Biscuits salés	**15.5 grammes de chaque**	**7**	**4**
Biscuits fait maison au Beurre de cacahuète	**2 biscuits**	**4**	**5**

Oeuf dur	**1 grand**			**6**	**0.6**
Fromage frais	**¼ de tasse**		**7**	**2**	
Tranches de pommes	**¼ de pomme**	**7**	**6**		
Cheddar	**29 grammes**		**7**	**6**	
Sandwich	**½ sandwich**		**7**	**7**	
(Pain complet et 29 grammes de viande)					

Souvenez-vous que vos trois repas réguliers vous fournissent votre besoin minimal de protéines quotidien. Vous n'êtes donc pas obligé à picorer, ce n'est qu'optionnel. Mais, si vous décider de le faire, spécialement pendant les premières semaines du régime où vous arrivez au moment correctif (voir les questions et réponses à la fin du chapitre pour cette explication), vous devriez suivre les directrices au pied de la lettre.

PREMIÈRE PHASE D'INTERVENTION

PETIT DÉJEUNER

1 Ration* de nourriture avec des protéines

7-10 grammes d'hydrates de carbone †

2 tasses de liquide non calorifique

(1 - 1 ½ tasses avant des repas, ½ - 1 tasse pendant le repas)

Suppléments multi vitaminiques et minéraux

Suppléments potassiques ou potassium ajouté

---

* Vous devez calculer votre besoin de protéines

†Vous devriez réduire votre consommation d'hydrates de carbone à 7 grammes par repas, si vous choisissez de manger l'apéritif optionnel, à moins qu'il ne contienne pas d'hydrates de carbone. Vous pourriez combinez les contenus d'un apéritif avec un repas ou prendre du vin pour dîner. Par contre, ne laissez pas que le contenu total d'hydrates de carbone surpasse 12 grammes par repas ou 30 grammes par jour.

APÉRITIF OPTIONNEL DU MATIN

½ Ration de nourriture avec des protéines
5 grammes d'hydrates de carbone
1 tasse de liquide non calorifique

DÉJEUNER

1 Ration de nourriture avec des protéines
7-10 grammes d'hydrates de carbone †
2 tasses de liquide non calorifique
(1 - 1 ½ tasse avant le repas, ½ - 1 tasse pendant le repas)
Supplément potassique ou potassium ajouté

GOÛTER OPTIONNEL OU APÉRITIF AVANT D'ALLER AU LIT

½ ration de nourriture avec des protéines
5 grammes d'hydrates de carbone
1 tasse de liquide non calorifique

DÎNER

1 Ration de nourriture avec des protéines
7-10 grammes d'hydrates de carbone †
2 tasses de liquide non calorifique
(1 - 1 ½ tasse avant le repas, ½ - 1 pendant le repas)
Supplément potassique ou potassium ajouté

FEUILLE DE TRAVAIL DE LA PREMIÈRE PHASE

Écrivez vos données en dessous :

Masse Corporelle des Tissus Maigres = ______________ kilogrammes.

Besoin de Protéines par jour = __________________ grammes.

Besoin de Protéines par repas = ____________ grammes.

Sous forme de viande = ______________ grammes.
Sous forme d'oeufs = ______________ oeufs +
___________ blancs d'oeufs

Sous forme de fromage blanc = __________ tasse (s)

Sous forme de tofu = ________________ grammes

Sources combinées = ________________________
____

Total d'Hydrates de carbone par jour = 30 grammes.
Hydrates de carbone par repas = 7 – 10 grammes.
Hydrates de carbone par apéritif = 5 grammes ou moins.
Dimension des portions de votre choix préféré d'hydrates de carbone :

DEUXIÈME PHASE D'INTERVENTION

PETIT DÉJEUNER

1 Ration* de nourriture avec des protéines
15 grammes d'hydrates de carbone
2 Tasses de liquide non calorifique
1 - 1 ½ tasse avant le repas, ½ - 1 tasse pendant le repas)
Supplément multi vitaminique et minéral

* Vous devez calculer votre besoin de protéines.

APÉRITIF OPTIONNEL DU MATIN †

½ Ration de nourriture avec des protéines
5 grammes d'hydrates de carbone
1 tasse de liquide non calorifique

DÉJEUNER

1 Ration de nourriture avec des protéines
15 grammes d'hydrates de carbone
2 tasses de liquide calorifique
(1 - ½ tasse avant le repas, ½ 1 tasse pendant le repas)

GOÛTER OU APÉRITIF OPTIONNEL AVANT D'ALLER AU LIT

½ Ration de nourriture avec des protéines
5 grammes d'hydrates de carbone
1 tasse de liquide non calorifique

DÎNER

1 Ration de nourriture avec des protéines
15 grammes d'hydrates de carbone
2 tasses de liquide non calorifique
(1 - ½ tasse avant le repas, ½ - 1 pendant le repas)
Supplément potassique ou potassium ajouté.

---

† Vous pourriez combiner les deux apéritifs et en faire un plus grand, si vous voulez, vous pouvez les éliminer complètement, les utilisez pendant les repas comme s'il s'agissait de desserts ou ajoutez l'apéritif à l'un des repas pour le faire un peu plus grand.

FEUILLE DE TRAVAIL DE LA DEUXIÈME PHASE

Écrivez vos résultats en dessous :

Masse Corporelle des Tissus Maigre =_______________kilogrammes.

Besoin de Protéines par jour = __________________ grammes.

Besoin de Protéines par repas = ____________ grammes.

Sous forme de viande = ______________ grammes.

Sous forme d'oeufs =______________oeufs + ___________ blancs d'oeufs

Sous forme de fromage blanc = ____________tasse (s)

Sous forme de tofu = _________________grammes

Sources combinées = _________________________

____

Total d'Hydrates de carbone par jour = 55 grammes.
Hydrates de carbone pas repas = 15 grammes.
Hydrates de carbone par apéritif = 5 grammes.
Dimension des portions de votre choix préféré d'hydrates de carbone :

SUIVRE LE PROGRAMME

Maintenant que vous êtes au courant du programme du régime, nous vous expliquerons comment l'utiliser pour récupérer votre santé, bien-être et vitalité.

Si votre état de santé vous indique que vous devez commencer par la Première phase – par exemple, vous devez perdre plus du 20 pour cent de votre poids, vous souffrez d'hypertension, cholestérol ou triglycérides, troubles dans le sucre ou les analyses du laboratoire montrent des anomalies comme la montée de l'insuline ou l'hémoglobine A1 C (voir chapitre 4 pour des recommandations complètes) –, suivez au pied de la lettre cette phase jusqu'à ce que les résultats des analyses se stabilisent et restent ainsi pendant au moins quatre semaines. Pendant ce temps, vous devriez subir des changements métaboliques qui vous permettent de passer à la Deuxième phase et d'augmenter légèrement la consommation d'hydrates de carbone. Si vous surpassez de 20 pour cent votre poids idéal, continuez la Première phase jusqu'à ce que vous vous approchiez de votre objectif.

Si vous êtes en traitement pour réduire l'hypertension, le sucre ou les cholestérol, vous devriez suivre strictement la Première phase, jusqu'à ce que la dose de votre médication se soit réduit sensiblement ou qu'elle vous ait été retirée *par votre médecin*, et vos résultats aient été normaux pendant au moins quatre semaines. *Ce programme est si effectif pour baisser la tension, le sucre et les graisses du sang, que vous ne devez pas le mettre en oeuvre sans la supervision de votre médecin. En cas d'être soumis à une médication, vous ne pourrez pas suivre les mêmes doses, sans aucun risque. Votre médecin devra vous faire des analyses et, très probablement, supprimera votre médication une fois commencée la Première phase. Ne faites pas ces changements, sans une consultation préalable.* Une fois votre médication diminuée et vos résultats étant stables pendant au moins quatre semaines, vous pourrez passer à la Deuxième phase.

Si vous ne souffrez pas de surpoids, et vous n'avez utilisé la diète que pour réduire les niveaux élevés de graisses dans le sang, l'hypertension ou le sucre et vos résultats soient stables, vous devrez passer à la Deuxième phase pendant trois ou quatre semaines et ensuite commencer la transition vers le maintien.

Si vous ne souffrez que de surpoids, comme seul trouble métabolique, et vous utilisez le programme comme instrument pour réduire l'excès de graisses corporelles et/ou compenser votre poids, commencez la Première phase pendant six semaines. Passez alors à la Deuxième phase et suivez-la jusqu'à vous approcher de votre objectif [3] Cette phase devrait vous conduire à une composition de votre corps de moins de 20 pour cent de graisse corporelle si vous êtes un homme normal, et autour de 20 à 25 pour cent si vous êtes une femme normale[4]. Nous vous donnons ces pourcentages comme des objectifs à atteindre. Pointez-les et allez droit vers eux. Selon le point de départ où vous avez commencé votre chemin vers le bien-être, varie le temps de réussite. Mais chaque point du pourcentage de moins, pour arriver à votre objectif, est un pas dans la bonne direction, vers le plus sain et mince. Prenez votre temps. Vous

---

[3] Si vous choisissez de rester à la Première phase, vous pouvez. Certains de nos patients ont découverts qu'en y restant, ils réduisent leurs caprices d'hydrates de carbone. Si vous découvrez qu'en passant à la Deuxième phase vous avez plus de faim, reprenez à la Première phase jusqu'à atteindre votre objectif.

[4] Les athlètes de haute compétition seront plus musclés : de 8 à 12 pour cent de graisses chez les hommes et autour de 15 chez les femmes. Nous ne recommandons pas aux femmes de baisser de ce pourcentage à cause du risque important de changements menstruels et stérilité.

pouvez suivre ce programme tout le temps dont vous aurez besoin pour arriver à vos objectifs de santé et bien-être. Combien de temps faut-il compter ? Continuez à lire.

Recomposer votre Corps

Si une partie de votre objectif est de perdre l'excès de graisses – comme pour la plupart des personnes qui souffrent la résistance à l'insuline –, ce programme vous offre le système le plus facile, effectif et possible pour le faire rapidement, de forme permanente et sans aucun danger. Les deux questions les plus habituelles de nos patients sont : «À quelle vitesse vais-je perdre du poids et combien de temps vais-je mettre pour arriver à mon objectif ?» et «Combien de calories puis-je manger chaque jour ?». Nous avons passé plus d'une décade à soigner des milliers de personnes souffrant de surpoids, et nous avons découvert que vous ne devez pas vous préoccuper pour les calories dans ce programme[5]. Les altérations métaboliques qui ont lieu, comme la baisse du niveau d'insuline et l'amélioration de votre sensibilité, augmenteront en utilisant les calories, et vous découvrirez alors que les règles standard des calories ne s'appliquent pas à celles de la perte de poids.

Perte de Graisses Face à la Perte de Poids

Observez que nous avons spécifiquement parlé de perte de *graisse* et non de *poids*. Dès maintenant, nous vous demandons d'oublier le concept de perte de poids. Ceci ne va pas arriver. Vous voulez perdre de la graisse et de la taille, et devenir quelqu'un de plus mince et sain. Vous voulez recomposer votre corps, en perdant l'excès de graisses, et en maintenant votre tissu musculaire autant que possible. Et celle-ci est une proposition très différente à celle de la simple perte de poids. Le poids est tout. C'est de l'eau, ce qu'il y a dans votre estomac, votre intestin ou votre vessie, et c'est de la graisse et du muscle également.

Ce programme est dessiné pour vous aider à perdre de la graisse mais pas du muscle. Lorsque vous le suivrez strictement, vous perdrez de la graisse. Et sachez que lorsque vous perdez de la graisse, la taille change rapidement, car 2,7 kilogrammes de graisses occupent presque quatre litres de volume!

---

[5] Lorsque vous réalisez une diète pour maintenir les hormones métaboliques en équilibre, votre consommation de calories vous maintiendra sain. Faites tous les repas et apéritifs tous les jours et, même si vous n'avez pas très faim (ceci arrive plus souvent de ce que vous pensez), assurez-vous de ne pas baisser votre consommation en dessous de 850 à 1 000 calories par jour.

Votre poids sur la bascule ne reflètera sûrement pas une grande perte de graisse chaque semaine, car c'est très variable. Par exemple, chez les femmes, la fluctuation de la perte varie lors des cycles menstruels, où elles peuvent gagner ou perdre du poids selon la rétention de liquides. En une semaine, une femme peut perdre 0,9 kilogrammes de graisses, mais retenir 1,4 kilogrammes d'eau. Lorsqu'elle se pèse, elle ne voit que le demi kilogramme gagné. Pour cette raison, nous conseillons nos patients à se méfier de la bascule comme instrument de mesure du progrès réalisé, sauf à long terme. Une mesure plus fiable est votre volume. Choisissez un vêtement, un pantalon normal ou des jeans, une jupe ajustée ou une robe que vous ne pouvez pas mettre normalement. Essayez-le chaque semaine et regardez comment il vous va. Peut-être vos pantalons ne monteront que jusqu'à la cuisse. Mais en quelques semaines, vous verrez que vous y rentrez. Même si la fermeture éclair ne ferme pas, l'important c'est que vous avez pu les remettre. Alors, petit à petit, la fermeture éclair se ferme, jusqu'à ce que vous la remonterez facilement, un jour.

Wayne, l'un de nos patients, commença son régime correctif sous nos soins avec un poids de 148 kilogrammes, de l'hypertension, du syndrome d'apnée du sommeil6 et une ceinture de 142 centimètres (Wayne avait essayé de son côté un régime pauvre en graisses et beaucoup d'exercice physique et passa de peser 154 kilogrammes à 148 kilogrammes en un an, il ne perdit que 6 kilogrammes !). Wayne utilisa sa ceinture de 142 centimètres comme mesure. En faisant un nouveau trou tout les 2,5 centimètres, il arriva à 91,4 centimètres. Après huit mois du début de la diète, il essaye de rentrer dans ses jeans de la taille de ceinture 86,4. Il a également pu vérifier ses progrès dans d'autres aspects : il n'a plus besoin de médicaments pour la pression artérielle, et l'appareil qu'il utilisait pour son sommeil est maintenant au débarras.

Cette technique, pour mesurer le volume, reflète réellement vos progrès, puisque rien ne change vos vêtements et ce n'est que votre taille corporelle qui change. Il vous aide aussi à ôter de votre tête l'obsession pour la bascule comme indicateur de vos progrès. Il renforce le message le plus important qui n'est pas combien vous pesez, mais de quoi se compose votre poids.

Écrivez-le

Faites des copies des feuilles de travail suivantes, appelez-les Schéma de Repas Quotidien et utilisez-les pour dessiner vos plans de repas quotidiens. Nous vous encourageons à les utiliser tous les jours, pour prévoir et penser ce que vous allez manger et où vous allez manger : Allez-vous prendre le petit déjeuner à la maison ou quelque part, en allant au travail? Allez-vous manger quelque chose rapidement ou vous vous assiérez? Mangerez-vous avec votre famille? Dînerez-vous à votre table comme à l'heure du repas, ou vous retrouverez-vous avec des clients ou des amis dehors? Que mangerez-vous? Où? Lorsque vous aurez tout cela prévu, vous découvrirez que souvent, vous vous sentirez enfermés dans des lieux où il n'y a rien que vous puissiez manger, sauf une pâtisserie (sucrée) et un rafraîchissement !

Soyez honnête avec les résultats obtenus. Les spécialistes en nutrition ont découvert que la plupart des américains mangent plus de nourriture poubelle qu'ils n'en tolèrent, et le niveau de tolérance est élevé. Une étude réalisée en Arizona, il y a quelques années, montra que les personnes mangeaient 20 fois plus de chocolat et 15 fois plus de pâtisseries de ce qu'ils reconnaissaient avoir mangé lors d'une enquête.

Habituez-vous à être honnête sur les résultats de ce que vous avez mangé, sur l'exercice que vous avez pratiqué et sur vos sentiments. Si vous avez les résultats réels par écrit, ça reflétera des données que vous ne partagerez pas, comme une perte de graisses trop lente. Êtes-vous entrain de trop manger ? Avez-vous arrêté de faire de l'exercice régulièrement ? Buvez-vous beaucoup de liquides et de vitamines ? Prenez-vous beaucoup de caféine ? Mangez-vous trop d'hydrates de carbone ? Avoir un registre pour pouvoir revoir ce que vous avez fait, vous aidera à répondre à ces questions plus honnêtement.

Engagez-vous à écrire sur le registre tout ce que vous mangez. Des études ont démontré que les personnes qui sont honnêtes dans ce sens et mènent un registre en accord avec leur nutrition et exercice ont quatre fois plus de succès que celles qui n'en ont pas. Donc, prévoyez votre succès et vous gagnerez.

SCHÉMA DE REPAS PAR JOUR

Petit déjeuner

(Source de Protéines) ______________________________

(Source d'hydrates de carbone)______________________________

(Liquide)______________________________

Apéritif du Matin

(Sourcede Protéines)______________________________

(Source d'hydrates de carbone)______________________________

(Liquide)______________________________

Déjeuner

(Source de Protéines)____

(Source d'hydrates de carbone)________________________________

(Liquide) ____

Goûter

(Source de Protéines)____

(Source d'hydrates de carbone)________________________________

(Liquide)____

Dîner

(Source de Protéines)____

(Source d'hydrates de carbone)________________________________

(Liquide)____

GUIDE POUR DÎNER DANS DES RESTAURANTS

Pour ceux d'entre vous qui dînent dehors souvent et s'alimentent rapidement ou pendant que vous allez d'un endroit à un autre, ce guide vous aidera à faire un bon choix pour conserver votre devise du *Pouvoir de la Protéine*. Même si vous n'avez pas envie de cuisiner, vous pouvez conserver votre santé, bien-être et métabolisme équilibrés en dînant dehors.

*** Alcool : Un seul verre de vin blanc ou vin rouge sec, ou une bière Miller Lite ajoutera entre 3 et 4 grammes d'hydrates de carbone à votre repas.**
*** Boissons : de la limonade light, de l'eau minérale, du thé ou du café sans sucre.**
*** Desserts : Mûres ou macédoine fraîche suffira. Évitez les gâteaux, biscuits, crème renversée, pâtisseries et glaces.**

Grill Américain

* Viande grillée, poissons ou volailles, une grande salade au fromage bleu ou avec de la vinaigrette, légumes cuits au lieu de la pomme de terre typique, pâtes ou riz. Attention au pain et aux biscuits salés.
* La salade du Chef ou la salade César de poulet grillé. Attention aux croûtons et aux biscuits salés. Mangez uniquement quatre ou cinq, si vous êtes dans la phase de maintien.
* Quiche et salade verte ou la petite salade de fruits. Mangez uniquement l'intérieur de la quiche.
* Tomates farcies au poulet, thon ou crabe, ou fromage frais. Limitez les biscuits salés à trois ou quatre (aucun si vous êtes au niveau d'intervention).

Barbecue

* Tranches de viande de veau, porc, poulet ou côtes accompagnées de salade de chou. Les oeufs durs avec de la sauce piquante sera bien. Demandez de la sauce barbecue et ne prenez qu'une cuillérée (ne pas la goûter pendant la phase d'intervention). Évitez les haricots, pommes de terre frites ou autres, toasts de Texas, pain ou biscuits.

Fast-Food / Burgers

* Sandwich ou hamburger de poulet grillé (avec fromage et bacon si vous voulez) avec une salade de fromage bleu et sauce italienne. Retirez une tranche de pain, ou tout le pain, et mangez-le avec fourchette et couteau. Évitez les pommes de terre frites ou au four, les pâtes, les pâtisseries et les glaces avec fruits ou noix.
* Salade de poulet grillé avec garniture ou sauce italienne.
* Plats semblables aux sandwichs (mais sans pain), viandes déli et fromages en salade verte avec garniture ou sauce italienne.

Restaurant Chinois

* Soupes : avec des oeufs ou soupe aigre-douce.
* Entrées : veau ou poulet frit ou enrobé.
* Veau, poulet, porc, crevettes (ou similaire) avec du brocoli, ou variété de légumes chinois.

Évitez : Les rouleaux d'oeuf, les nouilles, les tortitas mu shu, et ne prenez qu'entre 1/8 et ¼ de tasse de riz. Lisez le message du biscuit de la fortune, mais ne le mangez pas.

Restaurant Français

* Soupes et salades vertes
* Tournedos de veau ou porc avec sauce au beurre, au poivre ou à la sauce choron.
* Agneau rôti, canard, caille ou volaille.
* Poisson grillé ou poché.
* Légumes sautés : (citrouilles, carottes, oignons, choux-fleurs, asperges).
* Évitez : pain, pomme de terres, riz et sauces qui puissent contenir des hydrates de carbone provenant de la farine.

Restaurant indien

* Poulet ou agneau tandoori, poulet, agneau au curry, poulet tikka ou poulet marsala.
* Salade verte, salade de concombre et tomate, oignons vinaigrette, zukeni bhaghi (citrouilles jaunes et courgettes cuites), saag panir (épinards à la crème).
* Évitez : le pain, les légumes enrobés et frits, les plats de pomme de terre et limitez le riz à une cuillerée.

Restaurant italien

* Calmars sautés (pas en beignets) ou apéritifs sans pâtes.
* Poulet ou veau haché, poisson grillé ou côte de porc, poulet grillé ou braisé accompagné de salade et légumes sautés ou cuits pour évites les pâtes.

* Évitez : les plats de pâtes et le pain (un seul morceau de pain à l'ail contient 14 grammes ou plus d'hydrates de carbone).

Sushi Japonais / Restaurant Teriyaki

* Sushi ou sashimi. N'abusez pas du riz.
* Soupe miso (algue marine, bouillon et haricots).
* Poulet teriyaki, veau ou poisson accompagné de salade. Évitez la tempura qui est frite et enrobée.

Restaurant Mexicain

* Fajitas au poulet, sans les tortillas pour l'envelopper. Mangez la garniture : laitue, tomate en morceaux, guacamole, crème aigre et sauce pico de gallo.
* Poulet grillé, poisson, veau, ou tournedos de veau et poulet, veau, porc ou poulet haché accompagné de salade mixte.
* Salade Taco – mais ne mangez pas la croûte extérieure.
* Évitez (pendant la phase d'intervention) ou soyez très strict avec : riz y haricots (pas plus qu'une grande cuillerée), les tortillas qui enveloppent la nourriture (la moitié), la croûte extérieure (la moitié) ou les pommes de terre (trois ou quatre).

Pizzerias

* Pizza et salades avec garniture, fromage bleu ou sauce italienne. Elles peuvent contenir tout ce que vous voulez : le truc est de ne manger que l'intérieur et laisser les croûtes.
* Évitez : pains à l'ail, spaghettis et autres plats de pâtes.

Transition et Maintien

Quand êtes-vous préparé pour la phase de transition qu'il y a entre l'intervention et le maintien ?

1. Lorsque vous aurez réduit ou éliminé tout médicament pour baisser votre tension, sucre dans le sang ou graisses dans le sang pendant la Première phase, et vous résultats se seront normalisés pendant au moins quatre semaines et stabilisés pendant une même période de temps, lors de la Deuxième phase.
2. Lorsque vous aurez atteint le poids de vos tissus maigres et le pourcentage de graisses voulu dans la Deuxième phase.
3. Lorsque vous serez à 5 pour cent de votre poids idéal, si vous utilisez le programme pour perdre de la graisse corporelle.
4. Lorsque vous serez obligé à abandonner le programme pour la raison que se soit, comme une opération, grossesse, trouble ou maladie quelconque. Vous ne devriez pas essayer de perdre des calories dans ces cas, et vous devriez même maintenir le contrôle avec les calories suffisantes pour produire l'énergie nécessaire. Ces situations arrivent sans prévoir, et vous devrez passer au niveau de maintien. Si vous n'avez que quelques jours, suivez les instructions du schéma pas à pas, au fur et à mesure que votre consommation augmente chaque jour au lieu de chaque semaine. Une fois la situation résolue, vous pouvez reprendre le régime à la Première ou Deuxième phase.

La Transition douce

Les semaines suivantes étant les plus importantes de tout le régime, vous devez strictement suivre les directrices. Pendant un certain temps, votre corps s'est déplacé sur un chemin contrôlé, un état correctif. Maintenant, c'est le moment de réduire petit à petit et arrêter l'état correctif pour équilibrer et stabiliser à un niveau plus mince et sain. Les changements ont été dus à l'insuline et au contrôle sur elle. Votre travail est maintenant de la laisser sortir peu à peu et avec une activité limitée. Vous le ferez en augmentant graduellement vos niveaux d'hydrates de carbone dans chaque repas, jusqu'à atteindre un niveau similaire ou supérieur à celui de protéines par jour. Il est important de réaliser cette transition vers le maintien tout doucement et méthodiquement (sauf en cas d'urgence). En effectuant ce changement du niveau contrôlé d'hydrates de carbone (en état d'équilibre hormonal) vers la phase de maintien, vous stimulerez la libération subite d'insuline, avec toutes ses conséquences.

Passez de la Deuxième phase à celle de maintien, en suivant les directrices suivantes: augmentez la consommation d'hydrates de carbone par jour à 10 grammes jusqu'à une quantité similaire à celle de protéines. Par exemple, si votre consommation par jour de protéines est de 75 grammes, augmentez celle d'hydrates de carbone de 55 grammes (niveau de la Deuxième phase) à 65 grammes, puis à 75 grammes. Avant d'avancer à un autre niveau, restez à l'antérieur autour de cinq à sept jours, pour ainsi stabiliser votre production d'insuline. Cette lente progression vous permettra de contrôler la production et libération dans l'organisme d'insuline et prévenir une obtention subite de poids, rétention de liquides ou une augmentation de l'hypertension, possible en cas de libération brusque d'insuline.

Si vous êtes très actif physiquement ou vous continuez à perdre du poids en consommant les mêmes quantités de protéines et d'hydrates de carbone, vous pourrez augmenter la consommation d'hydrates de carbone de 10 grammes en 10 grammes (en stabilisant chaque changement pendant cinq à sept jours) jusqu'à ce que la consommation d'hydrates de carbone dépasse celle de protéines d'un 30 pour cent. Certaines personnes peuvent dépasser cette proportion, en prenant plus d'hydrates de carbone, mais généralement le niveau de maintien d'hydrates de carbone devrait être égal ou supérieur de 30 pour cent à celui des protéines.

Si vous vouliez perdre du poids, augmentez *lentement* la consommation d'hydrates de carbone, comme montre le schéma, jusqu'à ce que la consommation d'hydrates de carbone soit égale à celle de protéines ou jusqu'à ce que vous ne perdiez plus de poids. Restez à ce niveau d'hydrates de carbone par jour, pendant deux mois, pour permettre que l'activité des cellules grasses se stabilisent[7]. Alors, continuez à augmenter lentement la consommation d'hydrates de carbone de 10 grammes en 10 grammes, avec, entre deux, une période de stabilisation de cinq à sept jours. Pesez-vous (un moyen moins fiable, mais utile à nos propos) à la fin de chaque période et, la première fois que vous voyiez que vous avez gagné du poids, reprenez la dernière consommation d'hydrates[8].

Regardez le schéma de l'ECC de fruits, légumes, pain et céréales. Vous pouvez jouir de ces changements de 10 grammes en choisissant la ration d'hydrates de carbone que vous n'aviez pas avant. Par exemple, vous pouvez ajouter une pêche au petit déjeuner si vous aimez les fruits, un extra de jus de fruits pendant le repas du midi, une petite ration de pâtes ou quelques biscuits pour le dîner. Un yaourt, lors de l'apéritif, si vous voulez quelque chose de sucré. L'idéal est de répartir la consommation d'hydrates au long de la journée, et non en une seule fois, puisque, plus vous mangez d'hydrates de carbone en une seule fois, plus vous favorisez la réaction de l'insuline

---

[7] L'acte de perdre beaucoup de poids fait que les cellules grasses *veuillent* stocker la graisse. Cette activité de stockage élevée baisse au bout de quelques mois. C'est une autre raison pour laquelle vous devez vous centrer sur le programme et le faire d'un seul coup, et non pas en vous arrêtant et recommençant.

[8] Votre poids sera un reflet de la consommation adéquate d'hydrates de carbone et si vous avez suivi la quantité de grammes indiquée chaque jour. Si en voulant ou non, vous avez surpassé votre quantité d'hydrates de carbone, vous retiendrez des liquides rapidement ce qui vous fera prendre du poids. Il est important que vous fassiez très attention de bien suivre votre programme pendant cette période.

(même si ceci ne devrait pas se faire, si vous comptez les hydrates de carbone et vous avez pensé à «une soirée en ville», réduisez la consommation d'hydrates de carbone dans chaque repas pour ne pas dépasser le total établi le soir).

Au long de nos années d'expérience à la clinique, nous avons vu des personnes qui perdaient leur contrôle métabolique à 60 grammes par jour, et d'autres qui devaient augmenter leur consommation d'hydrates de carbone à 150 grammes par jour pour perdre du poids. Nous sommes tous différents les uns des autres, et vous découvrirez, dans votre escalade dans la transition de la phase d'intervention à celle de maintien, votre niveau de tolérance aux hydrates de carbone. La clef pour maintenir cette correction est de conserver votre consommation quotidienne d'hydrates de carbone à un même niveau pour toujours. Nous vous montrons maintenant la manière de développer une stratégie pour un maintien du succès et une jouissance de votre vie.

Vous POUVEZ vous maintenir pour Toujours

Vous avez travaillé dur pour récupérer votre santé, pour réduire ou transformer votre poids et pour arriver à l'équilibre de votre corps. Maintenant, commence la fonction de vivre dans le système. Avec vos nouvelles connaissances sur l'influence des aliments sur les hormones métaboliques, vous avez la clef pour maintenir votre santé et bien-être pour le reste de votre vie. L'élection entre un repas bien élaboré ou pauvre, vous correspondra toujours, et par conséquent la responsabilité de maintenir votre équilibre et votre santé. Vous avez les instruments et l'information pour le faire, et vous devriez vous efforcer pour le faire *la plupart du temps*.

Vous avez expérimenté des changements métaboliques positifs qui vous aideront à vous maintenir plus facilement. L'un des bénéfices de suivre la Première et Deuxième phase de ce programme est qu'ils redonnent un meilleur degré de sensibilité aux récepteurs de l'insuline, ce qui vous permet de « modifier » de *temps en temps* le régime avec quelques aliments interdits sans vous créer des problèmes à long terme.

Dans notre clinique, voici les conseil que nous donnons à nos patients au moment où ils commencent la phase de maintien : il n'existe pas de nourriture que vous ne pouviez manger. Cependant, il y a des aliments plus riches en amidon et sucre qui déséquilibrent énormément les hormones du métabolisme et que vous ne pouvez pas prendre en quantités illimitées, à moins que vous n'en acceptiez les conséquences. Les conséquences inéluctables du retour à vos anciennes habitudes d'alimentation seront le rétablissement de votre ancien équilibre métabolique, la reprise de votre ancien poids, et même le surpasser, la reprise de votre médication contre l'hypertension, le cholestérol ou le sucre dans le sang, freinant vos bons résultats.

Le maintien nutritionnel de votre santé nécessite d'une surveillance et d'un effort.

La nutrition lors des vacances

Dans notre société, comme dans presque toutes les sociétés, nous avons des fêtes. Pensez à n'importe quelle fête pendant les vacances, et la première chose que nous pensons est le plat préféré et traditionnel lié à cette fête. Dans notre famille, le Jour d'action de Grâces ne serait pas complet sans la dinde farcie au maïs de la Grand-mère Eade. Et le jour de Pâques ne serait pas le même sans les oeufs faits maison, et les biscuits au sucre décorés, ou le dîner de Noël sans le gâteau de fruits confits. Ni le pique-nique du 4 juillet sans la tarte aux fraises. Pas chez nous. Les célébrations de fêtes ont des origines si lointaines que l'humanité les a maintenues vivantes, et du moment que les êtres humains continuent à se réunir, la nourriture jouera un papier fondamental. Ça arrive dans notre famille et sûrement dans la vôtre aussi.

Le fait que vous ayez hérité une tendance à souffrir des troubles métaboliques, ne veut pas dire que vous ne puissiez pas profiter de ces fêtes. Nous vous suggérons de prêter un coup d'oeil aux célébrations et aux repas traditionnels les plus importants de votre vie. Choisissez-en quelques-uns, votre anniversaire, célébrations, vacances traditionnelles dans votre famille ou religieuses, escapades romantiques, voyages organisés ou des événements qu'il y a une fois par an, comme des mariages ou réunions de classe, et *envisagez leur plaisir*. La clef est de les préparer, les jouir et utiliser les Directrices de récupération schématisées dans la section suivante. Revenez ensuite à votre entretien jusqu'à la prochaine fois. Sachant que vous avez prévu les vacances, du point de vue du maintien, vous pouvez vous faire à l'idée, et être plus tolérant à force de petits sacrifices, jour après jour. En Choisissant la cause et la manière de votre variation, vous éliminez l'anxiété et la culpabilité que produit la rupture du programme. Vous l'aviez prévu, vous saviez les conséquences à court terme et vous aviez une stratégie organisée avant, pour retourner au programme immédiatement. C'est improbable qu'un libertinage nutritionnel pendant un ou deux jours, vous amène à grossir de 1,5 kg, 2 kg, 2,5 kg ou même 3 kilogrammes de plus avec des rétention de liquides, vous faisant sentir mal. Donc, le propos pour retourner au programme est de réduire rapidement vos niveaux élevés d'insuline que les variations firent monter, éliminer l'excès de liquides, faire en sorte que les eicosanoïdes (voir chapitre 12) aillent dans la bonne direction, que vous vous sentiez mieux et vous faire revenir à la phase de maintien.

Les directrices de la récupération

1. Retournez à la Première phase pendant trois jours ou jusqu'à la perte du poids gagné pendant les vacances (ce sera le plus souvent rétention de liquides).

2. Passez à la Deuxième phase pendant le reste de la semaine

3. Retournez au niveau de maintien et continuez l'équilibre métabolique.

Même si nous voulons que vous viviez heureux et que vous jouissiez de votre vie pendant le maintien, notre devoir est de vous avertir qu'il faut subir le moins de variations possibles. Notre expérience personnelle, et sur des milliers de patients, nous dit que ,plus vous suivez ce style de vie biochimique, moins vous vous dévierez de l'alimentation correcte. Lorsque vous êtes en équilibre, vous vous sentez si bien physiquement et mentalement que, lorsque vous variez cet équilibre, vous vous demandez souvent : pourquoi ai-je mangé ça?

QUESTIONS QUE L'ON SE POSE NORMALEMENT SUR LEPROGRAMME

Q : Est-ce que le fait de manger toutes ces protéines nuira-t-il mes reins ?
R : Non. Pas du tout si vos reins sont normaux. Les personnes qui réduisent leur consommation d'hydrates de carbone pensent qu'ils suivent une diète «riche en protéines». Dans ce programme, vous calculez le besoin minimal de protéines dont vous avez besoin sans tenir compte du type de régime. Et, même si vous dépassez ce niveau, si vos reins fonctionnent correctement, il ne devrait pas produire de maladies. Des chercheurs ont étudié cette question et, une étude très solide faite en 1995, en Allemagne, démontra que la fonction des reins s'améliorait avec plus de protéines.

Q : Que devrai-je faire si j'ai mal au cœur ?
R : Si vous sentez que vous allez vous évanouir, ou si vous avez cette sensation en vous levant du lit ou d'une chaise, vous devrez probablement prendre plus de sel. Ce régime comporte un effet diurétique très important. En même temps que vous avancez dans le programme, votre insuline baisse et permet aux reins de libérer l'excès de liquide. Malheureusement, les reins libèrent également le sodium et le potassium avec l'excès de liquide, entraînant normalement une carence de ces deux substances et une légère déshydratation. La baisse de sodium et la déshydratation causent le mal au cœur. Augmentez la consommation de sel, en ajoutant du sel aux aliments, en mangeant de l'aneth en escabèche ou en buvant du bouillon, et votre problème se résoudra en peu de temps.

Q : Habituellement, je perdais du poids facilement, mais maintenant j'ai même du mal à perdre les premiers kilos.
R : Vous devez d'abord perdre l'appelée inertie à perdre du poids. Si vous avez déjà fait des régimes, vous avez plus de problèmes pour la mise en point du corps qu'une personne qui n'en a jamais fait. Avec la répétition de régimes, votre corps s'est accoutumé à prendre toute l'énergie disponible des moindres quantités de nourriture. À travers l'évolution humaine, notre métabolisme a crée un ordinateur intérieur qui ordonne une réaction métabolique en fonction des quantités de nourriture consommée. Si vous êtes habitué à manger de grandes quantités de nourriture, votre proportion métabolique est très élevée car votre ordinateur sait que votre corps a beaucoup de

combustible pour dépenser. Si vous étiez abandonné au milieu de l'Artique ou vous souffriez de famine, votre ordinateur métabolique diminuerait votre proportion métabolique pour ainsi conserver l'énergie stockée (graisses) et utiliserait comme combustible les aliments provenant de l'extérieur (pour des raisons de survie, votre ordinateur ne sait pas que vous faites un régime, il pense que vous mourez de faim et il veut que vous viviez). Cet ordinateur n'est pas seulement très sensible, mais, malheureusement pour les personnes qui reprennent un régime, il a un très bonne mémoire. Si vous avez déjà été à Jenny Graig, au Centre de Diète, à Nutri/system et Optifast[1] ou chez les Surveillants du Poids, votre ordinateur a tout enregistré. Et lorsque vous commencerez le prochain régime, il prendra les mesures nécessaires pour entrer dans un état de conservation, en envoyant au système métabolique des signaux et faisant de plus en plus difficile la perte de poids. L'une des caractéristiques plus intéressantes de ce programme est que la grande quantité de nourriture fournie programme à nouveau l'ordinateur et le libère de sa crainte à la famine, un obstacle pour perdre du poids. Vous nécessiterez d'un travail constant pendant plusieurs semaines, mais vous finirez par réussir et commencer à perdre du poids facilement. C'est une phase que nous appelons de perte dynamique de poids dans laquelle la réduction de graisses est l'objectif principal.

Q : J'ai perdu toute ma stabilité personnelle. Que puis-je faire pour changer les choses ?

R : Les déséquilibres sont comme le purgatoire au moment de faire un régime. Tout le monde les ressent, les haïs et se sent frustré par celles-ci. Il existe plusieurs choses que vous pouvez faire pour lutter contre, mais assurez-vous bien qu'il s'agisse d'un déséquilibre. Si vous contrôlez votre poids avec une bascule et vous ne voyez pas de résultats, il se peut que vous soyez entrain de transformer votre corps en gagnant du poids musculaire et en perdant des graisses. Si vous gagnez plusieurs kilogrammes de muscle car vous faites de l'exercice, vous êtes entrain de perdre des graisses et votre poids sur la bascule ne change pas, mais votre taille oui. Les personnes qui ont fait un régime pauvre en graisses pendant longtemps et qui souffrent d'un manque de protéines, peuvent gagner quelques kilogrammes de poids musculaire dû à la quantité de protéines qu'ils ont commencé à prendre. Si l'une de ces situation est la votre, vous ne souffrez pas de déséquilibre, vous renforcez vos muscles et/ou vous reconstruisez votre masse corporelle maigre. Vous devriez sentir une diminution de votre taille même si vous n'avez pas perdu de poids.

Si vous êtes réellement dans une période de déséquilibre, vous pouvez essayer plusieurs choses. Premièrement, assurez-vous que vous suivez le programme correctement. L'erreur plus commune que nous avons notée dans notre clinique avec les patients souffrant de déséquilibre est qu'ils ne suivaient pas leur propre programme. C'est l'une des raisons pour lesquelles nous demandons à nos patients de tenir un rapport et les recommandations que nous faisons à l'intérieur. Recompter les grammes d'hydrates de carbone consommés, ne le supposez jamais. Ce n'est pas facile

[1] Centres d'amaigrissement des États-Unis

d'apprendre à compter les hydrates de carbone consommés, mais ne pas les compter et les supposer est un échec pour réussir dans vos objectifs. Jusqu'à ce que vous ne commenciez pas à travailler sérieusement, sachant comment les compter facilement, vous devrez les chercher avant de les manger. Nous ne pouvons pas vous dire exactement le nombre de patients avec lesquels nous avons discutés sur « leurs déséquilibres ». Dites-nous. « J'ai fait exactement ce que vous m'avez dit, sauf le jour où j'ai mangé un biscuit, ou celui où j'ai mangé une banane, et... ». Un pain bagel peut contenir entre 30 et 50 grammes d'hydrates de carbone, une banane autour de 30 grammes. Cinquante grammes d'hydrates de carbone, d'où qu'ils proviennent, sont équivalents à ¼ de tasse de sucre. Si vous ajoutez ceci à votre régime chaque jour, nous pouvons vous garantir que vous aurez d'énormes déséquilibres.

Si vous suivez le régime strictement et vous souffrez de déséquilibres, essayez de réduire au maximum votre consommation de nourriture. Maintenez votre consommation de protéines au niveau le plus bas pour votre masse corporelle maigre, conservez vos hydrates de carbone au niveau conseillé dans votre phase et réduisez un peu les graisses. Ceci devrait servir pour remonter peu à peu. Vous pouvez même réduire les hydrates de carbone à 10 ou 20 grammes par jour pour faciliter la tâche.

Finalement, assurez-vous bien que votre consommation de liquides est suffisante. Nous avons découvert qu'avec une simple augmentation de liquides vous arrivez à perdre du poids à nouveau et rapidement.

Q : J'ai beaucoup lu dernièrement sur les «bons» et les «mauvais» hydrates de carbones, mais je ne vois pas la différence. Ne devrais-je manger que les bons ou ça n'a pas d'importance ?

R : La notion d'hydrates de carbone « bons » face aux « mauvais » est une conséquence de l'évaluation faite par le chercheur David A. Jenkins et son équipe à Toronto au début des années 1980. Le Dr. Jenkins donna à un groupe de personnes 100 grammes de glucose pure puis mesura l'augmentation de la quantité de sucre dans le sang. Ensuite, il donna au même groupe de personnes plusieurs aliments contenant 100 grammes d'hydrates de carbone, mesura la réaction du sucre dans le sang et compara les résultats avec ceux du glucose. Si l'augmentation du sucre dans le sang est le même que l'augmentation du glucose, on dit que la nourriture a un indice gluconique de 100. Plus l'indice gluconique est bas, moins le sucre réagit à cause de la nourriture. Le Dr. Jenkins et d'autres chercheurs ont continué à perfectionner et améliorer leur travail. L'idée que des aliments avec un indice gluconique bas ont de bons hydrates de carbone et que ceux qui ont un indice gluconique élevé ont de mauvais hydrates de carbone, s'est alors établie.

Le seul problème avec ce concept est que l'indice gluconique ne compare pas des pommes entre elles. Il compare des pommes avec du glucose. Les pommes contiennent un mélange de pectines, lignines, celluloses, hémicellulose et d'autres types de substances, connus comme de la fibre, et des hydrates de carbone purs. La fibre ralentit l'absorption des hydrates de carbone, faisant plus lent le procès de réaction du sucre, et influence également d'autres actions du sucre et de l'insuline. Donc, l'indice gluconique de la pomme ne dépend pas spécifiquement des hydrates de carbone qu'elle contient mais de la combinaison de ces hydrates de carbone avec le reste de la pomme. Dans le développement de notre schéma de l'ECC (contenu effectif d'hydrates de carbone), nous éliminons la fibre et ne laissons que les hydrates de carbone purs et *métaboliquement* actifs pour que vous les comptiez, et vous effaciez le sens *métabolique* des hydrates de carbone bons ou mauvais. Nous répétons *métaboliquement* car nous ne parlons que de réactions du sucre et de l'insuline dues à ces aliments et non dans le sens général de la nutrition.

Par exemple, si vous manger 5 grammes d'hydrates de carbone contenus dans un gâteau, vous aurez la même réaction de l'insuline qu'avec 5 grammes d'hydrates de carbone d'un brocolis. La différence se trouve dans l'alimentation et non pas dans le volume. Le brocolis en contient beaucoup plus. Le charme des schémas de l'ECC est qu'en les utilisant correctement, vous devrez vous tourner vers les aliments plus nutritifs et ne pas vous préoccuper des hydrates de carbone bons ou mauvais. Vous devez simplement rester dans la limite marquée des hydrates de carbone, les sélectionner dans les schémas de l'ECC et vous découvrirez que vous manger plus de nourriture que vous devez.

Une fois dans la phase du maintien, vous saurez que le riz provoque une plus grande montée du sucre que les pommes de terre, le maïs et la farine. Les suivants sont les haricots et l'avoine. Mais à la fin, le corps reçoit tout comme du glucose. Donc, vous devez toujours surveiller les hydrates de carbone.

Q : Est-ce que ce programme pourrait me constiper? Si c'est le cas, que puis-je faire?

R : Il ne devrait pas vous constiper pour plusieurs raisons. Premièrement, si vous choisissez vos hydrates de carbone des schémas de l'ECC, vous choisirez des aliments avec un contenu élevé de fibre, ce qui préviendra la constipation. Deuxièmement, en réduisant vos niveaux d'insuline, vous commencerez à produire plus d'eicosanoïdes qui augmenteront le contenu d'eau de votre côlon, prévenant ainsi la constipation. Si vous êtes un peu constipés, ce sera sans doute à court terme, mais jusqu'à ce que ça s'améliore, vous devriez utiliser un complément de fibre, décrit à la dernière fenêtre du chapitre 13, augmenter votre consommation de liquides et ajouter une ou deux capsules d'huile de poisson (un bon choix est MaxEPA-1000 ou Marblehead, MA 01945).

Q : Que se passe-t-il si j'ai la diarrhée?

R : C'est une plainte plus commune que celle de la constipation. Normalement, avec ce régime on va plus souvent aux toilettes et quelquefois se produit la diarrhée. Elle commence avec le début du programme et finit au bout de quelques jours après, la période d'adaptation du corps à la nouvelle alimentation. Si le problème ne se résout pas, vous devez aller consulter un médecin pour qu'il examine une possible infection. Il peut ne s'agir que d'une coïncidence. Si le médecin détermine des résultats négatifs, réduisez la consommation de capsules d'huile poisson, si vous êtes entrain de les prendre, réduisez les aliments riches en fibre et assurez-vous que vous n'avez aucune allergie ou sensibilité à l'un des aliments nouveaux que vous consommez.

Q : Je viens de commencer le programme et je me sens extrêmement fatigué. Comment est-ce possible?

R : C'est un élément commun chez nos nouveaux patients. Toute notre vie est catalysée par les enzymes. Sans elles, nous ne serions qu'un tas de chimie non récréatif, au lieu d'êtres vivants qui respirent. Notre code d'ADN possède des millions d'enzymes, et nous ne produisons et n'avons en circulation dans notre corps que celles dont nous avons besoin à chaque moment. Si vous avez été soumis à un régime pauvre en graisses et riche en hydrates de carbone, toutes vos enzymes sont en circulation, principe du stockage. Celles-ci heurtent et récupèrent les hydrates de carbone, nécessaires pour créer l'énergie. Lorsque l'alimentation change radicalement, toutes ces enzymes circulent sans rien faire puisque leur tâche est si spécifique qu'elles ne peuvent pas fonctionner dans votre nouveau régime. Votre corps met quelques jours à produire de nouvelles enzymes pour traiter la composition de votre nouvelle alimentation. Après quelques jours, pendant lesquels vous vous sentirez un peu fatigué, vos niveaux d'énergie devraient augmenter considérablement, et, normalement, vous finirez par avoir plus d'énergie qu'avant le début du régime.

Q : J'ai été au régime pendant quelques semaines. Je me sentais un peu fatigué au début, mais je me suis remis par la suite. Cependant, d'un seul coup, je me sens à nouveau épuisé et j'ai mal aux jambes.

R : Vous avez décrit le cas comme un livre ouvert : hypokaliémie, ou un bas niveau de potassium dans le sang. Le régime à des effets diurétiques affectant les reins, qui évacuent beaucoup de potassium avec l'excès de liquides. Pour certaines personnes, cela peut aboutir à une déficience de potassium. Un manque de potassium peut causer différents symptômes, comme le fourmillement, des vertiges, des fatigues, des douleurs musculaires, et notamment des fatigues musculaires et des crampes. Nous recommandons que vous utilisiez le sel de la marque « Morton's Lite » ou « Nosalt » puisqu'il s'agit de sels potassiques pures et ils compenseront le potassium perdu à travers des reins. Si vous ne l'utilisez pas encore, commencez à le faire maintenant. Si vos symptômes sont dus à une déficience, le problème devrait se résoudre au bout de quelques heures, à partir de la consommation du complément potassique. ***Si vous êtes entrain de prendre des médicaments contre l'hypertension o diurétiques, vous devez consulter votre médecin ou votre pharmacien avant de commencer à prendre les compléments de potassium puisque certains de ces médicaments préviennent la libération de potassium du corps et, prendre un dose supplémentaire pourrait causer de sérieux problèmes.*** Si vous ne prenez pas de médication et le fonctionnement de vos reins est normal, il est pratiquement impossible que vous surpassiez la dose de potassium prise comme substitut du sel, ou comme complément provenant des réserves dus à une alimentation saine.

Q : Faut-il que je répartisse mes hydrates de carbone tout au long de la journée ou je peux les consommer tous à la fois?

R : Il est préférable que vous répartissiez les hydrates de carbone en différentes portions similaires et que vous les consommiez tout au long de la journée. Néanmoins, s'il s'agit d'une occasion spéciale et vous allez en profiter, vous pouvez les réserver y les manger tous en même temps. Nous avons eu plusieurs patients qui ont découvert un traitement d'hydrates de carbone qui les a fait profiter énormément, puisqu'ils les réservaient et les mangeaient tous en une seule fois. Un patient qui avait perdu du poids, réduisit son inquiétant niveau de cholestérol pendant la Première phase de l'intervention, et devint fou de joie en découvrant que son bonbon préféré n'avait que 17 grammes d'hydrates de carbone. Il en mangerait un chaque après-midi. Alors, il réserva les 13 grammes qui lui restaient pour le reste des repas. Il continua à perdre du poids et nous raconta que le plaisir obtenu du bonbon compensait plus que la réduction de consommation d'hydrates de carbone quotidien. Si vous décidez de suivre cette forme d'alimentation, souvenez-vous de réduire les hydrates de carbone du reste de la journée ou votre processus se ralentira.

Q : J'ai toujours souffert d'indigestion et de gaz et je prend des médicaments tous les jours pour freiner les brûlures d'estomac. Depuis que je fais le régime, j'ai oublié de prendre mes médicaments plusieurs fois et je n'ai pas d'indigestion. Es-ce que le régime en est la cause ?

R : Oui. En fait, la disparition de la gastrite, les gaz et l'indigestion est l'un des bénéfices prévus dans votre plan de « Maigrissez bien, maigrissez en mangeant ». Ce régime augmente la qualité des mucosités protectrices de l'estomac, en couvrant et optimisant le contrôle musculaire de l'œsophage et prévenant ainsi les gaz et les spasmes. Il réalise la même fonction que les médicaments mais évite, d'une part, ses effets négatifs et, d'autre part, son plus haut coût économique.

Q: J'ai entendu que ce régime riche en protéines peut causer de l'ostéoporose. Es-ce vrai?

R: Non. Premièrement, ce régime n'est pas riche en protéines. C'est un régime avec une quantité adéquate de protéines. Deuxièmement, un régime riche en protéine ne causerait pas de perte complète de calcium. Le fait qu'un régime riche en protéines cause la perte de calcium est une rumeur persistante même pour ceux qui ne devraient pas y croire et que nombreux chercheurs ne semblent pas éclaircir. Les régimes riches en protéines, provenant de la viande, sont consommés par des millions de personnes dans le monde entier sans aucun effet négatif, donc ne soyez pas préoccupé par l'ostéoporose.

Q : Si je fait quelques changements à ceux qui sont recommandés, comme par exemple, réduire la consommation d'hydrates de carbone, est-ce que je remarquerais un changement ou faudra-t-il que je suive le programme au pied de la lettre pour arriver aux résultats prévus?

R : Si vous souffrez de surpoids ou vous avez l'un des problèmes que nous venons de discuter, le fait de réduire un peu les hydrates de carbone ne vous affectera pas beaucoup. Si vous avez l'un de ces troubles, vous avez nui à vos récepteurs d'insuline. La seule voie pour pouvoir les récupérer est de réussir que vos niveaux d'insuline baissent et ainsi pouvoir vous soigner. Une petite réduction d'hydrates de carbone ne fera pas cela, uniquement un changement drastique pendant la Première phase de l'intervention. Seulement comme cela vous pouvez attendre les bénéfices que vous désirez à long terme.

Q : Es-ce que je perdrais du poids plus vite si je réduit tous les hydrates de carbone ou cela peut être dangereux?

R : La réduction des hydrates de carbone en dessous de ce qui est stipulé dans la Première phase de l'intervention (7-10 grammes par repas) n'accélérera sûrement pas votre perte de poids. Chaque gramme d'hydrate de carbone vous fournit autour de 4 calories, donc vous n'épargner que 100 calories par jour (en mangeant trois repas de 28 à 40 calories en hydrates de carbone chacun). Et quant au danger que ceci peut déclencher, les esquimaux qui vivent au Cercle Polaire Arctique ne mangent pratiquement pas d'hydrates de carbone et ils sont parfaitement bien. Pour avoir d'avantage de détails, vous pouvez consulter l'étude réalisée par Vilhjalmur Stefansson (voir note au pied de la page 2, chapitre 1).

Q : Ce régime me produira-il de la cétose?

R : Si vous souffrez de surpoids, la Première phase vous produira très sûrement de la cétose, mais il n'y a rien de mal. Ceci vous indique uniquement que vous êtes entrain de brûler de la graisse. Si vous ne souffrez pas de surpoids, le régime vous mènera probablement à la limite de la cétose, là où vous voulez être. La cétose est un thème très mal interprété qu'il faut aborder avec précision. Les cétones sont une étape intermédiaire de l'élimination des graisses, et non seulement elles ne sont pas du poison, comme disent certains auteurs en relation avec la santé, mais elles s'utilisent comme combustible de certains tissus du corps, inclus le cerveau. Le cœur, par exemple, préfère la cétone à un autre type de combustible. Le corps doit posséder suffisamment d'hydrates de carbone pour brûler complètement toutes les cétones produites comme énergie. Le régime produit l'élimination de graisses, produisant une abondance de cétones, spécialement sur les personnes souffrant de surpoids, mais ces régimes ne fournissent pas suffisamment d'hydrates de carbone pour que toutes se brûlent. L'excès de cétones circule alors dans le sang et doit être éliminé par d'autres voies. Le corps les expulse par voie urinaire, par voie fécale et par la respiration. Puisque les cétones sont des graisses brûlées de forme incomplète, toute chose éliminée sans les utiliser comme énergie signifiera que l'on se défait de graisses non désirées sans devoir la brûler.

Q : Pourquoi les cétones et la cétose sont-elles dangereuses?

R : Absolument pas. Sauf pour un diabétique de type I. Vous pouvez penser que oui, puisque certains écrivains spécialisés en santé, comme Jane Brody du New York Times nous disent que les cétones sont « des composants toxiques qui peuvent endommager le cerveau et causer des nausées, de la fatigue et de l'apathie » dans un régime pauvre en graisses et riche en hydrates de carbone complexes. Il continue en disant que les cétones sont « des produits des graisse usée » qui « contaminent » le sang. Mais le Dr. Lubert Stryer, professeur de Biochimie de l'Université de Stanford et auteur de livres sur ce thème, disait, dans la plupart des écoles médicales, que les cétones sont « un combustible normal pour la respiration et sont importants quantitativement comme source d'énergie ». « Réellement, continue à nous dire le Dr. Stryer, le muscle du cœur et l'écorce rénale [rein] utilisent les cétones plutôt que la glucose ». Les docteurs Donald et Judith Voet, auteurs d'un autre livre de biochimie très connu, nous disent que les cétones « servent de combustible métabolique pour beaucoup de tissus périphériques, en particulier le cœur et les muscles liés au squelette ». Donc, si vous croyez Mme. Brody, vous penserez que les cétones empoisonnent, si vous confiez au consensus des médecins et scientifiques vous comprendrez que les cétones sont un combustible normal utilisé par la plupart des tissus du corps pour leur besoin d'énergie. De fait, sauf pour les diabétiques de type I, il n'existe aucune évidence que les cétones soient dangereuses.

Q : Pourquoi ai-je un arrière goût ou une mauvaise haleine avec ce régime?

R : Les cétones libérées à travers des poumons peuvent produire une odeur désagréable (haleine d'acétone) et/ou un arrière goût dans votre bouche. La meilleure solution est de boire des grandes quantités de liquides. Si vous uriner en grande quantité, la plupart des cétones partiront par cette voie. Sinon, la seule voie de sortie est la respiration. La respiration s'humidifie, et il peut vous aider un chewing-gum sans sucre, qui ne veut pas dire sans hydrates de carbone.

Q : Pourquoi ai-je des problème pour dormir depuis le début du régime?

R : La cétose peut créer de l'insomnie. Si vous produisez et libérez beaucoup de cétones, vous pouvez augmenter la quantité d'hydrates de carbone o passer à la Deuxième phase.

Q : Je n'ai pas de problèmes pour m'endormir, mais je me réveille en pleine nuit, mort de faim. Je vais au frigo et je mange n'importe quoi avant de retourner au lit. Est-ce que le régime peut être utile pour éviter ces caprices ?

R : Oui. Il ne s'agit pas ici d'un cas de caprice mais plutôt d'un problème de gastrite o d'ulcère, tout les deux étant très communs chez des personnes résistantes à l'insuline et suivant des régimes riches en hydrates de carbone. De forme naturelle, le corps libère différents acides stomacaux pendant les premières heures du matin, ce qui ne dérange personne avec un estomac normal. Mais, chez les personnes avec ulcère ou gastrite (inflammation de la muqueuse de l'estomac), ce flot d'acides produit souvent des douleurs à l'estomac et un malaise général qui les réveille. Normalement, la sensation n'est pas de douleurs à l'estomac, mais plutôt d'une faim terrible. La consommation d'une grande quantité de nourriture neutralise l'acide, soulage la douleur et permet le retour au lit. Avec la réduction des hydrates de carbone, notre programme provoque immédiatement la guérison de la plupart des ulcères et gastrites. La majorité de ces problèmes sont créés par le déséquilibre des eicosanoïdes qui se normalisent sitôt les niveaux d'insuline baissent. Quelques jours après avoir commencer le programme, ces épisodes devraient être moins fréquents et finir par disparaître. De toutes façons, si vous vous réveillez pendant la nuit, mangez selon le plan d'intervention et ne surpassez pas la quantité d'hydrates de carbone ou votre problème persistera.

Q : Que se passe-t-il avec les édulcorants artificiels ? Sont-ils dangereux ?

R : Personnellement, nous préférons éviter le plus possible les édulcorants artificiels car personne ne connaît leurs effets à long terme. Nous essayons de manger le moins d'aliments artificiels possibles, mais pas complètement car ces édulcorants sont présents dans trop de repas pauvres en hydrates de carbone. Sont-ils dangereux ? Cela dépend. En comparant avec quoi ? En comparant avec la même quantité de sucre, ils sont inoffensifs. Si tout ce que vous consommez est une petite cuillérée de sucre avec votre café du matin, nous vous dirions de continuer avec le sucre. Mais, si vous parlez de rafraîchissements, alors c'est quelque chose de différent. Une canette de la plupart des rafraîchissements contient 4 grandes cuillérées de sucre pur, ou ¼ de tasse, ce qui correspond à 48 grammes, plus que la proportion quotidienne de la Première phase. Dans les rafraîchissements, le sucre suppose plus de risques pour la santé que les édulcorants artificiels qui les remplacent dans la diète.

Aspartame, l'édulcorant artificiel de Nutasweet a passé plus de cent tests de FDA avant d'être autorisé. Dans l'horizon se trouve le sucre de gauche, une manipulation moléculaire de sucre que le corps ne métabolise pas, n'a pas de calories, presque pas d'hydrates de carbone, il est disponible au Canada sous le nom de Splenda et a été très utilisé pendant plus de six ans.

Vous pouvez ruiner votre régime si vous surpassez la consommation d'édulcorants, comme l'un de nos patients. Il prenait l'équivalent à 50 cuillérées quotidiennement et ceci lui créa un grand problème.

Q : Que se passe-t-il avec mes envies de sucre ? Parce que ce programme, avec la restriction d'hydrates de carbone, n'a aucun aliment sucré entièrement, donc je ne peux pas me permettre un caprice sucré.

R : Que vous y croyiez ou non, vos envies de sucre disparaîtront peu à peu. L'envie de sucre fait que vos récepteurs d'insuline soient de plus en plus résistants à la stimulation de l'insuline, nécessitant plus d'insuline pour fonctionner, ce qui influe de la même manière les récepteurs de sucre (les papilles gustatives). Avec cette stimulation chronique, l'alimentation sucrée fait que vos papilles gustatives soient plus résistantes à la stimulation du sucre, ayant besoin de chaque fois plus pour obtenir ce plaisir. Ce programme efface ces besoins, en éliminant les hydrates de carbone raffinés de votre alimentation, et fait que vos récepteurs de sucre soient plus sensibles. Comme cela, les aliments que vous mangiez avant, pour arriver à ce plaisir de sucre, vous fourniront cette même sensation mais avec moins de quantité. De fait, si vous essayez de manger les mêmes quantités que préalablement, les conséquences seront les mêmes qu'avant d'avoir commencé le programme. Vous devez prendre quelques bonnes habitudes et expériences sur la consommation de sucre pour mieux fonctionner.

Q : Je comprends vos explications sur la circulation des protéines, des hydrates de carbone et tout le reste, mais quelle relation ont-ils avec la nourriture ? Comment se reflètent-ils en une journée du régime établi ?

R : Supposons que votre besoin de protéines est de 27 grammes par repas et nous sommes en plain dans la Première phase.

Lors du petit déjeuner, vous pouvez manger une omelette au jambon et au fromage, une tranche de pain complet avec un peu de beurre, une demi-tasse de fraises avec de la crème fraîche et un café.

Le midi, vous pourriez aller avec des amis à un petit restaurant. Vous pourriez choisir du poulet grillé, une salade César (laissez les croûtons de pain), une pêche pour le désert et un café crème. Ou, si vous êtes pressés et vous ne pouvez qu'aller à un restaurant fast-food, vous pourriez commander un hamburger complet, une salade, un grand verre de thé glacé (souvenez-vous d'en boire la plupart avant manger) et pas de pâtisserie.

L'après-midi, pour goûter, vous pourriez prendre du saucisson avec du fromage cheddar et un grand verre d'eau minérale ou de limonade light.

Pour dîner, vous pourriez manger un bifteck accompagné de champignons sautés et asperges fraîches avec une vinaigrette, une salade verte et des rondelles de tomate. Accompagnez ce repas d'un verre de vin rouge sec, si vous voulez, ou un peu d'eau, de café ou de thé, et comme dessert une tranche de melon.

SCHÉMA A D'ÉQUIVALENCES DE PROTÉINES *1 once = 28,5 gr.*

Consommation totale de protéines <ou = 60 grammes par jour (20 grammes par repas)

Viande, poisson et volailles	3 onces					
Oeufs	1 oeuf + 2 blancs + 1 once de viande	2 oeufs + 2 blancs				
Fromages forts	2 onces de viande + 1 once de fromage	1 oeuf + 2 blancs + 1 once de fromage	Inacceptable*	Inacceptable		
Fromages doux	2 onces de viande + 2 onces de fromage	1 oeuf + 2 blancs+ 2 onces de fromage	Inacceptable	Inacceptable		
Fromage frais	2 onces de viande + 1/4 de tasse fromage frais	1 oeuf + 1 blanc + 1/4 tasse fromage frais	1/2 tasse de fromage frais + 1 once de fromage fort	1/2 tasse de fromagefrais+ 2 onces de fromage doux	3/4 de tasse fromage frai	
Tofu	1/4 de tasse de tofu + 1,5 once de viande	1 oeuf + 1 blanc + 1/4 de tasse de tofu	1/4 de tasse de tofu + 1 once de fromage	1/4 de tasse de tofu + 2 onces de fromage	1/4 de tasse de fromage frais 1/4 de tasse de tofu +	1/2 tasse de tofu
	Viande, poisson y volailles	Oeufs	Fromages forts	Fromages doux	Fromage frais	Tofu

«Viande» = 7 grammes de protéines par once

Oeufs : 6 grammes de protéines entières, 4 grammes par blanc

Fromage fort = 6-7 grammes de protéines par once

Fromage doux = 3-4 grammes de protéines par once

Fromage frais = 7 grammes de protéines par 1/4 de tasse

Tofu = 10 grammes de protéines par 1/4 de tasse

** Par le contenu riche en graisses, le nombre de calories consommées pour faire ceci d'une seule source de protéines serait trop élevé pour la plus part des personnes.*

SCHÉMA B D'ÉQUIVALENCES DE PROTÉINES *1 once= 28,5 gr.*

Consommation totale de protéines de 61 à 80 grammes par jour (27 grammes chaque repas)

Viande, poisson et volailles	4 onces					
Oeufs	2 oeufs + 2 blancs + 1 once de viande	2 oeufs + 4 blancs				
Fromages forts	3 onces de viande + 1 once de fromage	2 oeufs + 2 blancs + 1 once de fromage	Inacceptable*	Inacceptable		
Fromages doux	3 onces de viande + 2 onces de fromage	2 oeufs + 2 blancs + 2 onces de fromage	Inacceptable	Inacceptable		
Fromage frais	3 onces de viande + 1/4 de tasse fromage frais	2 oeufs + 1/2 tasse fromage frais	3/4 tasse de fromage frais + 1 once de fromage fort	3/4 tasse de fromage frais + 2 onces de fromage doux	1 tasse de fromage frais	
Tofu	1/2 de tasse de tofu + 1 once de viande	1 oeuf + 3 blancs + 1/4 de tasse de tofu	1/2 de tasse de tofu + 1 once de fromage	1/2 de tasse de tofu + 2 onces de fromage	1/4 de tasse de fromage frais 1/2 de tasse de tofu +	3/4 tasse de tofu
	Viande, poisson et volailles	Oeufs	Fromages forts	Fromages doux	Fromage frais	Tofu

«Viande» = 7 grammes de protéines par once

Oeufs : 6 grammes de protéines, 4 grammes par blanc

Fromage fort = 6-7 grammes de protéines par once

Fromage doux = 3-4 grammes de protéines par once

Fromage frais = 7 grammes de protéines par 1/4 de tasse

Tofu = 10 grammes de protéines par 1/4 de tasse

**** Par le contenu riche en graisses, le nombre de calories consommées pour faire ceci d'une seule source de protéines serait trop élevé pour la plus part des personnes.***

SCHÉMA C D'ÉQUIVALENCES DE PROTÉINES *1 once= 28,5 gr.*

Consommation totale de protéines de 81 à 100 grammes par jour (34 grammes chaque repas)

Viande, poisson et volailles	5 onces					
Oeufs	2 oeufs + 2 blancs + 2 onces de viande	3 oeufs + 4 blancs				
Fromages forts	4 onces de viande + 1 once de fromage	2 oeufs + 4 blancs + 1 once de fromage	Inacceptable*	Inacceptable		
Fromages doux	4 onces de viande + 2 onces de fromage	2 oeufs + 4 blancs + 2 onces de fromage	Inacceptable	Inacceptable		
Fromage frais	3 onces de viande + 1/2 de tasse fromage frais	2 oeufs + 2 blancs +	1 tasse de fromage frais + 1 once de fromage fort	1 tasse de fromage frais + 2 onces de fromage doux	1 tasse et 1/4 de fromage frais	
Tofu	1/2 de tasse de tofu + 2 once de viande	2 oeufs + 1/2 de tasse de tofu	3/4 de tasse de tofu + 1 once de fromage	3/4 de tasse de tofu + 1 onces de fromage	1/2 de tasse de fromage frais 1/2 de tasse de tofu +	3/4 tasse de tofu
	Viande, poisson et volailles	Oeufs	Fromages forts	Fromages doux	Fromage frais	Tofu

«Viande» = 7 grammes de protéines par once
Oeufs : 6 grammes de protéines, 4 grammes par blanc
Fromage fort = 6-7 grammes de protéines par once

Fromage suave = 3-4 grammes de protéines par once
Fromage frais = 7 grammes de protéines par 1/4 de tasse
Tofu = 10 grammes de protéines par 1/4 de tasse

**** Par le contenu riche en graisses, le nombre de calories consommées pour faire ceci d'une seule source de protéines serait trop élevé pour la plus part des personnes.***

SCHÉMA D D'ÉQUIVALENCES DE PROTÉINES *1 once= 28,5 gr.*

Consommation totale de protéines de 101 à 120 grammes par jour (40 grammes chaque repas)

Viande, poisson et volailles	6 onces					
Oeufs	2 oeufs + 4 blancs + 2 onces de viande	3 oeufs + 6 blancs				
Fromages forts	5 onces de viande + 1 once de fromage	2 oeufs + 5 blancs + 1 once de fromage	Inacceptable*	Inacceptable		
Fromages doux	5 onces de viande + 2 onces de fromage	2 oeufs + 5 blancs + 2 onces de fromage	Inacceptable	Inacceptable		
Fromage frais	4 onces de viande + 1/2 de tasse fromage frais	2 oeufs + 3 blancs + 1/2 tasse fromage frais	1 1/4 tasse de fromage frais + 1 once de fromage fort	1 1/4 tasse de fromage frais + 2 onces de fromage doux	1 tasse et 1/2 de fromage frais	
Tofu	1/2 de tasse de tofu + 3 once de viande	2 oeufs + 2 blancs +1 once de fromage 1/2 de tasse de tofu	3/4 de tasse de tofu +	3/4 de tasse de tofu + 2 onces de fromage	1/2 de tasse de fromage frais 3/4 de tasse de tofu +	1 tasse de tofu
	Viande, poisson et volai les	Oeufs	Fromages forts	Fromages doux	Fromage frais	Tofu

«Viande» = 7 grammes de protéines par once
Oeufs : 6 grammes de protéines, 4 grammes par blanc
Fromage fort = 6-7 grammes de protéines par once
Fromage doux = 3-4 grammes de protéines par once
Fromage frais = 7 grammes de protéines par 1/4 de tasse
Tofu = 10 grammes de protéines par 1/4 de tasse

**** Par le contenu riche en graisses, le nombre de calories consommées pour faire ceci d'une seule source de protéines serait trop élevé pour la plus part des personnes.***

Contenus effectifs d'hydrates de carbone dans les fruits

Aliment	Portion de 5 grammes	de 10 grammes	de 15 grammes	de 20 grammes	de 25 grammes
Pomme - crue	1/4 de pomme (4,5)	1/2 pomme (9)	3/4 de pomme (13,5)	1 pomme (18)	de pomme (22,5)
- au micro-ondes	1/4 de tasse (5)	1/2 tasse (10)	3/4 de tasse (15)	1 tasse (20)	1 1/4 de tasse (25)
Sauce de pomme sans sucre	1/8 de tasse (3)	1/4 de tasse (6)	1/2 tasse (12)	3/4 de tasse (18)	1 tasse (24)
Abricots - naturels	1 1/2 moitiés	3 moit. (10,4)	4 moit. (14)	5 moit. (17,5)	7 moit. (24,5)
- en boîte	4 moitiés (5)	8 moitiés (10)	12 moitiés (15)	16 moitiés (20)	20 moitiés (25)
Avocat (Californie)	3/4 moit. (5,4)	1 moit. (7.3)	2 moit. (14,6)	2 1/2 moit. (18,3)	3 moit. (21,9)
Banane – naturelle	*	1/3 moit. (8.3)	1/2 moit. (12,5)	2/3 moit. (16,7)	1 moit. (25)
Mûres noires -naturelles	1/2 tasse (5,9)	3/4 de tasse (8,9)	1 1/4 de tasse (14,7)	1/2 tasse (17,8)	2 tasses (23,6)
Baies bleus - naturelles	1/3 de tasse (5,7)	1/2 tasse (8.6)	3/4 de tasse (13)	1 tasse (17,2)	1 1/2 tasse (25,8)
Groseilles glaces/sans sucre	1/4 de tasse (4)	1/2 tasse (8)	1 tasse (16)	1 1/4 de tasse (20)	1 1/2 tasse (24)
Cantaloup - rondelles	1/2 tasse (5.7)	3/4 de tasse (8.6)	1 tasse (11,4)	1 3/4 de tasse (20)	2 tasses (22,8)
Cerises - en boîte	1/4 de tasse (5.4)	1/2 tasse (10,9)	3/4 de tasse (15,7)	1 tasse (21)	1 1/4 de tasse (26,4)
- naturelles et sucrées	5 enteras (5.1)	10 enteras (10,2)	15 enteras (15,3)	20 enteras (20,4)	25 enteras (25,5)
- sucrées et en boîte	*	1/4 de tasse (7,3)	1/2 tasse (14,6)	2/3 de tasse (19,5)	3/4 de tasse (22)
Pommes sauvages	*	1/4 de tasse (8.3)	1/2 tasse (11)	3/4 de tasse (16,5)	1 tasse (22)
Myrtilles	1/3 de tasse (4)	3/4 de tasse (8)	1 tasse (12)	1 1/2 tasse (16)	2 tasses (24)
Sauce de myrtilles/gelée	2 cuillérées (4.6)	1 cuillérée (7)	2 cuillérées (14)	*	*
Groseilles noires	1/2 tasse (5.6)	3/4 de tasse (8,4)	1 tasse (11,2)	1 1/2 tasse (16,8)	2 tasses (22,4)
Dattes sèches	*	1 entier (6)	2 entiers (12)	3 entiers (18)	4 entiers (24)
Figues - naturelles	1/2 moit. (4.8)	1 moit. (9,6)	1 1/2 moit. (14,4)	2 moit. (19,2)	2 1/2 moit. (24)
- sèches	*	*	1 entier (12,2)	1/2 entier (18,3)	2 entiers (24,4)
Macédoine – en boîte	1/4 de tasse (5.2)	1/2 de tasse (10,4)	3/4 de tasse (15,6)	1 tasse (20,8)	1 1/4 de tasse (26)
Salade de Fruits	*	1/3 de tasse (10,6)	1/2 tasse (16)	1/2 tasse (16)	3/4 de tasse (24)
Pamplemousse - naturel	1/4 (4.4)	1/2 moitié (8,8)	3/4 entiers (12,4)	1 entier (17,6)	1 1/2 entiers (26,4)
- en boîte/jus	1/4 de tasse (5.5)	1/3 de tasse (7,4)	2/3 de tasse (14,8)	3/4 de tasse (16,7)	1 tasse (22,2)
Raisins - sin graines	1/3 de tasse (5.3)	1/2 tasse (7,6)	1 tasse (15,8)	1/3 de tasse (21,1)	1 tasse 1/2 (23,4)
Goyave - naturelle	1/2 moit. (5.3)	1 moit. (10.7)	1 1/2 moit. (16)	2 moit. (21,4)	2 1/2 moit. (25,7)

Miel	1/4 de tasse (3.9)	1/2 tasse (7,8)	1 tasse (15,6)	1/4 de tasse (19,5)	1 1/2 tasse (26,5)
Kiwi	1/2 moit. (4.4)	1 moit. (8.7)	1 1/2 moit. (13)	2 moit. (17,4)	21/2 moit. (21,7)
Peau de citron	*	*	*	*	*
Citron	1 moit. (5.4)	2 moit. (10.8)	3 moit. (16,2)	4 moit. (21,6)	5 moit. (27)
Lime	1/2 moit. (3.5)	1 moit. (7.1)	2 moit. (14,2)	*	*
Mandarine – tétra brick	*	1/3 de tasse (8)	1/2 tasse (11,9)	3/4 de tasse (17,9)	1 tasse (23,8)
Mangue	*	1/4 de tasse (8,3)	1/2 tasse (16,5)	2/3 de tasse (21,1)	3/4 de tasse (24,8)
Nectarine	*	1/2 moit. (6.9)	1 moit. (13,8)	1 1/2 moit. (20,7)	2 moit. (27,6)
Orange, valencienne ou navelin	1/2 moit. (5.5)	3/4 moit. (8.6)	1 moit. (11,5)	1 1/2 moit. (17)	2 moit. (23)
Papaye	*	1/4 moit. (6.8)	1/2 moit. (13,5)	3/4 moit. (20)	1 moit. (27)
Fruit de la passion	1 moit. (4.2)	2 moit. (8.4)	3 moit. (12,6)	5 moit. (21)	6 moit. (25,2)
Pêche	1/2 moit. (4.2)	1 moit. (8.3)	1 1/2 moit. (12,5)	2 moit. (16,6)	3 moit. (25)
- en boîte	1/3 de tasse (5)	3/4 de tasse (11,1)	1 tasse (14,9)	1 1/3 de tasse (20)	1 3/4 de tasse (26)
- séchée par moitiées	*	1 moitiée (8)	1 1/2 moitiées (12)	2 moitiées (16)	3 moitiées (24)
Poire	1/4 moit. (5.2)	1/2 moit. (10,4)	3/4 moit. (15,6)	1 moit. (20,8)	1 1/4 moit. (26,4)
-en boîte	1/4 de tasse (4.8)	1/2 tasse (9,5)	3/4 de tasse (14,3)	1 tasse (19,1)	1 1/4 de tasse (23,8)
- sèche par moitiés	*	1/2 moitié (6,1)	1 moitié (12,2)	1 1/2 moitié (18)	2 moitiés (24,4)
- asiatique	1/4 moit. (3,3)	3/4 moit. (9.9)	1 moit. (13,1)	1 1/2 moit. (19,6)	2 moit. (26,2)
Kaki	*	1 moit. (8.4)	1 1/2 moit. (12,6)	2 moit. (16,8)	3 moit. (25,2)
Ananas	1/4 de tasse (4.3)	1/2 tasse (8,7)	3/4 de tasse (13)	1 tasse (17,3)	1 1/2 tasse (26)
- en boîte/jus	*	1/4 de tasse (9.3)	1/3 de tasse (12,4)	1/2 tasse (18,6)	2/3 de tasse (24,8)
Prune	1/2 moit. (4.3)	1 moit. (8,6)	1 1/2 tasse (12,9)	2 moit. (17,2)	3 moit. (25,8)
Grenade	*	1/4 moit. (6.6)	1/2 moit. (13,2)	3/4 moit. (19,8)	1 moit. (26,4)
Raisins secs	1 entière (5.3)	2 entières (10.6)	3 entières (15,9)	4 entières (21,2)	5 entières (26,5)
Coing	*	1/2 moit. (7)	1 moit. (14)	1 1/2 moit. (21)	1 3/4 moit. (24,5)
Raisins de Corinthe	*	*	1/8 de tasse (13,9)	2/8 de tasse (13,9)	1/4 de tasse (27,8)
Framboises	1/2 tasse (4.2)	1 tasse (8.4)	1 3/4 de tasse (14,7)	2 tasses (16,8)	3 tasses (25,2)
Fraises	3/4 de tasse (5)	1 1/2 tasse (9.9)	2 tasses (13,2)	3 tasses (19,8)	4 tasses (26,4)
- surgelées sans sucre	1/3 de tasse (4,5)	1/2 tasse (6.8)	1 tasse (13,6)	1 1/2 tasse (20,4)	2 tasses (26,2)
Mandarine crue	1/2 moit. (4.7)	1 moit. (9.4)	1 1/2 moit. (14,1)	2 moit. (18,2)	2 1/2 moit. (23,8)
Pastèque en tranches	1/2 tasse (5.5)	3/4 de tasse (8,3)	1 tasse (11)	1 1/2 tasse (16,5)	2 tasses (22)

Contenu effectif d'hydrates de carbone dans les Pains, les Céréales et les Graines

Aliment	Portion de 5 gram.	de 10 grammes	de 15 grammes	de 20 grammes	de 25 grammes
Gimblette	*	* 1	/2 moit. (15)	1/2 moit. (15)	1 petite (27)
Biscuit - petit (3/4 once)	1/2 petit (4,8)	1 petit (9,7)	1 1/2 petit (14,5)	2 petits (19,4)	2 1/2 petites (24,2)
- moyen (1 once)	*	1/2 moit. (6)	1 moit. (12)	1 1/2 moit. (18)	2 moit. (24)
-grand (2 onces)	*	*	*	1/2 grand (16)	1/2 grand (16)
Pain de Boston	*	1/2 tranche (10)	3/4 tranche (15)	1 tranche (20)	1 tranche (20)
Pan de Pita (petit sachet)	*	1/2 petit sachet (10,1)	1/2 petit sachet (10,1)	1 petit sachet (20,3)	1 petit sachet (20,3)
Pain avec raisins de Corinthe - tranche	*	1/2 tranche (6,3)	1 ranche (12,6)	1 1/2 tranches (18,9)	2 tranches (25,2)
Pain de sandwich - tranches	*	1/2 tranche (6)	1 tranche (12)	1 1/2 tranches (18)	2 tranches (24)
- light/en tranches	1/2 tranche (3,5)	1 tranche (7)	2 tranches (14)	2 1/2 tranches (17,5)	3 tranches (21)
Croûton de sésame	2 croûtons (5,3)	4 croûtons (10,6)	5 croûtons (13)	7 croûtons (18,2)	9 croûtons (23,4)
Croûtons light	*	1/2 croûton (8,3)	3/4 croûton (12,5)	1 croûton (16,6)	1 1/2 croûtons (24,9)
Petits pains ou pains d'hamburger	*	1/2 petit pain (10)	1/2 petit pain (10)	1 petit pain (20,1)	1 petit pain (20,1)
- light	*	1/2 petit pain (7)	1 petit pain (14)	1 1/2 petit pain (21)	1 1/2 petit pain (21)
Couscous cuit	*	1/4 de tasse (10)	1/3 de tasse (13,6)	1/2 tasse (20,5)	2/3 de tasse (26)
Crackers	2 crackers (4)	4 crackers (8)	6 crackers (12)	10 crackers (20)	12 crackers (24)
- avec du seigle ou du sésame	2 pièces (4)	5 pièces (10)	7 pièces (14)	10 pièces (20)	12 pièces (24)
Apéritifs au fromage	8 unités (4.8)	15 unités (9)	25 unités (15)	30 unités (18)	40 unités (24)
Farines					
- maïs complet	*	2 cuillérées (10)	3 cuillérées (15)	4 cuillérées (20)	5 cuillérées (25)
- avoine	*	4 cuillérées (11,7)	5 cuillérées (15)	6 cuillérées (18)	8 cuillérées (24)
- farine de riz - marron	*	1 cuillérée (7,5)	2 cuillérées (15)	2 cuillérées (15)	3 cuillérées (22,5)
- farine de seigle	*	2 cuillérées (10)	3 cuillérées (15)	4 cuillérées (20)	5 cuillérées (25)
- farine de soja	1/4 tasse (5,5)	1/3 de tasse (8,3)	1/2 tasse (12,5)	2/3 de tasse (16,6)	1 tasse (25)
- germe de blé	1/8 de tasse (5,3)	1/4 de tasse (10,6)	1/3 de tasse (14)	1/2 tasse (21,2)	2/3 de tasse (26)
- farine blanche	*	2 cuillérées (10,5)	3 cuillérées (15)	4 cuillérées (20)	5 cuillérées (25)
- farine complète	*	2 cuillérées (9)	3 cuillérées (13,5)	4 cuillérées (18)	5 cuillérées (24)

Gâteaux de graines - moulues					
(riz, avoine, blé, maïs,					
sésame, orge)	1/2 gâteau (3,5)	1 gâteau (7)	2 gâteaux (14)	3 gâteaux (21)	3 gâteaux (21)
Toast Melba	2 pièces (4)	5 pièces (10)	7 pièces (14)	10 pièces (20)	12 pièces (24)
Madeleines	*	*	1/2 madeleine (13)	3/4 de madeleine (19,5)	1 madeleine (26,2)
- maïs	*	1/2 madeleine (10)	3/4 de madeleine (15)	1 madeleine (20)	1 madeleine (20)
- avoine	*	1/2 madeleine (7,5)	1 madeleine (15)	1 madeleine (15)	1 1/2 madeleine (22,5)
Flocons d'avoine	*	*	1/2 tasse (15)	1/2 tasse (16,5)	2/3 de tasse (22)
Tortitas	*	1/2 tortita (6)	1 tortita (12)	1 1/2 tortita (18)	2 tortitas (24)
Tortitas - Spongieuses	*	1 portion (10)	1 1/2 portion (15)	2 portions (20)	2 1/2 portions (25)
Pâtes					
(nouilles à l'oeuf, spaghettis,					
macaronis cuits)	*	1/4 de tasse (10)	1/3 de tasse (13)	1/2 tasse (20)	3/4 de tasse (26,6)
(Nouilles chinoises)	*	1/3 de tasse (8,7)	1/2 tasse (13)	3/4 de tasse (20)	1 tasse (26)
(Nouilles avec du riz)	*	1/4 de tasse (10)	1/3 de tasse (13)	1/2 tasse (21)	3/4 de tasse (26)
Lasagne - cuite	*	1/2 once (10)	2/3 de once (13)	1 once (20)	1 1/4 once (25)
Tourte croustillante (Keebler, Pillsbury					
All Ready 9''diamt.)	*	*	1/8 de croûte (15)	1/6 de croûte (20)	1/5 de croûte (24)
Pizza					
(petite, pâte fine)	*	*	1/8 de croûte (15)	1/6 de croûte (20)	1/5 de croûte (24)
Riz complet cuit	1/8 de tasse (5,2)	1/4 de tasse (10,4)	1/3 de tasse (13,5)	1/2 tasse (20,9)	2/3 de tasse (25)
- blanc	1/8 de tasse (5,3)	1/4 de tasse (10,5)	1/3 de tasse (14)	1/2 tasse (21)	2/3 de tasse (25)
Riz frit	1/8 de tasse (5,2)	1/4 de tasse (10,5)	1/3 de tasse (14)	1/2 tasse (21)	1/2 tasse (21)
Risotto cuisiné	*	1/8 de tasse (6)	1/4 de tasse (12)	1/3 de tasse (16)	1/2 tasse (24)
Omelettes					
(maïs, frite, taco,					
tortita, petite)	*	1 tortita (7)	2 tortitas (14)	3 tortitas (21)	3 tortitas (21)
(farine, fajita, petite)	*	1/2 petite (7,5)	1 petite (15)	1 petite (15)	1 1/2 petite (22)
Gaufre	*	*	1/2 gaufre (13)	3/4 de gaufre (19,5)	1 gaufre (26)
surgelée, petit	*	1/2 gaufre (7)	1 gaufre (14)	1 1/2 gaufre (21)	1 1/2 gaufre (21)

Contenu effectif d'hydrates de carbone dans les Légumes

Aliment	Portion de 5 grammes	de 10 grammes	de 15 grammes	de 20 grammes	de 25 grammes
Artichaut	*	1/2 moyenne (6,7)	1 moyenne (13,4)	1 1/2 moy. (20,1)	2 moy. (26,8)
Asperges	10 asperges (4)	20 asperges (8)	30 asperges (14,5)	sans limite	sans limite
- en boîte	1 tasse (5,6)	1 1/2 tasse (8,4)	2 1/2 tasse (14)	3 tasses (16,8)	4 tasses (22,4)
- surgelées	6 asperges (8,2)	13 asperges (9,5)	20 asperges (14,6)	sans limite	sans limite Pain de Boston
Bambou	1 tasse (4)	2 tasse (8)	3 tasse (12)	5 tasse (20)	6 tasse (24)
- en boîte	1 tasse (4,6)	2 tasses (9,2)	3 tasses (13,8)	sans limite	sans limite
Betterave	1/8 tasse (4,2)	1/4 tasse (8,4)	1/3 tasse (11,1)	1/2 tasse (16,8)	3/4 tasse (25,2)
- sous vide	1/8 tasse(4,9)	1/4 tasse (9,9)	1/3 tasse (13,2)	1/2 tasse (19,8)	2/3 tasse (26,4)
Brocoli	2 tasses (4,4)	sans limite	sans limite	sans limite	sans limite
- surgelé	3/4 tasse (4,4)	1 1/2 tasse (8,7)	2 1/2 tasse (14,5)	3 tasses (17,4)	4 tasses (23,2)
Choux de Bruxelles	5 choux (4,3)	11 choux (9,4)	15 choux (12,8)	17 choux (14,5)	25 choux (21,3)
- surgelés avec du fromage	*	* 1/2 tasse (12,5)	3/4 tasse (18,8)	1 tasse (25)	
Choux pommé	3 tasses (2,4)	sans limite	sans limite	sans limite	sans limite
Carottes	1 moyenne (5)	2 moy. (10)	3 moy. (15)	4 moy. (20)	5 moy. (25)
- surgelée	1/2 tasse (4,7)	1 tasse (9,4)	1 1/2 tasse (14,1)	2 tasse (18,8)	2 1/2 tasse (23.5)
Chou-fleur	2 tasses (5,2)	4 tasses (10,4)	5 tasses (13)	sans limite	sans limite
Céleri	4 branches (3,6)	sans limite	sans limite	sans limite	sans limite
Bette	3/4 tasse (5,4)	1 tasse (7,2)	2 tasses (14,4)	2 1/2 tasses (19,8)	3 tasses (21,6)
Pois chiches	*	1/4 tasse (10)	1/3 tasse (13,3)	1/2 tasse (20)	2/3 tasse (26,6)
Ciboule	sans limite	sans limite	sans limite	sans limite	sans limite
Choux	1/3 tasse (5)	1/2 tasse (7,5)	1 tasse (15)	1 1/3 tasse (20)	1 2/3 tasse (25)
Maïs	*	1/4 tasse (8,5)	1/3 tasse (11,3)	1/2 tasse (17)	2/3 tasse (22,6)
Concombre	1/2 moyen (3)	1 moy. (6)	2 moy. (12)	3 moy. (18)	4 moy. (24)
Endives	2 tasses (3,2)	4 tasses (6,4)	sans limite	sans limite	sans limite
Haricots blancs	1/8 tasse (3,9)	1/4 tasse (7,8)	1/2 tasse (15,5)	2/3 tasse (20,6)	3/4 tasse (23,3)
Ail	3 gousses (3)	sans limite	sans limite	sans limite	sans limite

Haricots verts	1/2 tasses (3,8)	1 tasse (7,6)	2 tasses (15,2)	2 1/2 tasses (19)	3 tasses (22,8)
- surgelés	1/2 tasse (4,2)	1 tasse (8,4)	1 1/2 tasse (12,6)	2 tasses (16,8)	3 tasses (25,2)
Poireau	1/2 tasse (4)	1 tasse (8)	1 1/2 tasse (12)	2 tasses (16)	3 tasses (24)
Lentilles	*	1/4 tasse (8)	1/3 tasse (10,6)	1/2 tasse (16)	3/4 tasse (24)
Laitue	sans limite	sans limite	sans limite	sans limite	sans limite
- romaine	sans limite	sans limite	sans limite	sans limite	sans limite
Champignons	1 tasse (2,2)	sans limite	sans limite	sans limite	sans limite
- en boîte	1 tasse (5,6)	sans limite	sans limite	sans limite	sans limite
Oignon	1/2 tasse (5,6)	3/4 tasse (8,4)	1 tasse (11,2)	sans limite	sans limite
Persil	sans limite	sans limite	sans limite	sans limite	sans limite
Panais	*	1/3 tasse (8,7)	1/2 tasse (13,1)	2/3 tasse (17,5)	1 tasse (26,2)
Petits poids	1/4 tasse (5,1)	1/2 tasse (10,3)	3/4 tasse (15,5)	1 tasse (20,6)	1 1/4 tasse (25,8)
- en boîte	1/3 tasse (5,2)	1/2 tasse (7,8)	1 tasse (15,6)	1 1/3 tasse (20,8)	1 1/2 tasse (23,4)
Poivron	1 poivron (4,3)	2 poivrons (8,6)	3 poivrons (12,9)	4 poivron (17,2)	6 poivron (25,8)
Haricots	1/8 tasse (4,7)	1/4 tasse (9,3)	1/3 tasse (12,4)	1/2 tasse (18,6)	2/3 tasse (24,8)
Pomme de terre	*	1/4 moyenne (6)	1/2 moy. (12)	3/4 moy. (18)	1 moy. (24)
Courge	1/4 tasse (3)	1/2 tasse (6)	1 tasse (12)	1 1/2 tasse (18)	2 tasse (25,5)
Radis	sans limite	sans limite	sans limite	sans limite	sans limite
Rhubarbe	1/2 tasse (3,5)	1 tasse (7)	2 tasses (14)	3 tasses (21)	3 1/2 tasses (24,5)
Choucroute	1/2 tasse (5,1)	3/4 tasse (7,6)	1 tasse (10,2)	2 tasses (20,4)	2 1/2 tasses (26,5)
Épinards	sans limite	sans limite	sans limite	sans limite	1,4 grammes par tasse
- surgelées	1 tasse (3,1)	3 tasses (9,3)	5 tasses (15,1)	sans limite	sans limite
- en boîte	3 tasses (3,6)	sans limite	sans limite	sans limite	sans limite
Tomate	1 moyenne (4,1)	2 moy. (8,2)	3 moy. (12,5)	5 moy. (20,5)	6 moy. (24,6)
Navet	1 tasse (4,4)	2 tasses (8,8)	3 tasses (13,2)	4 tasses (17,6)	5 tasses (22)
Châtaigne	1/8 tasse (3,7)	1/4 tasse (7,4)	1/2 tasse (14,8)	2/3 tasse (19,7)	3/4 tasse (22,2)
Patate douce	*	1/4 tasse (9,4)	1/3 tasse (12,5)	1/2 tasse (18,8)	2/3 tasse (25)

Chapitre 6

Vitamines, Minéraux et Potassium

L'acide nicotinique soigne la pellagre, mais un bifteck la prévient.

HENRY E. SIGERIST, historien de la médecine

Pour que votre corps fonctionne, votre alimentation doit contenir suffisamment de micronutriments, vitamines, minéraux et potassium. Dans ce chapitre, vous apprendrez ce qu'ils sont et la quantité dont vous avez besoin pour être en bonne santé.

Il y a plus de 4000 ans, les Chinois remarquèrent que les personnes tombaient malade à cause d'une affection appelée *beriberi*, lorsqu'ils étaient soumis à un régime de riz raffiné. Ils ne savaient pas que certaines substances dans la peau du riz prévenaient la maladie. Maintenant nous savons qu'en retirant la peau, nous éliminons toutes les thiamines (vitamine B1) du riz, et le manque de thiamines cause le beriberi.

Depuis cette précoce découverte du manque de vitamines comme cause de maladies jusqu'à la récente étude qui démontre le pouvoir des antioxydants et de la photochimie comme protecteurs contre le cancer et les maladies cardiaques, tout pratiquant de santé, médecin, vendeur d'huile de serpent, vendeur ambulant de médecine propre, guru de nutrition et scientifique ont depuis toujours su que la « balle magique » des micronutriments calmerait la souffrance et la maladie des êtres humains.

En même temps que le débat sur les vitamines continues, l'opinion publique est confuse sur ce thème. Devriez-vous compléter votre diète avec des vitamines et des minéraux ou confiez sur les micronutriments des aliments consommés ? Dans le cas où vous le complémentiez, que devriez-vous prendre et quelle quantité ? Est-ce le RDA (Apport quotidien recommandé) suffisante pour fournir une santé optime ou devriez-vous en prendre plus ? Quelles vitamines ou minéraux pourraient être bénéfiques en relation avec les troubles métaboliques liés à la résistance à l'insuline ?

Premièrement, le RDA pour les vitamines et les minéraux : les chercheurs médicaux et scientifiques pensent que même si une diète qui fournit le RDA des vitamines et minéraux essentiels évitait le développement de troubles et maladies importants, elle serait malheureusement insuffisante pour assurer une santé adéquate et être à la hauteur nécessaire. Par exemple, le RDA de la vitamine E est de 10 milligrammes par jour, mais quelques études récentes ont démontré que cet antioxydant prévoit des maladies cardiaques (et d'autre maladies liées au vieillissement) s'il est consommé en des doses six, dix ou même *quarante* fois supérieures.

Ayez la tranquillité que notre programme, même dans ces phases plus strictes, vous fournira une opportunité ample pour consommer chaque vitamine, minéral et nutriment essentiel dans les quantités nécessaires pour arriver ou surpasser le RDA et, le faire ou non, dépendra de vos goûts et préférences. Comme George Bush et son aversion au brocoli, nous avons tendance à consommer les aliments que nous aimons et évitons ceux qui ne nous plaisent pas, même s'ils sont plus riches en micronutriments bénéfiques. Puisque notre objectif est de vous aider à récupérer la santé et vaincre les problèmes que la société de consommation alimentaire vous a provoqués, nous vous demandons d'assurer l'équilibre des micronutriments de votre alimentation, en le complémentant avec une tablette de vitamines diverses et générales, minérales et potassium.

Pour une bonne santé générale, vous nécessitez d'une quantité adéquate de toutes les vitamines et minéraux. Cependant, certaines vitamines et minéraux ont un comportement spécial sur la résistance à l'insuline et les troubles produits par celle-ci1.

Les Vitamines

Généralement, les vitamines de votre corps facilitent certaines réactions chimiques. Par exemple, votre corps doit avoir de la vitamine C (acide ascorbique) pour produire le collagène fort, la protéine structurelle principale dans le corps, qui exerce comme cadre des os, de la fibre musculaire, des tendons, des ligaments, de la peau et des cheveux, et produit des tissus dans les cicatrices pour soigner les blessures. Sans une quantité adéquate de vitamine C, le collagène produit serait faible et de pauvre qualité structurelle. Il se casserait facilement. Lorsque les personnes manquent de vitamine C, elles ont des hématomes facilement, leurs dents sont peu solides et tombent, elles perdent des cheveux, leurs gencives saignent, leurs blessures ne se soignent pas correctement, leurs articulations s'affaiblissent et, finalement, elles souffrent d'hémorragies (des parois faibles des vaisseaux sanguins) et meurent. Cette maladies,

[1]Pour répondre à votre question sur l'utilisation du complément vitaminique et minéral,pourprévenir ou traiter d'autres choses en plus de celles qui sont liées à l'insuline, voir The Doctor's Complete Guide to Vitamins and Minerals par Mary Dan Eades, M. D. (New York, 1994)

causée par un manque de vitamine s'appelle scorbut et détruit presque la marine de guerre de beaucoup de pays jusqu'à ce que la Grande Bretagne qu'il pouvait se prévenir en donnant à ses marins des quantités de lime et citron pendant la navigation.

Cette mesure de prévention créa l'idée erronée que les fruits citriques étaient la seule bonne source de vitamine C1 de l'alimentation. Mais, à la fin des années 1920, l'explorateur de l'Arctique, Vilhjalmur Stefansson prouva que ceci n'était pas vrai. Il découvrit que le poisson et la viande fraîche cuisinés légèrement contiennent une substance très similaire à la vitamine C (de même que d'autres micronutriments citriques) qui prévient le scorbut et d'autres maladies. Le *Journal of the American Medical Association* informa que Stefansson, après avoir passé une année entière sous un régime à base de viande fraîche et d'eau, non seulement ne mourut pas, comme le journal avait prévu, mais retourna plus sain, plus mince, avec des niveaux de cholestéro[l] plus bas (selon le seul appareil de laboratoire de maladies cardiaques disponible à la fin des années 1920) et plus sain en tous les aspects.

Néanmoins, à moins que vous puissiez obtenir de la viande fraîche régulièrement et vous aimiez la faire peu cuisinée, vous devrez obtenir la vitamine C d'un autre côté. Selon le RDA, votre consommation quotidienne de vitamine C devrait être de 60 milligrammes, plus ou moins la quantité contenue dans la moitié d'une orange. Pour la plupart des personnes, ceci suffira pour prévenir le développement du scorbut. Mais ce n'est qu'une face de la monnaie. Quelle quantité de vitamine C devriez-vous prendre pour améliorer votre santé ? C'est la question sur laquelle se centrait le prix Nobel Dr. Linus Pauling pendant les quatre dernières décades de son illustre carrière. Il pensa que, puisque les êtres humains sont l'une des quatre espèces (avec d'autres primates, les porcs et les chauves-souris qui mangent des fruits) qui ne possèdent plus l'habilité de produire de la vitamine C, nous devrions obtenir par notre alimentation la quantité que produisent automatiquement d'autres espèces. Il conclut donc que le RDA es malheureusement inadéquat. Nous n'avons pas besoin de 60 milligrammes, mais plutôt de 6 000 à 20 000 milligrammes. En fonction de la dimension du corps, le Dr. Pauling calcula sa propre dose, de 20 000 milligrammes (20 grammes), qu'il prenait sans faute. Et pendant la dernière décade de sa vie (il mourut récemment à l'âge de quatre-vingt-treize ans), il centra ses recherches et son temps à l'étude du rôle des vitamines dans la prévention et traitement des maladies, du simple rhume et l'artériosclérose jusqu'au cancer. Nous vous recommandons de compléter votre diète avec une consommation quotidienne d'un gramme (1 000 milligrammes) de vitamine C, de la vitamine E et du bêta carotène, formant ainsi le groupe des antioxydants. La vitamine C reste dans le corps pendant douze heures, donc vous pouvez aller au-delà de la recommandation d'un gramme et augmenter votre dose, une fois le matin et une fois le soir.

Les Antioxydants

Chaque jour, ce monde moderne est inondé de substances toxiques – la pollution de l'air en forme de fumée et toxines industrielles, fumée de cigarettes, aditifs et d'autres substances chimiques dans l'eau, la nourriture ou les médicaments et la radiation – mais la plus commune et, potentiellement, la plus dangereuse de toutes est celle dont nous avons besoin pour vivre : l'oxygène. Vous pouvez ne pas savoir qu'il est nuisible car il est généralement bénéfique, mais vous devez également savoir que l'exposition à l'oxygène peut transformer une voiture en un tas de fer oxydé, une rondelle de pomme en un tas de bouillie marron, et une étincelle en un enfer furieux. Cette substance possède une dualité : elle peut créer et détruire. L'oxygène alimente le feu métabolique qui brûle dans notre organisme et nous donne la vie, mais il peut causer un malaise étendu, appelé *oxydation* (le même qui oxyde un véhicule), par la formation de substances réactives, les *radicales libres*. Quelle est la relation entre ceci et le chaos métabolique total de la résistance à l'insuline ?

C'est l'oxydation des molécules du cholestérol qui les fait plus réactives et les anime à rester sur les parois artérielles, en formant des plaques et en causant des crises cardiaques. L'oxydation des graisses altère leur structure et interrompt leur entrée dans le flux des eicosanoïdes. Ceci entraîne une surproduction d'eicosanoïdes « mauvais », ce qui conduit à la coagulation du sang, produisant des crises cardiaques ou apoplexies, ou à l'inflammation de ces eicosanoïdes, causant des douleurs aux articulations ou allergies, facilitant l'asthme ou une urticaire. L'oxydation d'autres tissus corporels les fait vieillir, menant à des malaises liés à l'arthrite, les rides et les cataractes. Et c'est également l'oxydation qui nuit les cellules en facilitant le développement du cancer.

Comment l'oxydation peut-elle faire ces choses- là ? Le corps humain est formé par des billions de cellules et ces cellules par des billions d'atomes et ces atomes se composent de particules chargées appelées *protons* et *électrons*. Les protons, chargés positivement, sont au centre (ou noyau) des atomes avec les électrons, chargés négativement, tournant autour du noyau. Normalement, toutes les charges positives et négatives s'équilibrent, les électrons sont tous appareillés et les atomes sont en un état de neutralité électrique. Mais pour fonctionner, pour créer de l'énergie nécessaire à la vie, nous devons changer cet équilibre, en jonglant de forme contrôlée les électrons de chaque atome. Lorsqu'un atome perd l'un de ses électrons, il devient électriquement déséquilibré, avec une charge positive supérieure à la négative. Lorsque ceci arrive, nous l'appelons *radical libre*, un des électrons est seul ou libre dans l'orbite. Ce radical libre devient alors très réactif, à la recherche d'un électron libre qui substitue celui qu'il a perdu, et mettant en marche une réaction en chaîne d'électrons dérobés. Pendant que tout ce processus est contrôlé, tout va pour le mieux. Mais le développement de trop de radicales libres, de toxines, de fumée de cigarettes, de contamination et similaire, peut conduire au dommage des cellules, facilitant le développement de maladies et accélérant le processus de vieillissement.

Les antioxydants, comme leur propre nom indique, aident à prévenir les effets négatifs de l'oxygène et d'autres substances qui forment les radicales libres dans les tissus du corps et réduisent le risque de troubles comme les maladies cardiaques ou le cancer. Par exemple, une récente recherche médicale a démontré qu'un manque d'antioxydants de la vitamine C et des bêta carotènes (le précurseur de la vitamine A) peut contribuer au développement de l'hypertension. Et les vitamines C et E aident à réduire le risque de maladies cardiaques causées par l'artériosclérose des vaisseaux sanguins qui mènent le sang au coeur (et à d'autres endroits).

Vous trouverez la vitamine C dans des aliments comme le poivron, le brocoli, les citriques, le melon, les fraises, les tomates, le chou cru, les légumes avec des feuilles (comme les épinards, la moutarde et les navets), la viande fraîche et les rognons. Les sources de bêta carotène « bon » sont les carottes, le melon cantaloup (melon avec la pulpe orangée), les épinards, le brocoli, le potiron d'hiver et les abricots. Les graines, les noix et les huiles dérivées d'elles, spécialement la graine de tournesol (les pipas) et les amandes sont les aliments plus riches en vitamine E. Suivant les directrices de notre programme d'alimentation, vous tournerez autour de ce type d'aliments, puisque, comme ils proviennent des fruits et des légumes, ils contiennent moins d'hydrates de carbone et plus de fibres. Si vous aimez ces aliments et vous les mangez fréquemment, très bien. Vous devriez toujours vous rassasier d'antioxydants et d'autres vitamines et minéraux nécessaires, provenant de la nourriture.

Ne vous préoccupez pas si vous prenez trop de vitamine C, puisqu'elle ne peut pas se stocker ni vous nuire. Si vous êtes comme beaucoup de nos patients qui préfèrent des « légumes » comme le ketchup, les pommes de terre, le maïs, les haricots, le riz et les pâtes, n'oubliez pas ne prendre également le complément d'antioxydants, bêta carotènes et vitamines C et E. Ces aliments peuvent être des légumes mais surtout riches en amidon, comme le pain et les céréales, et vous savez qu'ils ne sont pas très contraignants. Vous souvenez-vous des égyptiens ?

LES VITAMINES B ESSENTIELLES

En plus des antioxydants, votre alimentation doit inclure toutes les autres vitamines mais surtout celles du groupe B. Pour faire un usage correct des protéines, des hydrates de carbone et des graisses des aliments que vous mangez, pour les transformer en muscle, sang, enzymes et énergie, votre corps doit avoir un approvisionnement régulier de toutes les vitamines du groupe B. Ce groupe, ni acine, thiamine et vitamines B5, B6, et B12, fonctionne indépendamment en lui-même, de manière que, si vous substituez l'une d'elles, vous devriez toutes les substituer. Prenez tout le groupe B et non seulement les vitamines B12, ou B6. Pour que le groupe de vitamines B fonctionne correctement, vous devez avoir également une quantité suffisante d'acide folique. La vitamine C, les vitamines B et l'acide folique sont solubles dans l'eau. Il faut donc que vous les substituiez chaque jour en mangeant les aliments qui les contiennent ou sous forme de compléments.

Vous trouverez que les sources d'aliments plus riches en vitamines B sont les viandes, et spécialement les entrailles (comme les rognons ou le foie), la viande des muscles (le veau, le porc, le gibier et le poulet), les fruits de mer (comme les huîtres et les clovisses) mais aussi les poissons (thon et saumon), le jaune d'oeuf et le fromage ou le lait, spécialement le lait *en poudre*. D'autres sources de vitamines B sont les noix, les cacahuètes, les pipas, le sésame et les avocats.

L'ACIDE FOLIQUE POUR LES CORPS FORTS

L'acide folique, qui est principalement dans le foie, les légumes à feuilles vertes et dans la levure de la bière, aide votre corps à produire des protéines et du sang, la pierre angulaire d'une masse corporelle maigre saine et forte. Votre corps nécessite également une grande quantité de cet acide pour pouvoir absorber les vitamines B. La consommation de pilules contraceptives réduit le stockage d'acide folique. Donc, les jeunes femmes qui utilisent cette forme de contraception doivent prendre un extra d'acide folique pour perdre de la graisse et réhabiliter leur nutrition.

Les Minéraux

Le Fer : Un motif pour manger de la Viande Rouge

Si vous évitez de manger de la viande rouge, non pas pour des raisons philosophiques ou religieuses, mais parce qu'on vous a dit qu'elle n'est pas saine pour vous, réjouissez-vous ! La viande rouge non seulement vous fournit beaucoup de protéines de bonne qualité et grande quantité de chacune des vitamines B, mais elle est aussi une bonne source, sinon la meilleure, en fer. Le fer, qui s'appelle *fer hème* dans la viande rouge elle-même entourée de protéines, facilite que la région gastro-intestinale l'absorbe plus facilement et de manière plus complète. Pour cette raison, les végétariens et d'autres personnes qui ne peuvent pas manger de la viande rouge ont tendance à développer une déficience de fer et de l'anémie, même si leurs aliments contiennent de grandes quantités de fer venant des céréales et des légumes. Les épinards et d'autres légumes de feuilles vertes contiennent beaucoup de fer, mais elles sont entourées de composants (appelés phytates) que l'intestin humain ne peut absorber. La déficience de fer et la malnutrition protéinique, causées par une alimentation sans viande et avec dépendance de céréales, expliquent le retard mental des pays du Tiers Monde et le développement des autres nations.

Si vous évitez manger de la viande rouge à cause de votre cholestérol, voyez le chapitre 13.

De même que l'intestin absorbera le fer hème entouré de protéines mieux que sous d'autres formes, il absorbera d'autres minéraux nécessaires en combinaison avec les protéines. La raison de cette meilleure absorption réside dans la forme sous laquelle les minéraux entrent dans l'intestin.

Transformez-nous en Quélatos s'Il Vous Plaît

La plupart des minéraux, particulièrement ceux qui sont dans les tablettes économiques de vitamines et minéraux, apparaissent sous la forme de sels. Dans le sel, le minéral se combine avec d'autres éléments : par exemple, le fer dans son état de sulfate de fer se combine avec le soufre et l'oxygène. Lorsque ces sels entrent dans notre estomac, elles se divisent en éléments individuels appelés ions [2]. La mucosité qui couvre le recouvrement de l'estomac est légèrement chargée, et attire les ions chargés positivement et négativement de même que s'attirent les pôles opposés d'un aimant. Sous la couverture de la mucosité, chaque cellule du revêtement de l'estomac à un canal minuscule, appelle *le canal de l'ion*, qui n'admettra qu'un ion chaque fois. Dû au fait que les ions rivalisent entre eux pour entrer dans le canal, la quantité de n'importe quel minéral qui arrive à communiquer, dépendra de la quantité de celui-ci dans l'estomac en ce moment et aussi, s'il y a quelque chose d'autre.

La technologie nous a offert une façon d'éviter l'embouteillage du seul canal de l'ion. Le processus, appelé chélation, entoure chaque ion minéral d'une couverture d'aminoacides, le principal composant des protéines. Le déguisement fonctionne : le revêtement de l'estomac absorbe ces minéraux aminoacides chélatés comme s'il s'agissait de protéines. Ils ne doivent pas être en ligne pour être admis à travers le seul canal d'ion. En utilisant des minéraux chélatés, il peut absorber, complètement et de manière efficace, tous les minéraux nécessaires à une santé adéquate, de même que votre intestin absorbera mieux le fer hème. Pour cette raison, nous vous demandons que lorsque vous choisirez un complément vitaminique et minéral, assurez-vous qu'il

---

[2] Ne vous trompez avec notre recommandation de prendre du potassium comme du sel. Les électrolytes - potassium, sodium et chlorure – fonctionnent comme des ions.

contienne des minéraux tels que les aminoacides chélatés. De cette manière, vous saurez ce que vous réussissez et vous aurez l'avantage de savoir ce que vous avez payé. Vous trouverez quelques recommandations de compléments de vitamines et de minéraux chélates à la fin de ce chapitre.

Les Autres Minéraux

Le fer est l'un des nombreux minéraux que vous devriez inclure dans votre alimentation. Alors que certains minéraux, comme le bore, le iode, le molybdène et le zinc, ont un rôle considérable pour la santé, les minéraux suivants ont une importance spéciale entre les troubles métaboliques et la résistance à l'insuline.

Le Chrome

Le récepteur de l'insuline. La structure de ses cellules, qui normalement deviennent résistantes à l'insuline, nécessite de chrome pour fonctionner correctement. La déficience du chrome s'étend facilement et affecte 90 pour cent de la population américaine. Une alimentation riche en amidon et sucre produit une haute demande du système de l'insuline pour contrôler l'entrée d'hydrates de carbone, et cette exigence réduit le chrome. La normalisation de vos niveaux de chrome nécessitera que vous preniez un complément, puisque ça ne sera pas immédiat. Une consommation quotidienne de 200 microgrammes sera nécessaire, mais la source la plus riche, comme la bière, ne contient que la pauvre quantité de 2 microgrammes par gramme (le foie et le poivre noir en contiennent encore moins). L'exercice physique intensif cause un épuisement du chrome, d'où votre besoin de le récupérer si vous avez consommé des hydrates de carbone : des pâtes, des pommes de terre et des bagels (gimblette) sans sucre avant de courir, monter en vélo ou nager.

Le rôle crucial du chrome dans le maintien du fonctionnement adéquat de l'insuline est de vous aider à transformer votre corps en quelque chose de plus léger et sain. La quantité adéquate de chrome vous aidera à prendre des kilos de muscles fermes et, à travers l'interaction avec le système hormonal de la thyroïde, à brûler des graisses efficacement.

Si vous avez une envie de sucre, le manque de chrome pourrait être l'origine du problème. Dû au fait qu'un manque de chrome augmente les envies de sucre, un cercle vicieux se stimule: le manque de chrome stimule une envie de sucre et vous amène à manger des aliments sucrés, ce qui réduit le chrome et aggrave votre envie, et ainsi de suite. Si vous suivez notre recette de macronutriments et vous la complémentez avec du chrome chélaté ou entouré de ni acine, vous devriez commencer à voir la diminution de vos envies, dans les premières semaines.

Vous pouvez ajouter un complément de chrome à votre régime de vitamines si vos multi vitamines et minéraux contiennent moins de 200 microgrammes. Même si ceci donne un marge de réponse, en cas de diminution du chrome, vous devriez continuer à prendre ces minéraux chaque jour pour avoir vos stock pleins, spécialement si vous faites du sport.

Calcium et Magnésium : Beaucoup plus que les Constructeurs du Corps

Vous savez très sûrement que le calcium est un minéral constructeur d'os et, en réalité, 99 pour cent du calcium de votre corps se stocke dans le squelette. Ce que vous ne savez sûrement pas, c'est que le calcium et son minéral pareil, le magnésium, jouent un rôle très important dans la transmission de signaux nerveux et dans la contraction des fibres musculaires, et participent dans le développement de la pression artérielle élevée. Les déficiences de ces deux minéraux peuvent contribuer à l'augmentation de la pression, et la correction de ces déficiences peut faire diminuer cette pression. Notre programme vous encourage à manger des aliments qui vous fournissent du calcium et du magnésium : les noix, les légumes secs, les légumes verts, les fruits de mer, le foie, le veau, les jaunes d'oeufs, les choux pommés, les choux-fleurs et les produits laitiers. Si vous ne mangez pas ces aliments, vous devriez les substituer dans votre alimentation par du calcium et du magnésium, sur la liste de compléments vitaminiques et minéraux décrits à la fin de ce chapitre.

La consommation d'une alimentation plus riche en protéines et graisses augmente votre habileté à absorber le calcium et, jusqu'à un certain point, le magnésium. Et vous avez de la chance. En même temps que vous mettez en exécution ce régime, pour renforcer votre masse corporelle maigre, le besoin de ces minéraux augmentera.

Sélénium : Le Puissant Augmentateur de la Tension Immune

Avec la vitamine antioxydant E, ce minéral antioxydant crée la corbeille de l'organisme pour les radicales libres, et produit le puissant antioxydant protecteur, le glutathion. Celui-ci stimule un système immun sain pour nous défendre des infections, peut nous protéger du développement du cancer, et nous aide à ralentir le processus de vieillissement. Le manque de sélénium peut également contribuer à avoir un cholestérol élevé.

Notre programme vous offre la chance de manger, en grandes quantités, les aliments contenants le plus de sélénium : fruits de mer, viande des entrailles et des muscles. Les graines peuvent contenir du sélénium provenant de la terre où elles poussèrent. Les fruits et légumes en contiennent très peu. Et ceci signifie, qu'à nouveau, les végétariens qui utilisent notre programme pour corriger les troubles liés à l'insuline (spécialement ceux du cholestérol élevé) devront faire confiance aux compléments de sélénium.

Potassium : Un puissant Niveleur

Lorsque vous commencerez notre programme, votre insuline baissera rapidement et le premier phénomène correctif que vous observerez probablement sera la perte d'eau. Les changements métaboliques enverront un signal important à vos reins, pour qu'ils libèrent l'excès de sodium et d'eau. Même si la libération de sodium est le principal objectif, le potassium, un autre sel, est également influencé. Pendant les phases initiales, spécialement pendant les premières semaines et la Première phase, votre perte de potassium par l'urine s'accélérera dramatiquement. Si vous réalisez des exercices physiques importants et vous transpirez énormément, vous perdrez plus de potassium encore. Si vos niveaux de potassium baissent de trop, vous pouvez souffrir de faiblesse, des crampes musculaires, de la fatigue et de l'asphyxie.

Le niveau de potassium dans votre sang doit toujours être dans des limites strictes pour qu'il puisse jouer son rôle dans la transmission des impulsions nerveuses, les contractions musculaires et le maintien de la pression artérielle. Il se trouve principalement dans les cellules de notre corps et il joue comme une mémoire intermédiaire, pour conserver la quantité de sang relative et constante en situations normales. Mais la perte accélérée de l'excès de fluide, pendant les premières phases du programme, n'est pas une situation normale. Même si vous mangez des aliments riches en potassium, comme les melons cantaloup, les avocats, le brocoli, le foie, les produits laitiers et les citriques, il se peut que vous ne remplaciez pas ses pertes suffisamment. Pour cette raison, nous vous demandons de prendre une ou deux capsules de n'importe lequel de nos produits de la liste suivante, ou un autre produit commercial disponible, qui vous fournisse 90 mg de sels potassiques. Vous pouvez même utiliser l'indicateur qui compte les remplaçants des sels (Morton's Lite Salt ou le Nosalt, sels potassiques) pour vous assurer d'obtenir la quantité voulue.

Si vous prenez normalement un médicament contre l'hypertension ou la rétention de fluides, assurez-vous de consulter votre médecin ou pharmacien avant de le prendre. Quelques -uns des plus récents médicaments du marché pour ces situations préviennent la perte de potassium et pourraient trop élever celui-ci. De même qu'un niveau trop bas de potassium peut causer des problèmes, un niveau trop élevé peut aussi en être la cause. Une fois que le programme a fait son travail, il se peut que vous n'ayez plus à prendre votre médicament contre la pression artérielle, mais attendez toujours la confirmation de votre médecin. Et souvenez-vous de vous faire des analyses pour détecter des possibles interactions.

Les produits acceptables incluent :

Twinlab- Aspartate Potassique (99 mg)

Twinlab- Liquide K Plus (99 mg)

Source Naturelle K$-Mag Aspartate (99 mg)

Alacer - Les Facteurs K (92 mg)

KAL- KCL (99 mg)

À LA RECHERCHE D'UN COMPLÉMENT IDÉAL DE VITAMINES ET MINÉRAUX

Lorsque nous cherchons un complexe multi vitaminique et minéral de bonne qualité pour le recommander à nos patients, nous avons besoin de la combinaison d'un complément qui, même pour les plus délicats à l'heure de manger, les différentes préférences ou les restrictions philosophiques ou religieuses, conserve les besoins de micronutriments suffisants de tous nos patients. Si vous cherchez un de votre côté, essayez qu'il ressemble le plus à ceux de la liste suivante :

LES VITAMINES :

Bêta carotène (pour la vitamine A)	25.000 IU
Vitamine D3	50 IU
Acide ascorbique (vitamine C)	1.000 mg
Thiamine (vitamine B)	100 mg
Riboflavine (vitamine B2)	10 mg
Niacine (vitamine B3)	30 mg
Niacinamide	130 mg
Acide pantothénique (vitamine B5)	450 mg
Pyridoxine (vitamine B6)	15 mg
Cobalamine (vitamine B12)	250 mg*
Acide folique	2 mg
D-alpha tocophérol (vitamine E)	200 IU

* Microgrammes (1/1.000 d'un milligramme)

LES MINÉRAUX

(Ceux-ci devraient être comme les aminoacides chélatés ; cherchez les minéraux entourés de picolinate, citrate-maleate, aspartate...). Un exemple typique pourrait être le suivant :

Calcium (citrate-maleate)	500 mg
Magnésium (citrate-maleate)	250 mg
Potassium (citrate-maleate)	90 mg
Zinc (picolinate)	15 mg
Manganèse (picolinate)	15 mg
Bore (picolinate)	3 mg
Cuivre (picolinate)	1 mg
Chrome (entouré de niacine)	200 mcg*
Sélénium (picolinate)	200 mcg
Molybdène (picolinate)	100 mcg
Vanadium (picolinate)	100 mcg

* Microgrammes (1/1.000 d'un milligramme)

Les Produits Acceptables Incluent :

KAL- Vitamines multiples de haute puissance.

Twinlab- Tabulateur dual pour retenir et libérer. Formule minérale et méga vitaminique.

Aliments méga vitaminiques et minéraux multiples.

Laboratoires de Recherche Thorne-V capsules de nutriments essentiels (disponibles uniquement à travers de professionnels médicaux)

NOTE FINALE

Votre corps confie dans certains minéraux et vitamines qui le font fonctionner correctement, pour perdre de la graisse et renforcer les muscles et pour être sain. Pour assurer que votre alimentation égalise ou surpasse ces besoins, nous vous encourageons à prendre un complément de vitamines et minéraux chélatés tous les jours, similaire aux produits décrits ici.

Chapitre 7

La Formule ANTIVIEILLISSEMENT: L'Exercice

L'exercice est la clef. Plus j'en fais, mieux je me sens...

TED WILLIAMS

Ici, beaucoup plus qu'ailleurs, je vis une multitude autour de moi ; leurs hurlements étaient forts pendant que, avec des poids étonnants, ils utilisaient leurs poitrines pour pousser.

Vous êtes-vous retrouvés dans le quatrième cercle de l'enfer de Dante ? Non, vous êtes simplement sortis par la porte de votre club de santé. Partout où vous regardez, il y a des personnes gémissant, suant, s'efforçant, s'étirant et demandant des renseignements. Vous voyez des enthousiastes de la santé, depuis l'archétype du faible de 90 libres jusqu'à des garçons qui pourraient parier faire une course à Arnold Schwarzenegger. Toutes ces personnes différentes ont leurs propres théories sur « comment maximiser leur bien-être à travers de l'exercice ». Et ils ont leurs idées propres sur la meilleure stratégie de nutrition pour les aider le long de ce chemin. Le seul facteur qui les unit dans le chaos est que 99,9 pour cent de ces idées de nutrition sont erronées. Dans ce chapitre, vous apprendrez le rôle approprié que joue la nutrition dans le développement physique. Vous apprendrez le meilleur exercice, pour retarder la montre du vieillissement en même temps que vous augmentez votre tissu musculaire et vous brûlez l'excès de graisses.

L'exercice est absolument essentiel pour obtenir tout le plaisir d'une vie prolongée et saine. Ça sera dur, bien sûr, ça vous prendra du temps et beaucoup d'effort et vous aurez peur de nous, certaines fois. Mais, lorsque vous ne voudrez pas vous lever et faire ce que vous devez, souvenez-vous de l'une de nos citations préférées : « La seule fois que vous pouvez circuler au point mort dans la vie , c'est lorsque vous descendez de la montagne » (A. Roger Merril).

Les objectifs de tout exercice physique sont d'augmenter la force musculaire, l'endurcir et les améliorer. Les muscles augmentent la force, puisqu'ils s'étendent, deviennent plus denses et efficaces, exploitant leur approvisionnement de combustible. Ils conditionnent l'augmentation de l'approvisionnement de sang pour avoir plus d'oxygène pour brûler le combustible. Plus forts, les muscles conduisent à une réalisation meilleure des activités athlétiques, et des autres activités de la vie. Si l'on dédie le temps employé à l'exercice physique, pour un usage plus efficace, pour arriver à ces objectifs, la biochimie métabolique du corps participera mieux dans la création des conditions appropriées pour la croissance du muscle et de la santé. Commençons par voir une hormone dont nous n'avons pas encore parlé, et qui se rapproche d'une sorte d'élixir de la jeunesse.

L'Hormone de la Jeunesse

Avez-vous déjà eu cette expérience ? Vous vous levez très trop et vous allez travailler. Vous y dédiez toute la journée. Vous faites attention à votre alimentation et refusez de manger toute ce qui semble bon. Et vous rentrez chez vous où vous trouvez vos enfants adolescents tendus et à moitié endormis devant le téléviseur, avec un mélange de boîtes de pizzas, des rafraîchissements et emballages de bonbons. Et puis, ils vous demandent : « Qu'est-ce qu'on dîne ? ». Et vous bouillez intérieurement. Vous avez travaillé toute la journée, fait de l'exercice, continué la diète et vous avez toujours un bourrelet dont vous ne pouvez pas vous défaire. D'un autre côté, vos enfants passent la journée à ne rien faire et ne se lèvent que pour manger, ils mangent trois fois plus de quantité de calories que vous et ils sont minces, musclés et même plus forts que vous.

L'un des facteurs plus importants qui causent cette disparité injuste entre eux et nous est une substance magique appelée *hormone de croissance humaine*. Ils en ont beaucoup. Et nous non. Et ceci représente une énorme différence (normalement, nous avons les mêmes qu'eux mais nous n'arrivons pas à elles). Heureusement, le programme de nutrition de ce livre vous aidera à augmenter votre niveau d'hormones de croissance de la meilleure façon que nous connaissons, sans tenir compte de l'injection.

L'hormone de croissance humaine est un anabolisant profond, ou constructeur de tissus, produite à la pituitaire, une petite glande localisée à la base du crâne, et sécrétée à intervalles pendant toute la journée. Elle produit la croissance, répare les tissus, mobilise le stockage de graisses et change le métabolisme envers une utilisation préférentielle de la graisse. Comme l'insuline humaine, l'hormone de croissance humaine se produit par une combinaison d'ADN et les médecins l'utilisent pour justifier plusieurs troubles. Certains patients brûlés, ceux avec des maux aux tissus ou ceux qui se récupèrent d'une opération importante obtiennent tout le bénéfice de la thérapie de l'hormone de croissance. Les enfants, avec une déficience sur l'hormone de croissance, qui seraient condamnés à rapetissement, arrivent à une croissance normale avec l'administration de l'hormone. Le 5 juillet 1990, dans la revue de *New England Journal of Medicine,* le docteur Daniel Rudman et son groupe de recherche de l'Ordre de

Médecins de Wisconsin informèrent des résultats obtenus dans leurs études sur l'administration de l'hormone de croissance chez des hommes adultes. Le groupe du Dr. Rudman démontra que les quantités minimes de hormones de croissance injectées dans la peau de personnes de soixante et onze jusqu'à quatre-vingts et un ans donnaient des résultats incroyables en seulement six mois : la masse musculaire augmentait en 8,8 pour cent, la graisse du corps baissait 14,4 pour cent, la densité des os augmentait dans la région lombaire et l'épaisseur de la peau augmentait en 7,1 pour cent (la peau brisée et fine est une des conséquences du vieillissement).

Tous ces changements furent le résultat d'une augmentation de l'hormone puisqu'ils ne changèrent pas leur alimentation ou firent de l'exercice. Après une thérapie de six mois, avec des quantités minuscules de cette substance puissante, les changements plus rajeunissants que montraient ces hommes étaient, selon les paroles du Dr. Rudman, « équivalents en magnitude aux changements soufferts pendants 10 à 20 ans de vieillissement [à l'inverse] ». Il n'est pas surprenant que les cliniques d'hormones de croissance soient entrain de s'étendre au Mexique et d'autres pays moins avancés en médecine.

Une autre étude réalisée à l'Université du Nouveau Mexico démontra, qu'avec les augmentateurs de poids injectés avec l'hormone de croissance, pendant seulement six semaines, on perdait quatre fois plus de graisses corporelles, et on gagnait quatre fois plus de masse musculaire, en les comparant avec ceux qui ne recevaient que des placebos. Ces études, et d'autres comme celles-ci, ne laissèrent presque pas de doutes scientifiques sur le fait que l'hormone de croissance était l'élixir de la jeunesse, fomentant une sorte de régénération de la jeunesse.

Le Début du Saut vers l'Hormone de la Jeunesse

La différence de l'hormone de la jeunesse entre les adultes et les adolescents n'est pas sur la quantité, mais sur la libération. Les adolescents sont beaucoup plus sensibles aux facteurs qui stimulent la libération de l'hormone de croissance, tandis que les adultes y sont moins sensibles. En réalité, les adolescents ont plus de facteurs stimulés que les adultes. Donc, si vous voulez encore plus d'hormones de croissance – qui n'en veut pas ? - vous devez augmenter et intensifier les facteurs qui stimulent leur libération de la glande pituitaire.

LES FACTEURS QUI STIMULENT LA LIBÉRATION DE L'HORMONE DE CROISSANCE[1]

Pauvres niveaux de glucose dans le sang.
Haut niveaux de protéines dans le sang.
Alimentation pauvre en hydrates de carbone.
Jeûne.
Alimentation plus riche en protéines.
Diminution de l'acide sans graisses.
PGE1 (un eicosanoïde «bon»).
IV étape du sommeil.
Exercice physique.

La restriction d'hydrates de carbone, l'augmentation de protéines, les bons eicosanoïdes... hmmm, ressemblent énormément au régime nutritionnel décrit dans ce livre. Ce n'est pas si surprenant, car si nous avons été programmés pour réaliser ce type d'alimentation tout au long de millions d'années d'évolution, cela devrait avoir des effets positifs à travers tous les paramètres de notre biochimie.

Notre programme nutritionnel vous fournira des quantités de protéines, conservera restreints les hydrates de carbone, bas le sucre dans le sang et au minimum les acides sans graisses, et conduira la production d'eicosanoïdes bons. Par conséquent, il devrait stimuler la libération d'une quantité importante d'hormones de croissance. Mais, il peut faire plus encore. Avec une alimentation appropriée, le sommeil et l'exercice corrects, pas n'importe lesquels, vous stimulez la libération de l'hormone de croissance.

Ainsi, l'image de maman nous demandant d'aller tôt au lit pour pouvoir grandir, est réelle. L'hormone de croissance est libérée comme une vague d'impulsions dans la III° et IV° phases du sommeil, pendant la première ou la deuxième heure après s'être endormi profondément. Donc, pour augmenter la libération de l'hormone de croissance, vous devez dormir profondément chaque soir.

L'exercice stimule la libération d'une vague importante de l'hormone de croissance, ce qui mène au renforcement des muscles utilisés. Mais l'exercice doit être constant et mène au point de l'épuisement des muscles. Un peu de Jumping Jack, ou quelques tours de course autour du bâtiment, vous fourniront des bénéfices cardiaques, mais ne stimuleront pas la libération de l'hormone de croissance. Même si tout exercice stimule la libération d'hormones de croissance, il semble que l'entraînement de résistance (l'haltérophile) est ce qui la stimule le plus. En même temps que vous levez du poids avec vos muscles en tension, il se produit des fissures microscopiques. Ces blessures microscopiques sont réparées par l'hormone de croissance et, de plus, stimule la création de fibres nouvelles dans les muscles, pour compenser celles qui se déchirèrent.

[1] Ceux-ci sont les facteurs qui stimulent la libération de l'hormone de croissance où l'on peut agir. Il existe d'autres, mais ils sont principalement induits par des médicaments.

Tout ce processus de réparation et construction de tissus est dans l'hormone de croissance qui transforme le muscle en une machine à brûler des graisses et influence la libération de graisses des tissus adipeux pour assurer une source de combustible.

Comme dans chaque système du corps, il existe deux points de vue. Il y a des facteurs qui stimulent la pituitaire pour qu'elle sécrète l'hormone, mais d'autres facteurs compliquent de processus. Puisque notre sensibilité à ces facteurs stimulants de libération diminue avec l'âge, il est d'autant plus critique que non seulement nous de faisons pas le nécessaire pour stimuler la libération, mais nous travaillons pour faciliter les facteurs qui la compliquent.

FACTEURS QUI COMPLIQUENT LA LIBÉRATION DE L'HORMONE DE CROISSANCE

Niveaux élevés de glucose dans le sang.
Augmentation des acides gras dans le sang.
Obésité.
Grossesse.

Une fois de plus, notre régime est l'idéal, sauf pour la grossesse. Sans grossesse, on doit traiter deux points. Premièrement, il faut éviter toute chose sucrée, riche en amidon ou en hydrates de carbone avant d'aller au lit, puisque les hauts niveaux de glucose dans le sang évitent la libération de l'hormone de croissance. N'importe quelle substance augmentera notre glucose dans le sang et compliquera la libération normale de l'hormone de croissance une ou deux heures après le coucher. Maintenant, évaluez tous les goûters de lait et biscuits que vous avez consommé avant d'aller au lit.

Deuxièmement, le flux de l'hormone de croissance libérée par l'exercice physique atteint la circulation à la fin du travail et juste après avoir fini. Si vous voulez éviter cette vague de croissance, vous devez manger quelque chose de sucré ou boire un jus de fruits, comme le conseillent les entraîneurs de faire, avant, pendant et juste après de la séance d'exercices, avec la justification erronée que vous avez besoin «d'énergie immédiate d'hydrates de carbone». Vous n'obtenez donc pas une hormone de croissance. Si vous faites de l'exercice avec le ventre vide, ne buvez que de l'eau pendant la session et ne mangez qu'une heure après avoir fini. Alors, prenez un repas riche en protéines puisque vous avez besoin d'aminoacides pour que l'hormone de croissance l'utilise pour réparer et reconstruire les muscles.

Maintenant que les miracles de l'hormone de croissance ont été présentés, voyons comment vous pouvez commencer à travailler.

Le Sentier de la Résistance

Le seul exercice qui peut améliorer votre santé est l'haltérophilie. Il est vrai que l'aérobic est bonne, mais il ne distribue pas les bénéfices extra de l'entraînement de résistance. Et l'haltérophilie est le meilleur entraînement de résistance. Chaque jour apparaît une nouvelle étude médicale qui montre l'efficacité de l'entraînement de résistance pour améliorer la santé des adultes, des jeunes et de tous ceux qui sont au milieu. Une séance d'exercices avec du poids renforce les articulations, augmente la masse musculaire, améliore votre résistance si elle est bien travaillée, *diminue* les niveaux d'insuline et, comme nous avons vu, stimule la libération de l'hormone de croissance, qui améliore tout le reste.

Chaque kilogramme de masse musculaire que vous stockez se transforme en une dynamo pour brûler de la graisse, vous permettant d'augmenter votre consommation d'aliments sans avoir peur de gagner du poids. En même temps que votre masse musculaire se construit, votre corps devient sculptural. Vous éliminerez tous les bourrelets de graisses que vous n'arriviez pas à éliminer avant votre diète. Une fois qu'apparaissent les muscles nouveaux, vous devez continuer à travailler, votre proportion métabolique augmentera, vous permettant de manger plus que vous n'imaginez, même des aliments avec des hydrates de carbone sans conséquences négatives. Ne travaillez pas dur pour rien, pour recommencer à manger normalement à nouveau. Vous serez capables de manger que davantage lorsque vous commencerez i et continuerez à perdre des graisses. Cela paraît impossible, mais fonctionne comme un enchantement si vous l'appliquez.

Si vous êtes une femme, il se peut que vous pensiez que c'est très bien mais qu'une telle intensité vous ferait ressembler à l'incroyable Hulk. Ne vous en faites pas. Vos hormones féminines et le manque d'hormones masculines vous laisseront hors de danger de ressembler à Hulk, même si vous vous entraîner beaucoup. Les femmes que vous voyez dans les revues de culturisme semblent s'être *développées* comme un homme, elles ont normalement consommé des stéroïdes anabolisants. Vos amis, le travail, la sueur et votre propre hormone de croissance vous feront maigrir, en diminuant la graisse du corps. La croissance des muscles ressentie servira à remplir le tissu musculaire atrophié par un usage minimal, en augmentant la densité du reste de vos muscles. Lorsque vous commencerez, vos muscles ressembleront à un bifteck avec de la graisse autour. Si vous l'utilisez et vous suivez notre programme de nutrition à la fois, vous commencerez rapidement à remplacer votre graisse entre les muscles par des muscles, ne les transformant pas nécessairement en des muscles plus grands, mais plus denses.

Quelques mots pour vous prévenir : si vous essayez de perdre du poids, vous pouvez vous désillusionner si vous prêtez très attention à la bascule. En même temps que vos muscles deviennent plus denses, ils deviennent plus lourds. Les muscles nouveaux pèsent plus que la graisse éliminée, en dépit de cette perte de graisses stockées dans le corps. Il vaut mieux mesurer la progression grâce aux vêtements qu'à la bascule.

Comment puis-je commencer?

Il n'y a pas un nombre précis de livres adéquats disponibles sur l'haltérophilie. Seulement vous dire que lorsque vous en aurez un, lisez-le et suivez les instructions de la partie de l'exercice et ignorez celles de la nutrition. Nous vous recommandons *Dr. Bob Arnot's Guide to Turning Back the Clock* (Little, Brown et Cia.) par Robert Arnot, M. D, qui a une section excellente sur l'haltérophilie, spécialement pour hommes. Il est facile à lire, a de bonnes illustrations qui montrent plusieurs exercices et décrit un certain nombre de séances d'exercices dessinés pour les adapter à votre temps limité ,en même temps qu'il vous aide à obtenir les résultats désirés. Une autre option est un programme de télévision, T*he Body Electric,* une demi-heure de démonstration produite par la WFSV-TV à Tallahasse, Floride. *The Body Electric* travaille différents muscles du corps dans chaque programme et utilise des altères. Il se transmet aux États-Unis et au Canada.

Lorsque vous commencerez votre programme d'entraînement de résistance, vous aurez besoin de suivre quelques directrices essentielles :

1. Commencez par des altères légères pour durcir les ligaments, les tendons et les tissus qui les connectent autour des articulations, les liens plus faibles quand vous commencez et plus enclins à être endommagés. Une fois vos articulations stabilisées et renforcées, après plusieurs semaines, vous devriez commencer plus sérieusement dans la construction des muscles.

2. Pour atteindre les résultats plus rapidement, travaillez d'abord les muscles les plus grands. Faites des tables, par exemple. Vous cherchez l'augmentation de votre métabolisme et à brûler de la graisse que vous gagnez par l'augmentation de masse musculaire des muscles plus grands : cuisses, épaules, fessiers et torse, qui vous font croître plus vite. Une augmentation de 5 pour cent de la taille et densité des groupes de grands muscles vous donne un plus grand pouvoir métabolique que ce même pourcentage dans des groupes de muscles plus petits ou de muscles individuels. Travaillez la taille et définition de ces groupes de muscles plus petits plus tard.

3. Utilisez la forme parfaite. L'idée est de travailler et renforcer les groupes de muscles que vous voulez, et non de soulever une quantité de poids. Si vous devez cambrer votre dos et changer de position pour compléter vos séances, diminuez le poids. Pendant que vous maintenez

votre dos droit, vous ferez un long, long, long chemin pour éviter les problèmes.
4. N'oubliez pas de calculer et d'augmenter votre consommation de protéines si vous l'aviez décidé, en vous basant sur un type d'activité sédentaire. Pour arriver à obtenir les meilleurs objectifs et minimiser les dommages, vous devez consommer les protéines adéquates, matière de laquelle sont faits tous les muscles.
5. Pour maximiser la libération de l'hormone de croissance, réalisez toujours votre séance d'exercices avec l'estomac vide. Ne consommez aucun hydrate de carbone en même temps ou juste après la fin de la session, ou vous direz au revoir à votre hormone de croissance.
6. Travaillez votre augmentation de puissance, non seulement la force. La force est la quantité de poids que vous pouvez lever. Le pouvoir, la vitesse avec laquelle vous le levez. Le pouvoir est la force divisée par le temps et est une moyenne pour vérifier ce que les muscles peuvent faire pour vous. La réalisation athlétique, vive et défensive dépend du pouvoir réaliser correctement. Essayer de lancer une balle de tennis correctement ou d'éviter une voiture qui vient de face dépend du pouvoir et de la vitesse de vos muscles, pas seulement de la force. Vous développez votre force en augmentant la vitesse de soulèvement des premières altères, puis ensuite en augmentant leurs poids. Si, par exemple, vous faites quatre tables de dix répétitions avec un poids déterminé, faites-les lentement et bien. Lors des séances suivantes de travail, augmentez la vitesse avec le même poids. Alors, passez à un poids plus élevé et recommencez lentement, puis augmentez la vitesse.
7. Faites vos séances d'aérobic pour bénéficier de l'entraînement avec des altères et de l'exercice de résistance. Réalisez-le en suivant la directrice 5 et non en réduisant la vitesse ou en vous reposant entre les tables. Si vous devez diminuez vos poids pour ne pas être épuisé, faites-le. À la fois que vous suivez la nouvelle alimentation, vous forgerez une résistance aussi rapidement que vous gagnez en force et puissance, car les aliments que vous mangez augmenteront la quantité d'oxygène transmise qui se libère dans les exercices musculaires. Comment votre diète peut-elle augmenter la quantité d'oxygène dans les tissus ?

L'oxygène va jusqu'aux tissus dans les globules rouges et se libère. Pour augmenter la distribution de l'oxygène, nous avons besoin d'avoir plus de globules rouges pour les tissus sans oxygène, dans ce cas, pour les muscles que nous travaillons. Nous pouvons y arriver de deux manières : premièrement, en augmentant le nombre de globules rouges que notre alimentation remplit parfaitement, dû à son contenu élevé en fer prêt à être absorbé, l'élément qui mène à la production de globules rouges ; deuxièmement, en distribuant en plus grande quantité ces globules rouges, dans les réseaux capillaires, dans les tissus, où se

produit l'échange d'oxygène. Les globules rouges sont plus grands que le diamètre des capillaires, donc ils se déforment pendant qu'ils suivent leur chemin à travers ces petits vaisseaux. C'est comme forcer un ballon d'eau à passer par un tube en papier. La seule façon de réussir mieux en moins de temps est d'augmenter le diamètre de ces vaisseaux sanguins et/ou d'augmenter la déformation des globules rouges, ayant plus de quantité pour qu'ils arriver plus vite aux muscles.
8. Ne commencez pas votre programme d'exercices avant d'avoir commencé votre diète de restriction d'hydrates de carbone. Nous savons que vous avez très envie de commencer et vous êtes préparé pour commencer à faire travailler votre hormone de croissance aujourd'hui, mais ayez confiance en nous et attendez une semaine. Lorsque vous changerez votre alimentation riche en hydrates de carbone par une plus pauvre en hydrates de carbone, vous vous sentirez fatigué en quelques jours. Vous pouvez même avoir mal au coeur en réalisant les activités quotidiennes. Après quelques jours ou une semaine, votre asphyxie disparaîtra et vous serez plus résistant. Pourquoi ce phénomène se produit-il ? Par le changement des enzymes, comme nous l'expliquons dans la section des questions et réponses à la fin du chapitre 5.

Quelle Apparence Aurai-Je ?

Vous vous demanderez sûrement comment sera votre apparence si vous suivez minutieusement toutes les instructions. Pour une raison : si vous avez beaucoup de poids à perdre votre apparence sera parfaite, vous ne serez pas maigre ni en manque de poids une fois le chemin parcouru. Et nous vous assurons que vous vous sentirez mieux, votre apparence sera meilleure et vous pourrez faire vos activités préférées telles que le golf, le tennis, le squash, du ski ou celle que vous pratiquiez. Si vous ne pratiquez aucun sport, cherchez-en un. L'athlétisme améliore les activités de votre vie en général. Peu importe ce que vous fassiez, vous verrez l'amélioration de votre coordination, plus d'agilité, de réflexes et votre perspective de la vie ira au mieux.

Comme nous dit le vieux proverbe, une image vaut mille mots. Donc, regardez les quatre images du schéma 7.1. C'est surprenant, elles sont toutes de la même personne : un vendeur d'approvisionnement d'articles d'imprimerie de 53 ans appelé Stan Kuter qui habite à Little Rock. Nous vous donnons une chronologie de ces photos réellement surprenantes. La première (A) est Stan (avec sa fille) à 43 ans, il courrait beaucoup et faisait une diète. Il a l'aspect de quelqu'un de détérioré, émacié car... il l'était réellement. L'action continue de courir, 50 milles par semaine, était entrain d'épuiser ses muscles et le petit contenu en protéine de son régime pauvre en graisses ne les reconstituait pas. En plus, la consommation d'hydrates de carbone avant sa séance d'exercices assurait que l'hormone de croissance n'allait pas être libérée, pour l'aider au maintien de la masse corporelle maigre. Dû à la déficience de protéines à long terme, il devint immunosuppresseur, un cas commun chez les coureurs de longues distances, et souffrait de rhumes chroniques, douleurs de gorge et un tas d'autres maladies moindres.

Finalement, Stan ne résista pas plus et décida de prendre une pause. Nous n'avons qu'à regarder l'image B (avec sa femme) deux ans plus tard. La dénutrition protéinique que souffrit Stan pendant qu'il courait et qu'il faisait du régime réduit sa masse musculaire significativement et, comme résultat, il réduit également sa proportion métabolique. Il avait compensé la masse musculaire maigre pour brûler métaboliquement, en dépensant de grandes quantités d'énergie en courant. Cependant, lorsqu'il arrêta de courir, la combinaison de la proportion métabolique, réduite grâce à l'inactivité, ouvrit les portes à l'accumulation de graisses corporelles. Cette situation est normale pour tous ceux qui essayent de conserver leur poids en courant ou en faisant un autre exercice. Ils tombent souvent dans le piège. Ils maintiennent leur poids s'ils continuent à courir. Lorsqu'ils arrêtent ou diminuent, ils découvrent que leur poids augmente dangereusement.

A

B

C

D

L'image C nous montre Stan pendant la phase de culturisme. Étant fatigué d'être gros, Stan décide d'affronter son problème d'un autre point de vue. Il acheta le livre *Thin so Fast*, le premier livre de Mike sur les avantages d'un programme nutritionnel pauvre en hydrates de carbone. Il le suivit au pied de la lettre et commença un entraînement d'altères. En six mois de combinaison des protéines adéquates avec les effets de l'induction de l'hormone de croissance par l'entraînement de résistance, il obtint le résultat de l'image B à l'image C.

Stan ne travailla plus jamais régulièrement et ne suivit pas toujours le régime restreint d'hydrates de carbone, mais son apparence fut superbe (image D). La raison : la grande masse de tissu maigre qu'il construisit, lorsqu'il faisait ses exercices, est comme un four qui conserve sa proportion métabolique allumée, donc il peut avoir plus de liberté d'action dans son alimentation sans en souffrir les conséquences. Lorsqu'il gagne un peu de graisses, il n'a qu'à réduire légèrement ses hydrates de carbone et, en quelques jours, l'excès disparaît. Il travaille quelque fois avec des altères, ce qui lui évite de perdre la masse musculaire construite. Il n'essaye pas d'obtenir de nouveaux résultats, mais de conserver ceux qu'il a déjà atteints.

La leçon à apprendre est que Ted Williams n'avait raison qu'en partie : la clef est l'alimentation adéquate en protéines en combinaison avec l'entraînement de résistance.

NOTE FINALE

L'exercice constant a un rôle important pour vous aider à récupérer votre santé et vitalité, non seulement dans la perte de poids et la conservation, mais aussi dans la réduction de la pression artérielle et l'amélioration des niveaux de lipides. Et, plus important que ceci, est que le plein temps dédié à l'exercice physique régulièrement vous aide à bénéficier de tout le plaisir d'une vie longue et saine. Les objectifs de l'exercice sont simples : la croissance de la force musculaire et de la résistance. Plus vous êtes fort, plus les muscles seront conditionnés pour l'amélioration de l'activité physique, non seulement l'effort du sport, mais aussi des activités quotidiennes. Et encore mieux, l'exercice vous conserve jeune ! Même si cela semble impossible, c'est vrai : un exercice adéquat en combinaison avec la nutrition correcte, augmentera la libération de l'hormone de croissance, cet élixir magique de la jeunesse.

***Notre programme de* Maigrissez Bien, Maigrissez en Mangeant, *vous fournit le cadre de nutrition pour augmenter la libération de l'hormone de croissance, la substance miraculeuse qui permet aux jeunes d'échapper aux conséquences de l'abus excessif de l'alimentation et de la paresse, paraissant encore jeunes et sains. Ils* supportent des heures d'activités physiques crevantes, et le**

lendemain, ils sont en pleine forme, avec une envie terrible de recommencer sans avoir peur des vêtements à choisir.

L'hormone de croissance stimule la croissance et répare les tissus musculaires, aide à construire votre masse musculaire maigre, mobilise votre stockage de graisse et transforme votre métabolisme en une activité de brûlement de graisses comme source de combustible. Les adultes ont plus de quantité d'hormones de croissance dans le cerveau mais ont du mal à y arriver pour les libérer, alors que les adolescents les libèrent facilement. Le moment le plus important de la libération est une heure ou deux après s'être endormi profondément. Un nombre de facteurs aide à stimuler la libération de l'hormone de croissance : le sucre dans le sang bas et stable, la consommation élevée de protéines, une diète pauvre en hydrates de carbone, le jeûne, le sommeil profond, un équilibre d'eicosanoïdes « bons » et de l'exercice. Notre régime de nutrition vous fournit tous ces facteurs positifs, sauf l'exercice, et nous l'ajoutons maintenant. D'autres facteurs réduisent la libération d'hormones de croissance : les niveaux élevés de sucre dans le sang, l'obésité et la grossesse. À nouveau, notre régime est supérieur (sauf dans le cas de la grossesse, bien sûr).

Même si l'aérobic ou l'exercice de résistance est parfait pour améliorer le bien-être cardiovasculaire, le meilleur exercice pour stimuler la libération de l'hormone de croissance est celui de résistance (poids) jusqu'à l'exténuation. L'entraînement avec du poids fait travailler les muscles (chaque kilogramme brûle des calories et vous conserve mince), renforce les articulations et augmente la force des os. Et réalisé adéquatement, il aide à réduire les niveaux élevés d'insuline et fomente la libération de l'hormone de croissance, toutes les deux étant importantes pour votre réhabilitation physique et métabolique.

Même si les livres les plus intéressants expliquent au détail des exercices sur l'entraînement avec du poids, ils sont normalement pleins d'informations erronées sur la nutrition et ne conseillent que des pâtes, du chocolat et des choses de ce style pour votre « énergie explosive d'hydrates de carbone ». Vous devez ignorez ces conseils de nutrition car l'explosion d'hydrates de carbone vous assurera une très faible libération, ou même pas de libération, de l'hormone de croissance. Il est essentiel pour votre réhabilitation physique que vous ne mangiez pas d'aliments contenant des hydrates de carbone avant d'aller au lit ou de faire de l'exercice et buvez de l'eau pour vous hydrates pendant que vous faites de l'exercice. Nous pouvons vous conseiller un livre : Dr. Arnot's Guide to Turning Back the Clock (Little Brown et Cia.) par Robert Arnot, M. D.

Vos directrices sur l'exercice devraient être les suivantes :

1. Commencez par des altères légères et travaillez lentement.
2. Travaillez les muscles plus grands au début, cuisses, épaules, fessières et torse, car vous aurez de la masse maigre plus rapidement.
3. Utilisez la posture parfaite pendant l'exercice, si vous devez cambrer votre dos pour soulever les altères, c'est quelles sont trop lourdes, réduisez le poids.
4. À la fois que vous augmentez la fréquence ou l'intensité de vos sessions d'exercices, n'oubliez pas de calculer vos besoins de protéines.
5. Travaillez toujours avec le ventre vide.
6. Réalisez tous les exercices lentement et correctement, travaillez ensuite sur la vitesse de réalisation, n'augmentez pas le poids jusqu'à ce que les réalisiez parfaitement et rapidement.
7. Travaillez l'aérobic pendant l'entraînement de poids, allant d'une table à l'autre sans reposer longuement entre l'une et l'autre.
8. Ne commencez pas à faire de l'exercice avant une semaine du début du régime nutritionnel. Au début, stabilisez las nutrition et ensuite commencez les exercices.

Si vous avez évité le chapitre en lisant le résumé, vous devriez revenir en arrière et lire l'histoire de la diète et l'exercice de notre patient Stan Kuter. De même qu'avec nos autres patients, l'histoire de Stan vous surprendra et vous inspirera. C'est la meilleure preuve qu'une nutrition correcte et un entraînement de résistance sont en réalité la clef pour récupérer votre jeunesse.

Chapitre 8

Motivation : Organisez votre Projet Travaillez votre Projet

Je me sacrifierai, et j'oublierai les apéritifs, et je vivrai propre, comme devrait faire un homme.

Falstaff, dans Henry IV, Première Partie

WILLIAM SHAKESPEARE

Si c'était si simple que ça, le nom de Falstaff n'aurait jamais pu être synonyme de gloutonnerie, hédonisme et corpulence. Malheureusement, comme tout le monde qui a déjà essayé sait, changer le rythme des repas est un travail dur et difficile. En réalité, il existe un vide très important entre la facilité de la diète, comme le présentent la plupart des livres et articles de revues sur ce thème, et la routine quotidienne normale d'une diète. Ce qui est conseillé comme rapide, facile, sans douleur – la divise typique : «Vous ne croirez pas la vitesse avec laquelle votre graisse disparaîtra» pour la perte de poids et d'autres avantages – se transforme normalement en quelque chose de monotone et restrictif, et à la fin, on laisse tomber. Si ce n'était pas le cas, 95 pour cent des personnes qui reprennent leur poids perdu seraient toujours minces.

Donc, quelle est la différence de ce programme ? Aucune, en beaucoup de choses. Mais la différence essentielle avec les autres, c'est qu'il entreprend une approche positive à votre santé, qui *soignera* votre métabolisme, et vous fera plus facile mettre en route le programme. D'un autre côté, nous aimons à vous dire que ce programme que nous avons dessiné nécessite de discipline et abnégation, et met en valeur le travail dur. Mais la récompense pour cet effort est spectaculaire. Le long de notre travail avec des milliers de personnes, nous avons développé beaucoup de techniques pour leur faciliter la vie, mais ce n'est pas de la magie. Même s'il « rassure » vos problèmes de santé rapidement, ce n'est pas une assurance rapide. C'est important pour nous de vous informer avant tout de la discipline requise, car l'approche que vous prenez et la perspective que vous avez au début est très importante.

La première décision à prendre n'est pas celle de perdre du poids, baisser le cholestérol ou réduire l'hypertension. Votre première décision doit être celle de faire de ces changements une partie *permanente* de votre vie. Ça semble facile, mais en réalité, prendre cette décision signifie que vous vous offrez volontairement à abandonner la vie (et tous ses biens dangereux) telle que vous la connaissez maintenant. Ça sera l'une des meilleures décisions que vous n'aillez jamais prises, mais nous voulons que vous compreniez le pourquoi – une décision importante qui changera votre vie. Si vous assumez que vous avez pris cette décision, vous devez tenir en compte et accepter le fait de la responsabilité de ce changement vous appartient à vous exclusivement. Vous devez la mettre à exécution. Nous vous avons donné toute l'information nécessaire pour arriver au succès, mais nous ne pouvons pas le faire pour vous. Ce que nous pouvons faire c'est vous donner quelques conseils et trucs qui nous ont aidés nous et nos patients à obtenir les objectifs.

Le Pire Terminera Très Tôt

Dans la Première et Deuxième phases, quand il est si difficile de suivre le programme au pied de la lettre, adopter un attitude de camp vous aidera. Les recrues vont au camp en sachant que ça va être dur, stricte, difficile et probablement assez désagréable. Ils savent également que ça finira un jour ou l'autre. Vous devez penser de la même manière. En comparaison avec le maintien, ces phases d'intervention sont plus rigoureuses, mais ne durent pas longtemps. Considérez-les comme une période de temps achevée qui se déroule pour récupérer votre santé et la maintenir. Lorsque vous aurez fini, vous serez très content. Pendant votre période dans le maintien et si vous ne mangez pas inconsciemment, vous ne devrez jamais retourner au camp.

N'ayez pas Faim

N'ayez jamais faim. Si vous n'avez pas faim, vous éviterez mieux la tentation de manger les aliments que vous ne devez pas. La meilleure approche est de devancer la faim. En d'autres mots, essayez toujours de manger avant d'avoir très faim, pas après. N'oubliez jamais le petit déjeuner. Ayez toujours une petite quantité d'apéritifs à porté de la main. Faites bien attention, consommez-les avec mesure car tous les apéritifs qui se commercialisent vous parlent de sans *graisses* ou *pauvre en graisses*, mais ils sabotent votre programme.

VISUALISEZ VOS OBJECTIFS

Une question que nous posent souvent les patients qui veulent perdre du poids est la suivante : puisqu'il faut que je perde 100 kilos, comment puis-je être motivé constamment pour tolérer n'importe quelle diète, le temps suffisant pour perdre tout ce poids ? La réponse est que vous n'allez pas être à la diète un temps prédéterminé. Vous allez adopter une nouvelle forme d'alimentation pour le reste de votre vie, donc le temps que vous y passerez n'a pas d'importance. Il y a quelques années, lorsqu'un de nos patients de vingt-deux ans, Michael, commença notre programme pesant 190 kilos, il se demanda s'il arriverait à perdre les 90 kilos en trop pour atteindre son poids idéal. Lorsqu'on lui dit qu'il allait perdre entre 1 kilo et 1,5 kilos par semaine, il grogna parce que, avec cette proportion, il aurait 25 ans avant d'arriver à son poids idéal. Évidemment, en deux ans il aurait vingt-cinq ans qu'il perde du poids ou non. Donc, on lui dit qu'il pourrait fêter ses vingt-cinq ans plus mince ou avec du surpoids. Il commença notre programme le 13 août 1993, et le 17 juin 1994, quatre mois avant son vingt-quatrième anniversaire, il avait perdu 76,7 kilogrammes. Tout en ayant perdu son excès de graisses et atteint une image personnelle plus positive, Michael commença une vie sociale pour la première fois de sa vie, et chercha et trouva un travail qui lui demandait une mobilité géographique. Dès lors, il s'est obligé et est toujours bien. Les résultats de sa diète *se transformèrent* en sa motivation. Donc, prenez bien note : peu importe le poids que vous deviez perdre, à chaque kilo que vous perdez, vous serez plus près de votre objectif – vous vous transformez en une personne plus mince et saine. Vous avez toute votre vie pour vivre sain, donc ne tombez pas dans le piège des dates limites.

Apprenez à établir des objectifs raisonnables et utilisez le pouvoir d'arriver à prévoir la portée. La prévision fonctionne. Prévoyez clairement et graphiquement les changements que vous désirez obtenir et prévoyez-les comme s'ils avaient déjà eu lieu. Vous mettrez en marche toute sorte d'activités subconscientes qui fonctionneront par derrière la scène qui fait de votre image visuelle une réalité*.

Un livre excellent sur cette matière que nous pensons est indispensable, et que nous vous recommandons vivement est *Maximum Achievement* de Brian Tracy (Simon & Schuster, 1993). De même que tous les livres que nous recommandons, ignorez les conseils de nutrition – nous n'arrivons pas à comprendre pourquoi les auteurs de livres, qui ne parlent pas de nutrition, ressentent ce besoin de parler des hydrates de carbone.

---

* Si vous n'y croyez pas, vous pouvez nous envoyer une photo pour la retoucher et vous amaigrir. De cette façon, vous pourrez voire l'apparence que vous aurez à la fin de ce traitement – mais, vous aurez de meilleurs muscles en réalité.

Vous êtes le Chef

Il est incroyable que de constater le nombre de personnes qui échouent en suivant une diète. Les personnes qui réussissent les caprices des études, formation supérieure, mariage et la vie en général, succombent au seul fait sur lequel ils ont un contrôle total : l'alimentation. Nous avons autour de six ans lorsque nous commençons à manger. Mais vous devez vous rendre compte que, à moins que vous soyez inconscient dans un lit d'hôpital en vous alimentant à travers un tube, *vous, et seulement vous, avez le contrôle de ce que vous portez à votre bouche.* Vous ne pouvez pas contrôler le temps, la conduite de vos enfants ou de votre couple, les machinations dans votre travail, les indiscrétions de votre voisinage ou les différents points de vus de la Super Bowl, mais vous pouvez être responsable de la nourriture que vous mangez. Nous avons tous entendu des excuses de ceux qui ont été tentés par la nourriture poubelle : « Je ne peux pas résister ». Comme nous disons à nos patients : « Vous *avez pu* résister, mais vous *avez choisi* de ne pas le faire ».

La Tentation envers Vous

Il serait ingénu de notre part d'agir comme si la tentation n'existait pas. Ou comme si résister ne supposait qu'un petit effort de volonté. Nous adorons manger (c'est la raison pour laquelle nous avons dessiné une alimentation de maintien pour les vacances). Si c'était facile, personne ne souffrirait de surpoids. Même si vous ne pouvez pas faire disparaître la tentation, il existe certains points à considérer pour la réduire. Si vous regardez les points, vous saurez comment la tentation met en marche une variété de trucs sur vous et comment vous pouvez les éviter.

Il existe quatre composants dans toute conduite : le physiologique, le sentimental, le rationnel et l'action. L'ensemble de la conduite dépend de certaines variations de ces composants. Par exemple, disons que vous êtes dans une situation menaçante. Le composant rationnel de votre conduite agit en pensée sur les dommages possibles que vous pouvez affronter. Vos glandes d'adrénaline commencent à sécréter de l'adrénaline, le composant physiologique. Comme résultat, vous commencez à sentir l'impétuosité de l'adrénaline, ce que nous appelons *la peur*. Finalement, le composant de l'action surgit et vous éloigne de la situation rapidement. Ces quatre composants de la conduite ne se déclenchent pas toujours dans cet ordre, mais ils sont toujours présents, à un degré, plus pu moins important, menant toute la situation inconsciemment. Dans la situation décrite, même si, avec la première rougeur, il vous semble que vous contrôlez ces progressions, si vous savez ce que vous faites, vous pouvez réellement les contrôler. Comment ?

De ces quatre composants, nous n'avez le contrôle total que d'un seul, celui de l'action, et un contrôle partial sur un autre, le rationnel. Pour ce qui est des deux autres, nous n'avons malheureusement aucun contrôle direct, quelque chose dont la tentation tient compte puisqu'ils sont l'entrée dans votre conduite. Si la tentation arrive à dominer votre physiologie et vos sentiments, il peut arriver d'aller à l'encontre des autres composants, menant à une conduite autodestructive. Cependant, en contrôlant la partie de l'action de la conduite, vous avez le dernier mot et vous pouvez, avec de la force de volonté, mener votre conduite à l'opposé de la tentation. Vous pouvez aller à la salle de repos de votre bureau et acheter un apéritif pauvre en hydrates de carbone, et, une fois là-bas, voir les donuts. Ils sont là, au moins une douzaine de donuts luisants, goûteux et juteux, avec une note écrite à côté qui dit : Aidez-vous ! Assumez que vous adorez les donuts. Que vous arrive-t-il ? Vous sentez et voyez les donuts, votre physiologie commence à fonctionner. Votre région GI commence à se préparer pour l'ingestion du donuts, votre pancréas libère comme d'habitude une petite quantité d'insuline lors de cette préparation, de même que tout le reste du corps. Et tous ces changements sont hors de votre contrôle direct. Ces changements physiologiques vous causent immédiatement une impression de faim et d'envie de donuts. Vous commencez à penser combien les donuts sont bons et la faim que vous ressentez, et comment un seul ne peut pas faire de mal, et comment vous le compenserez demain... vous vous rendez, et mangez le donuts, ensuite un autre, et alors vous dites: «Ah bon, j'ai sauté la diète, pas besoin de la suivre le reste de la journée. Je recommencerai demain dès le début. Maintenant je crois que je mangerai un autre donuts». Si quelqu'un qui sait que vous faites une diète passe à côté de vous et vous découvre à moitié votre pêché, vous lui direz : «Je n'ai pas pu l'éviter». Et la tentation vous a manipulé comme un violon (si ça vous arrive en réalité, passez à la Première phase au prochain repas).

Donc, vous avez permis que les composants physiologiques et sentimentaux, sur ceux dont vous n'avez aucun contrôle, passent devant des composants rationnels et d'action. Mais vous pouvez mener l'équation par un autre chemin. Vous entrez dans la salle de repos, voyez le donuts et le sentez, et votre physiologie et sentiments entrent en action. Au lieu de permettre d'abord les composants rationnels et d'action, changez l'ordre. Prenez votre apéritif pauvre en hydrates de carbone et retournez à votre poste. Commencez à faire autre chose .Pensez à d'autres choses. Faites un appel téléphonique. Contrôlez les composants que vous pouvez et, lorsque vous y arriverez, votre physiologie retournera à la normalité et la faim disparaîtra. En maintenant sous contrôle ces composants, vous finirez indirectement par diriger ceux dont vous n'avez aucun contrôle. Soyez responsable de vos actions et le reste ira de soi.

En principe ça semble facile, mais c'est difficile en réalité. C'est sûr, mais c'est également dur de se lever chaque matin lorsque sonne le réveil. Pourquoi ? Parce que vous avez un travail où vous devez arriver à temps et profiter de la maison, la voiture et les vêtements que vous avez – tout cela grâce à l'argent que vous gagnez au travail. Vos composants physiologiques et de sentiment, et très spécialement le rationnel, veulent rester au lit, mais votre composant d'action les réveille et vous conduit à la douche et à commencer votre journée. Réunissez la même force de volonté dans votre conduite d'alimentation, profitez de votre domination de la tentation et surveillez avec plaisir comment commence à se réaliser votre image visualisée de minceur et santé. Bonne chance!

Chapitre 9

ÉCHANTILLONS DE MENUS

Une fois que vous aurez développé le profil de vos besoins personnels de protéines (dans le chapitre 5) et que vous aurez déterminé si vous devez entreprendre la Première phase d'intervention, avec une quantité de 30 grammes d'hydrates de carbone par jour ou la Deuxième Phase d'intervention, avec autour de 55 grammes d'hydrates de carbone effectifs par jour, le processus est simple : chaque repas devra contenir une ration de protéines maigres appropriée pour vous (regardez les schémas des équivalences en protéines pour les quantités adéquates) avec un maximum d'hydrates de carbone par repas recommandé pour ce niveau d'intervention. Si vous cuisinez vos repas, dîner dehors ou vous prenez quelque chose rapidement dans un restaurant Fast-food, suivez les suivantes règles.

Pour vous aidez, tout au début, ou quand vous ne savez pas comment choisir vos repas selon « Maigrissez Bien, Maigrissez en Mangeant », nous avons réuni pour vous des menus hebdomadaires, indiquant le petit déjeuner, le déjeuner, le dîner et des suggestions pour les apéritifs. Vous noterez que, dans ces plans de repas, nous ne vous indiquons pas les quantités de protéines (viande, oeufs, poissons, produits laitiers) puisque les besoins protéiniques varient selon le poids maigre du corps et le niveau d'activité. Vous devrez avoir calculé votre besoin de protéines par jour et savoir quel schéma, A, B, C ou D, s'adapte le mieux à vous. Utilisez ces tailles de portions de la même façon que, lorsqu'on vous indique le nombre d'oeufs ou de poulet grillé, veau, salade de thon ou d'autres sources de protéines dont vous avez besoin. Chacun de ces repas contient moins de 10 grammes d'hydrates de carbone, donc trois repas plus l'apéritif vous maintiendra autour des 40 grammes d'hydrates de carbone effectifs par jour. Si vous êtes à la Première phase d'intervention, ne mangez que la portion de protéines de l'apéritif pour maintenir vos hydrates de carbone quotidiens en 30 grammes. Pendant la Deuxième phase, vous pouvez prendre deux apéritifs, si vous voulez et vous serez autour des 55 grammes.

Tous les repas ont la possibilité de changer les hydrates de carbone. Donc, si vous n'aimez pas ou vous ne pouvez pas manger ces aliments répertoriés pour le petit déjeuner d'un jour précis, vous le substituez par la suggestion d'un autre jour. De même pour le déjeuner, le dîner et les apéritifs.

Les végétariens devraient substituer la viande, le poisson et les volailles par le tofu (soja). (À nouveau, regardez le schéma des équivalences protéiniques).

Plans de Repas

PETIT DÉJEUNER 1

Saumon fumé et omelette à la crème de fromage.
½ tasse de fraises.
1 tranche de pain complet avec du beurre.
Café, thé ou Eau minérale.

DÉJEUNER 1

½ Avocat farci de salade de thon, poulet ou crabe (faite avec de la mayonnaise, moutarde de Dijon, morceaux d'oeuf dur, hachis d'oignon, hachis d'aneth en escabèche, olives noires, hachis de menthe et
½ tomate coupé en quart)
Café, thé ou Eau minérale.

APÉRITIF 1 (si vous voulez et vous pouvez)

30 gr. de noix, ¼ de tasse plus ou moins.
1 pêche ou ½ pomme avec la peau.
Eau minérale avec du citron ou lime.

DÎNER 1

Faux- filet de veau (ou un autre type de viande maigre).
10 asperges fraîches cuites, avec une sauce hollandaise si vous voulez.
1 ou 2 tasses de légumes de saison mélangés, assaisonnés avec de l'huile et du vinaigre.
1 pêche ou ½ pomme avec la peau.
Café, thé ou eau minérale.

PETIT DÉJEUNER 2

Fromage frais.
½ tasse de fraises.
Café, thé o eau minérale.

DÉJEUNER 2

Tranches de poulet grillé, servies avec une couche de laitue, olives noires, oignons frais, assaisonnés avec de l'huile et du vinaigre.
1 pêche ou ½ pomme avec la peau.
Café, thé ou eau minérale.

APÉRITIF 2 (si vous voulez et vous pouvez)

Morceaux froids de faux- filet de veau avec moutarde pour accompagner.
2 tasses de brocoli et chou-fleur.
Café, thé ou eau minérale.

DÎNER 2

Crevettes cuites, grillées ou sautées avec de l'huile d'olive et de l'ail.
Salade de tomate et mozzarella : 1 tomate normale, 60 gr. de mozzarella, basilic frais, huile d'olive et vinaigre.
1 tasse de brocolis cuits sautés.
½ coupe de vin blanc sec, si vous voulez.
Café, thé ou Eau minérale.

PETIT DÉJEUNER 3

Oeufs pochés sur une tranche de pain complet avec du beurre.
Saucisses du PETIT DÉJEUNER grillées.
½ tasse de baies fraîches ou surgelées.
Café, thé ou Eau minérale.

DÉJEUNER 3

½ petit pain farci de salade de thon, poulet ou crabe (faite avec de la mayonnaise, moutarde de Dijon, morceaux d'oeuf dur, hachis d'oignon, hachis d'aneth en escabèche), accompagné de rondelles de tomate, laitue, choux de Bruxelles, graines de tournesol et décoré d'olives noires et hachis de menthe.
Café, thé ou Eau minérale.

APÉRITIF 3 (si vous voulez et vous pouvez)

30-60 grammes de fromage (Gouda, Edam, Cheddar, Suisse).
1 pêche ou ½ orange de Valence (Espagne).
Eau minérale avec du citron ou de la lime.

DÎNER 3

Poisson cuit ou grillé (saumon, espadon ou thon) assaisonné d'ail ou beurre d'aneth et citron.
1 petite courgette cuite sautée ou grillée.
1 ou 2 tasses de légumes de saison mélangés, assaisonnés avec de l'huile d'herbes et vinaigre et décorés avec des carottes, olives et radis.
½ tranche de tomate naturelle.
½ coupe de vin blanc sec, si vous voulez.
Café, thé ou Eau minérale.

PETIT DÉJEUNER 4

Macédoine de fruits avec des fraises.
Café, thé ou Eau minérale.

DÉJEUNER 4

Quiche lorraine (mangez l'intérieur mais pas la croûte).
1 ou 2 tasses de légumes de saison mélangés, assaisonnés avec de l'huile d'olive d'herbes et vinaigre et décoré d'olives noires et tomates en quart.
½ tasse de fraises, pêches ou framboises fraîches ou surgelées.
Café, thé ou Eau minérale.

APÉRITIF 4 (si vous voulez et vous pouvez)

½ tasse de fromage frais avec une ou ½ pomme avec la peau.
Eau minérale avec du citron ou de la lime.

DÎNER 4

Poulet grillé ou au four.
½ tasse de spaghettis avec courgettes cuites, assaisonnées avec du beurre et fromage parmesan si vous désirez.
1 o 2 tasses de légumes de saison mélangés, assaisonnés avec de l'huile d'herbes et vinaigre et décorés avec des carottes, olives et radis.
½ coupe de vin blanc sec, si vous voulez.
Café, thé ou Eau minérale.

PETIT DÉJEUNER 5

1 Portion de tortitas avec du beurre.
Bacon croustillant.
Café, thé ou Eau minérale.

DÉJEUNER 5

Hamburger double (manger sans le pain) avec du bacon, fromage, oignon, tomate, laitue et avocats.
1 ou 2 tasses de légumes de saison mélangés, assaisonnés avec de l'huile et du vinaigre.
1 pêche fraîche.
Café, thé ou Eau minérale.

APÉRITIF 5 (si vous voulez et vous pouvez)

Poulet froid grillé avec moutarde pour accompagner (les restes sont très utiles).
30 grammes de fromage.
Eau minérale avec du citron ou de la lime.

DÎNER 5

Crevettes avec sauce d'ail.
1 ou 2 tasses de légumes de saison mélangés, assaisonnés avec de l'huile d'herbes et vinaigre et décorés avec ½ rondelle d'avocat et dés de tomates.
½ tasse de fraises fraîches ou surgelées, décorées avec une cuillérée de crème fraîche, si vous voulez.
½ coupe de vin blanc sec, si vous voulez.
Café, thé ou Eau minérale.

PETIT DÉJEUNER 6

Omelette farcie de champignons, fromage et oignons.
Bacon croustillant.
Café, thé ou Eau minérale.

DÉJEUNER 6

Poulet grillé ou sandwich de poisson (sans le pain) accompagné de bacon, fromage, tomates, oignons, laitue et avocat, si vous voulez.
½ tasse de salade de choux ou salade de légumes frais.
1 pêche fraîche.
Café, thé ou Eau minérale.

APÉRITIF 6 (si vous voulez et vous pouvez)

Les restes des crevettes grillées ou sautées.
Une sauce de cocktail pauvre en hydrates de carbone : Ketchup light, 1 cuillérée de jus de citron et 1 cuillérée de radis piquant.
½ orange de Valence (Espagne).
Café, thé ou Eau minérale.

DÎNER 6

Lasagne de choux.
1 o 2 tasses de légumes de saison mélangés, assaisonnés avec de l'huile et du vinaigre.

½ coupe de vin blanc sec, uniquement à la Deuxième phase (vous augmenteriez trop le contenu en hydrates de carbone à la Première phase).
Café, thé ou Eau minérale.

PETIT DÉJEUNER 7

Smoothie de Fruits et framboises du PETIT DÉJEUNER.
Café, thé ou Eau minérale.

DÉJEUNER 7

Sandwich de poulet fumé et fromage (viande sur 1 tranche de pain complet, assaisonnée avec de la mayonnaise. moutarde, laitue, rondelles de tomates, oignons ou choux de Bruxelles).
½ tasse de fraises ou framboises fraîches ou surgelées.
Café, thé ou Eau minérale.

APÉRITIF 7 (si vous voulez et vous pouvez)

Fromage et salami avec moutarde de Dijon.
1 pêche ou ½ pomme avec peau
Eau minérale avec du citron ou de la lime.

DÎNER 7

Hamburger de veau grillé avec purée d'aubergines.
1 ou 2 tasses de légumes de saison mélangés, avec du fromage féta, des olives noires et 3 ou 4 morceaux de tomates fraîches et assaisonnées avec de l'huile d'herbes et vinaigre.
Sorbet de fraise : purée de 4 fraises entières surgelées avec 2 cuillérées de crème fraîche par personne, servez-le bien froid et laissez les cuillères à l'intérieur.
Café, thé ou Eau minérale.

Chapitre 10

RECETTES

La protéine est aussi importante que les hydrates de carbone dans les plans de repas. Nos calculs protéiniques, à moins qu'il ne soit spécifié autrement, se basent sur une proportion de 90 gr. dans ces recettes. Vous pouvez les modifier, selon vos besoins, une proportion de 7 grammes de protéines pour 30 gr. de viande maigre, poissons ou volailles.

QU'EST-CE QU'IL Y A POUR LE PETIT DÉJEUNER ?

La réponse la plus rapide est du fromage frais, notre macédoine de fruits du petit déjeuner ou des oeufs durs. Mais voici des idées plus intéressantes. Pour obtenir suffisamment de protéines, le petit déjeuner devrait inclure des oeufs, du fromage fait ou frais,de la viande, du poulet ou du poisson (peut-être). Pour ce qui est des hydrates de carbone, n'oubliez pas que le lait contient 6 grammes d'hydrates de carbone chaque demi-tasse, donc votre café a 0,75 hydrates de carbone par cuillérée ajoutée de lait. Si vous préférez les fruits, choisissez une portion de 5 grammes des pages 123-124 et assurez-vous de l'ajouter au total du repas. Lorsque vous vous assiérez pour le petit déjeuner, vous devez en profitez, goûtez l'un de nos plats de petit déjeuner de ceux de la section principale de recettes.

TOAST D'OEUF ET JAMBON

Faites un mélange avec des morceaux d'oeuf dur, en utilisant le jaune et deux blancs d'oeuf, du jambon blanc en tranches (60 grammes), du hachis d'oignon, sel et poivre, et un peu de yaourt ou crème fraîche pour arroser. Mettez le mélange sur le pain grillé ou sur les biscuits salés (maximum 6 grammes).

PAR SERVICE: 8 GRAMMES D'HYDRATES DE CARBONE, 16 GRAMMES DE PROTÉINES.

RÔTI DE VEAU À L'ORANGE AVEC OEUFS POCHÉS

Faites revenir deux tranches de veau (elles peuvent toujours s'acheter en boîte à la section de viandes en boîte) avec un peu de beurre et quelques zestes d'orange, un hachis de ciboulette et un peu de poivre noir moulu. Faites pocher un oeuf au micro-ondes (40 secondes plus ou moins). Ajoutez une cuillérée de crème fraîche à la viande et ne laissez pas bouillir le tout. Mettez la viande sur un pain grillé Jaret et posez dessus l'oeuf poché.

PAR SERVICE : 7 GRAMMES D'HYDRATES DE CARBONE, 22 GRAMMES DE PROTÉINES.

SAUMON FUMÉ ET FRUITS

Étendez le fromage et le saumon fumé sur 4 grammes de pain ou biscuit salé et mangez une demi-tasse de melon.

PAR SERVICE : 11.5 GRAMMES D'HYDRATES DE CARBONE, 10 GRAMMES DE PROTÉINES.

TOAST FRANÇAIS D'ORANGE AVEC FRAISES

Trempez une tranche de pain de sandwich dans de l'oeuf battu et une cuillérée de crème fraîche. Faites-la dorer des deux côtés dans une poêle avec ½ portion de beurre et des zestes d'orange. Mettez ¼ de tasse de fraises en lamelles dans le micro-ondes avec du Nutraweet ou Equal pour la sucrer en quelques secondes et obtenir la sauce Chunky (faite de fruits et zestes de fruits). Mettez-la sur le toast français. Mangez chaud.

PAR SERVICE : 12 GRAMMES D'HYDRATES DE CARBONE, 8 GRAMMES DE PROTÉINES.

PUDDING DE PAIN AVEC DU JAMBON ET DU FROMAGE

Trempez deux tranches de pain de sandwich dans de l'oeuf battu et deux cuillérées de crème fraîche. Posez un toast sur une assiette, mettez une tranche de jambon Black Forest (ou bacon canadien) plié en deux, ajoutez deux cuillérées de fromage râpé cheddar et posez le deuxième toast par-dessus. Versez le reste du mélange d'oeuf et crème fraîche par-dessus et ajoutez un peu plus de fromage cheddar. Mettez-le au micro-ondes pendant 1 minute et demie.

PAR SERVICE : 13 GRAMMES D'HYDRATES DE CARBONE, 23 GRAMMES DE PROTÉINES.

Note : Faites cette recette sans le toast du dessus et vous réserverez 6 grammes d'hydrates de carbone.

BAIES ET FROMAGE AVEC TOAST DE CANNELLE ET NOIX DE COCO

Mélangez ¼ de baies fraîches, mûres ou fraises avec ½ tasse de fromage frais et sucrez-le avec du Nutrasweet ou Equal. Grillez une tranche de pain d'un seul côté. Étendez de l'autre côté de la tranche de pain du beurre avec ½ cuillérée de sucre brun, quelques gouttes de cannelle et une cuillérée de noix coco râpée sans sucre (dans les magasins de diététique). Grillez- le dans une poêle jusqu'à ce qu'elle prenne une couleur marron. Servez le toast avec le fromage blanc et les mûres.

PAR SERVICE : 11 GRAMMES D'HYDRATES DE CARBONE, 16 GRAMMES DE PROTÉINES.

BIFTECK ET ŒUFS ACCOMPAGNÉS DE MANGUE

Faites revenir un faux-filet de veau (ou de porc) avec du beurre en ajoutant, si vous voulez, un hachis de chile et jalapeños. Posez dessus un œuf poché et mettez autour 1/3 de tasse de dés de mangue. Ajoutez du sel et du poivre moulu.

PAR SERVICE : 11 GRAMMES D'HYDRATES DE CARBONE, 27 GRAMMES DE PROTÉINES.

PETIT DÉJEUNER AVEC UN BURRITO

Humectez les deux côtés d'une petite tortilla de farine avec les mains et modelez-la à chaud. Au centre de la tortilla, étendez une cuillérée de purée de haricots secs en boîte, mélangés avec de la crème aigre. Ajoutez une cuillérée de sauce verte mexicaine avec une ½ tasse de Monterrey Jack ou fromage Cheddar. Battez deux œufs et étalez-les autour de la tortilla. Enroulez le Burrito en pliant les bords. Chauffez-le au micro-ondes pendant 20 secondes, le temps suffisant pour fondre le fromage.

PAR SERVICE : 15 GRAMMES D'HYDRATES DE CARBONE, 21 GRAMMES DE PROTÉINES.

TORTITAS SUCRÉES

Pour deux personnes.

2 gros oeufs.
¼ tasse de fromage frais.
2 cuillérées de fromage en crème avec une pincée de Nutrataste ou Equal pour donner du goût (saccharine sans calories).
3 cuillérées de germe de blé.
1 cuillérée de farine de riz ou Wondra.
1 petite cuillérée de levure avec un peu d'eau.

Battez bien les œufs avec un mixeur ou au fouet. Ajoutez le fromage et battez-le jusqu'à bien mélanger le tout. Ajoutez un peu de saccharine, le reste des ingrédients et remuez le tout jusqu'à ce qu'ils se mélangent. Chauffez une petite poêle antiadhésive ou une planche avec un peu de beurre et, une fois chaud, versez un peu du mélange dans la poêle. Cuisinez-le à petit feu jusqu'à ce que les bords soient croustillants, environ une minute. Retournez la tortita soigneusement et laissez dorer l'autre côté, le même temps. Servez dans des assiettes chaudes avec un peu de sirop d'érable diététique ou sirop de mûres (dessus) et deux saucisses ou bacon croustillant pour le petit déjeuner (autour de 2 grammes de protéines chacun).

PAR SERVICE : 10 GRAMMES D'HYDRATES DE CARBONE, 13 GRAMMES DE PROTÉINES.

·La farine de riz est disponible dans la plupart des magasins de diététique et dans les magasins asiatiques. Elle est très recommandée pour les tortitas car on obtient une texture plus légère.

·Ces tortitas ne tiennent pas longtemps. Donc divisez les ingrédients par deux si vous cuisinez pour vous seul.

·Puisque le mélange est assez délicat, il est important que la levure soit fraîche, n'ayant pas plus de deux mois, pour qu'elle gonfle correctement.

SIROP DE MÛRES

Au lieu de sirop, faites une purée avec des mûres fraîches, en battant ½ tasse de fraises avec deux cuillérées de jus d'orange et une pincée de saccharine. Mettez le mélange au micro-ondes tout doucement et laissez-le refroidir avant l'utilisation. Mettez les restes de la purée au réfrigérateur pendant quelques jours. La rhubarbe est délicieuse pour ce mélange. Mettez-la au micro-ondes avec un peu d'eau et ajoutez la saccharine pendant qu'elle cuit.

La purée de framboises est également délicieuse avec les tortitas. Utilisez Framboise Crystal Light pour liquéfier les mûres avec le mixeur. Si le Crystal Light ne les sucre pas assez, ajoutez un peu de Nutrasweet ou Equal. Après avoir mis les mûres dans le micro-ondes, passez-les par la passoire et retirez les grains avec une cuillère.

TOUTES LES DEUX CUILLÉRÉES : 2 GRAMMES D'HYDRATES DE CARBONE.

Tortitas de la Déforestation:

Ajoutez ½ cuillérée de noix en morceaux sans sel, 1 cuillérée de noix de coco torréfiée sans sel et quelques gouttes de sirop de coco.

PAR SERVICE : 3 GRAMMES D'HYDRATES DE CARBONE, 2 GRAMMES DE PROTÉINES.

Si vous êtes dans la Phase de maintien, servez ces délices avec de fines lamelles de banane et kiwi entre les tortitas, ajoutant 5 grammes d'hydrates de carbone par portion. Ou bien fourrez les tortitas avec de fines lamelles....

Tortitas de Sirop d'Érable Pacane:

Ajoutez deux cuillérées de pacane torréfiée (noix rouges et allongées) et quelques gouttes de sirop d'érable. Utilisez le sirop d'érable diététique pour mettre par-dessus.

PAR SERVICE : 2 GRAMMES D'HYDRATES DE CARBONE, 1 GRAMME DE PROTÉINES

MACÉDOINE DE FRUITS POUR LE PETIT DÉJEUNER

PERSONNES : 1

½ tasse de fraises en lamelles, framboises ou pêches fraîches ou en boîte.

½ tasse de fromage frais.

¼ de yaourt naturel.

Édulcorant Tang ou Crystal Light pour donner du goût (suffisamment pour couvrir le tout dans le mixeur).

Mélangez le tout dans le mixeur. Ajoutez des glaçons si vous utilisez des fruits frais.

PAR SERVICE : 17 GRAMMES DE PROTÉINES, 9 GRAMMES D'HYDRATES DE CARBONE (toutes les fraises), 11 GRAMMES D'HYDRATES DE CARBONE (toutes les framboises), 14 GRAMMES D'HYDRATES DE CARBONE (toutes les pêches).

CONFITURE DE FRAISE

Pour 225 grammes ou 32 cuillérées

½ kilo de fraises fraîches mures.
Jus d'un demi citron.
¼ tasse d'eau.
35 grammes de gelée sans goût de sachet.
5 petites cuillérées de Nutrasweet ou 5 paquets d'Equal, ou moins, pour donner du goût.

Lavez et coupez les fraises en quart. Dans une casserole, chauffez les fraises avec le jus de citron et laissez cuire jusqu'à ce que les fraises soient réduites et lâchent leur jus, autour de trois minutes.

Dans un bol, mettez de l'eau avec la gelée et laissez mélanger 1 minute. Ajoutez-le aux fraises et retirez-les du feu.

Mélangez avec le Nutrasweet et laissez-le au réfrigérateur. Ça conserve quelques semaines.

POUR CHAQUE CUILLÉRÉE : 1 GRAMME D'HYDRATES DE CARBONE

Sauce Hollandaise avec le Mixeur

Pour 6 personnes :

C'est merveilleux car elle a des légumes cuits, surtout des asperges et brocoli, ou oeufs bénédictins.

1 barquette de beurre.
3 jaunes d'oeufs (réserver les blancs pour une autre chose).
2 cuillérées de jus de citron frais.
Une pincée de poivre de cayenne.

Faire fondre le beurre dans une casserole à petit feu ou au micro-ondes. Dans un mixeur ou batteur, mélangez les jaunes d'oeufs, le jus de citron et le poivre. Tout en battant, ajoutez le beurre fondu. Mélangez pendant 30 secondes ou jusqu'à ça épaississe.

PAR SERVICE : 0,5 GRAMMES D'HYDRATES DE CARBONE, 1,2 GRAMMES DE PROTÉINES.

Nourriture Rapide à Préparer sans Apport de Suppléments.

Voici quelques idées pour les déjeuners et dîners pour partager lorsque vous êtes trop occupé pour faire attention aux recettes. Certains sont des plats faits maison et il se peut que vous ayez votre propre style de préparation. Dans ces cas, ces notes vous serviront pour vous souvenir qu'elles sont permises dans votre diète. Quelle quantité est nécessaire ? Elles sont pensées pour une personne, mais c'est facile à multiplier.

SALADES RAPIDES

Salade d'oeufs

Coupez en morceaux un oeuf dur puis avec un hachis de céleri, ciboulettes et aneth frais, sel et poivre, mayonnaise et moutarde de Dijon, puis un ou deux yaourts.

PAR SERVICE : MOINS D'1 GRAMME D'HYDRATES DE CARBONE, 6 GRAMMES DE PROTÉINES PAR CHAQUE OEUF UTILISÉ.

Farcissez une demi tomate avec ceci pour avoir 4,1 grammes d'hydrates de carbone en plus.

Salade Grecque

Coupez ½ tomate mure, ½ poivron vert et ½ concombre sans peau et mettez-les dans un bol pour salades. Ajoutez une rondelle d'oignon doux, une gousse d'ail hachée, de l'aneth frais haché et du vinaigre de vin rouge et 30 grammes de fromage féta en morceaux.

PAR SERVICE : 8 GRAMMES D'HYDRATES DE CARBONE, 8 GRAMMES DE PROTÉINES.

Salade de Jambon et Fromage

Coupez en morceaux une tranche de Jambon de York ou blanc, d'un demi pouce de grosseur, et 30 grammes de fromage de Jarlsberg ou Gruyère. Mélangez-le avec ½ tasse de champignons crus en lamelles, un peu de céleri haché et deux cuillérées de fromage parmesan râpé. Mélangez l'assaisonnement dans un récipient fermé : 1 cuillérée d'huile d'olive, 1 petite cuillérée de vinaigre de vin blanc, ¼ de cuillérée de moutarde de Dijon, sel et une cuillérée de crème fraîche.

PAR SERVICE : 3 GRAMMES D'HYDRATES DE CARBONE, 19 GRAMMES DE PROTÉINES.

Salade de Poulet

Mélangez le poulet grillé avec un hachis de ciboulette, persil, céleri, câpres (ou olives vertes farcies) et de la mayonnaise light, la moitié de celle-ci avec de la crème aigre.

PAR SERVICE : 3 GRAMMES D'HYDRATES DE CARBONE, 21 GRAMMES DE PROTÉINES.

Mélangez le poulet avec de la mayonnaise de curry, des zestes d'orange et un yaourt. Ajoutez du jicama (de la famille des légumes racines) en lamelles ou des macres pour que le plat soit croustillant et un hachis de coriandre pour donner de la couleur. Servez avec quelques rondelles de mangue ou papaye et ½ avocat en dés.

PAR SERVICE : 10 GRAMMES EN PLUS D'HYDRATES DE CARBONE, 2 GRAMMES DE PROTÉINES.

Salade de Thon

Nettoyez le poisson et mélangez-le avec un hachis de ciboulette, persil et jus de citron. Ajoutez une gousse d'ail à la mayonnaise, un peu de jus de citron et ajoutez au thon.

PAR SERVICE : 2 GRAMMES D'HYDRATES DE CARBONE, 24 GRAMMES DE PROTÉINES.

Fromage Frais et Tomate

Mélangez ½ tasse de fromage frais avec un hachis de persil et une gousse d'ail. Farcissez avec une tomate naturelle et servez-le accompagné d'une grande salade variée.

PAR SERVICE : 6.5 GRAMMES D'HYDRATES DE CARBONE, 14 GRAMMES DE PROTÉINES.

Salade de Persil

Cette salade est très bonne avec de la viande grillée (veau ou poulet). Mettez les feuilles de persil dans un bol. Ajoutez du jus de citron et du fromage parmesan râpé, sel et poivre. Il n'a pas besoin d'huile mais vous pouvez en rajoutez. Mettez une tomate coupée en rondelles.

PAR SERVICE : 6,5 GRAMMES D'HYDRATES DE CARBONE

Melon au Jambon

Coupez ¼ de melon en tranches et enroulez chacune avec une tranche de jambon. Disposez-les sur un plat et ajoutez un morceau de lime pour le presser par-dessus. Ajoutez un peu de poivre.

PAR SERVICE : 10 GRAMMES D'HYDRATES DE CARBONE, 4 GRAMMES DE PROTÉINES.

RAGOÛT DE VEAU À LA CRÈME AVEC DES POMMES DE TERRE ET CHAMPIGNONS

Le ragoût de veau à la crème avec des pommes de terre contient 5 grammes d'hydrates de carbone chaque ¼ de tasse. Ajoutez ¼ de tasse de champignons grillés. 1 cuillérée de hachis de ciboulette et quelques gouttes de sauce Tabasco (servez-le avec une dizaine d'asperges pour un supplément de 5 grammes d'hydrates de carbone).

PAR SERVICE: 7 GRAMMES D'HYDRATES DE CARBONE, 9 GRAMMES DE PROTÉINES.

SAUCISSE ET POIVRONS AVEC COURGETTE

Faites revenir 85 grammes de vos saucisses préférées avec ½ tasse de poivrons rouges ou verts, ¼ de tasse d'oignons en morceaux et ¼ de courgette en morceaux.

PAR SERVICE : 7.5 GRAMMES D'HYDRATES DE CARBONE, 21 GRAMMES DE PROTÉINES.

TORTITAS D'ANETH AVEC SAUMON FUMÉ

Faites les tortitas décrites à la page 176, en ajoutant un mélange d'aneth haché et de ciboulette. N'utilisez pas l'édulcorant. Étendez sur 5 tortitas une cuillérée de crème aigre et une fine tranche de saumon fumé sur chacune d'elles.

PAR SERVICE : 13 GRAMMES D'HYDRATES DE CARBONE, 28 GRAMMES DE PROTÉINES.

Sauce Barbecue

La sauce BBQ des magasins contient entre 5 et 14 grammes d'hydrates de carbone par cuillérée. Celle que l'on vous propose n'a que 2 grammes par cuillérée (8.25 par ¼ de tasse). Mélangez 2 cuillérées de ketchup Light Heinz, 1 cuillérée de sauce Worcestershire, 1 cuillérée de moutarde de Dijon au miel, 1 cuillérée de ciboulette hachée, 2 gousses d'ail en morceaux, sauce Tabasco, ¼ de coupe de vin rouge, quelques gouttes de sauce barbecue fumée et une pincée de Nutrasweeter ou Equal.

MÉDAILLON DE PORC ACCOMPAGNÉ DE SALADE DE BETTERAVE

Faites cuire deux betteraves à 375° pendant 40 minutes ou jusqu'à ce que la pointe de la fourchette pénètre facilement dans la betterave. Laissez-les refroidir et retirez la peau. Coupez-les en tranches et ajoutez deux oignons en morceaux et ¼ de tasse de crème fraîche mélangée avec quelques gouttes de moutarde de raifort, sel, poivre et un peu de jus de citron. Servez-le avec le médaillon de porc de 85 grammes.

PAR SERVICE : 13 GRAMMES D'HYDRATES DE CARBONE, 22 GRAMMES DE PROTÉINES.

BROUILLÉS

Les légumes brouillés avec du veau, du poulet, du porc, du tofu ou des crevettes sont parfaits en cas d'urgence et pauvres en hydrates de carbone. Dans le chapitre 5, cherchez la quantité d'hydrates de carbone des légumes que vous voulez utiliser. Choisissez entre les champignons, haricots verts, aubergines, poivrons rouges, bok choy, asperges, oignons, maïs, carottes, épinards, petits poids, céleri, bambou ou châtaignes. Chauffez le four jusqu'à qu'il soit chaud et ajoutez de l'huile, ail haché, une pincée de gingembre et une ou deux chiles piquants si vous aimez. Faites d'abord la viande puis retirez-la (les chiles aussi) et mettez-les dans une casserole. Cuisinez les légumes. Ajoutez la viande et assaisonnez avec de la sauce de soja, sauce d'huîtres ou n'importe quelle sauce disponible dans les magasins qui puissent convenir. Regardez bien l'étiquette car certains sont pleins d'hydrates de carbone.

PAR SERVICE : Le calcul des grammes d'hydrates de carbone variera selon les légumes choisis. Faites attention aux quantités!

CREVETTES À L'AÏOLI

Faites revenir des crevettes avec de l'huile, de l'ail et ajoutez une cuillérée de sauce mexicaine piquante par personne. Servez avec une salade mixte et ½ avocat en rondelles.

PAR SERVICE : 5 GRAMMES D'HYDRATES DE CARBONE, 21 GRAMMES DE PROTÉINES.

SAUMON AU PÂTÉ D'OLIVES

Étendez le pâté d'olives sur un gros filet de saumon et faites-le griller. Le filet de saumon de 170 grammes vous fournira 42 grammes de protéines.

APÉRITIFS : 5 grammes ou moins d'Hydrates de Carbone

Souvenez-vous : décompter les hydrates de carbone de l'apéritif du reste des repas.

· ¼ de tasse de noix avec sel Planter's et des cacahuètes (3 grammes).
· 1 gingembre suédois instantané avec une fine tranche de Cheddar naturel (4 grammes).
· 2 morceaux de céleri farcis d'une cuillérée de beurre de cacahuète ou de crème de fromage et ciboulette (5 grammes).
· 4 rondelles de salami (plat froid de veau à l'ail accompagné de cornichons), étendez de la crème de fromage par-dessus et enroulez-les sur un petit oignon doux (2 grammes).
· 2 fines tranches de jambon fumé ou cuit avec de la crème de fromage par-dessus et petits oignons (1 gramme).
· 2 fines tranches de jambon avec de la moutarde piquante et enroulées sur deux tranches de Gruyère (1 gramme).
· 1 biscuit de sésame salé avec un cuillérée de fromage quelconque par-dessus (3 grammes).
· 2 tranches de viande déli avec une cuillérée de crème de raifort par-dessus (1 gramme).
· 5 pièces de Talk o' Texas (sorte de chile) en conserve de vinaigre piquant ou doux (5 grammes).
· ¼ de tasse de graines de tournesol grillées et salées (4 grammes).
· 5 biscuits de blé (5 grammes).
· 2 morceaux de fromage ou de la mozzarella avec 2 tomates cerises (3 grammes).
· 1 oeuf (1 gramme).

TOAST DE FROMAGE AU GOÛT DE TOMATE, BACON ET AVOCAT

Faites fondre 30 grammes de fromage râpé dans un moule avec une rondelle de tomate au fond. Couvrez-le de deux tranches de bacon croustillant et une rondelle d'avocat.

PAR SERVICE : 7 GRAMMES D'HYDRATES DE CARBONE, 11 GRAMMES DE PROTÉINES.

MORUE AVEC SAUCE DE TOMATE ET CREVETTES

Mélangez 2 cuillérées de crème fraîche ou crème aigre avec un hachis de ciboulettes, une purée de tomates mures, une pincée de paprika et un jus de citron. Ajoutez 30 gr. de crevettes cuites et en morceaux et servez la sauce sur un filet de morue de 120 gr. cuite au micro-ondes.

PAR SERVICE : 3 GRAMMES D'HYDRATES DE CARBONE, 36 GRAMMES DE PROTÉINES.

OEUFS STYLE CARACAS

Faites frire de la viande de veau avec du beurre et de la poudre de chile. Ajoutez ½ tomate en morceaux et quelques gouttes de sauce piquante. Faites cuire 2 minutes. Ajoutez une cuillérée de fromage parmesan râpé et deux oeufs battus. Battez-le jusqu'à obtenir le brouillé.

PAR SERVICE : 2,5 GRAMMES D'HYDRATES DE CARBONE, 21 GRAMMES DE PROTÉINES.

FRITURE DE GRUYÈRE ET ZUCCHINI AVEC DES SAUCISSES

Dans une poêle antiadhésive, fondez du beurre et dorez ½ tasse de courgette coupée en morceaux avec du sel et du poivre. Versez trois oeufs battus et une poignée de fromage Gruyère raillé. Cuisinez à petit feu. Servez avec deux petites saucisses grillées.

PAR SERVICE : 3,1 GRAMMES D'HYDRATES DE CARBONE, 31 GRAMMES DE PROTÉINES.

Soupes

Soupe Piquante de Tomate et de Céleri-rave

1 litre pour 4 personnes

2 tasses des meilleures tomates italiennes en boîte.
2 tasses de bouillon de viande de veau.
¾ de tasse de céleri râpé.
2 gousses d'ail haché.
1 cuillérée de persil en hachis.
1 petite cuillérée de thym frais ou ¼ d'une petite cuillérée de thym séché.
¼ d'une petite cuillérée de sauce Tabasco, une pincée de Nutrasweet ou Equal, pour donner du goût, ou du sel.

Mettez tout, sauf le Nutrasweet et le sel, dans une casserole et cuisinez-le à petit feu jusqu'à ce que le céleri-rave et l'ail soient tendres. Ajoutez une pincée d'édulcorant t un peu de sel. Battez la soupe pour en faire de la purée.

POUR CHAQUE TASSE : 7 GRAMMES D'HYDRATES DE CARBONE

· Pour faire de cette soupe un seul repas, mélangez 225 grammes de poulet en morceaux et un hachis de 6 petits oignons, ¼ d'une petite cuillérée d'origan sec, sel, poivre et un jaune d'oeuf mélangé avec de la crème fraîche. Faites-en des boulettes et faites-les frire avec de l'huile d'olive. Ajoutez quelques-unes à la soupe et congelez les autres pour une autre fois. Des saucisses en rondelles iraient aussi très bien. Grammes de protéines : 16.

· Essayez de remplacer le bouillon de viande de veau par 1 ½ tasse de bouillon de clovisse et des fruits de mer ou de la morue dans la soupe. Grammes de protéines en plus : 16.

Une sorte de Soupe mexicaine de Poulet et Légumes «Le Roi du Mexique»

2 litres pour 5 personnes

2 cuillérées d'huile d'olive.
½ tasse de petits oignons en morceaux.
1 gousse d'ail en morceaux.
1 cuillérée de chile haché en boîte ou chile frais en boîte, plus quelques gouttes de sauce fumée BBQ et sauce piquante.
1 quart de bouillon de poulet.
2 morceaux de céleri en morceaux.
1 carotte en rondelles.
½ tasse d'haricots verts en morceaux.
½ tasse de courgette en dés.
1 tasse de tomates Muir Glen en boîte coupées en dés.
½ tasse de maïs en boîte sans eau.
¼ avocat en d´s par personne.
1 fine tranche de lime par personne.

Chauffez de l'huile dans une casserole et faites revenir les petits oignons, l'ail et le chile à feu moyen jusqu'à ce que les ails soient tendres, autour de deux minutes. Ajoutez le bouillon et tous les légumes. Laissez cuire à petit feu sans couvrir jusqu'à ce que les légumes soient tendres. Ajoutez le maïs en morceaux, le poulet, le sel, le poivre et chauffez deux minutes. Ajoutez plus de chipotle ou un peu de sauce Tabasco, si vous aimez plus piquant. Mettez dans chaque ration l'avocat et la lime.

POUR CHAQUE TASSE ET DEMI : 10 GRAMMES D'HYDRATES DE CARBONE, 12 GRAMMES DE PROTÉINES.

Soupe d'Épinards, Poireau et Bacon avec Escalopes

2 Personnes :

4 tranches de bacon fumé.
3 poireaux, propres et en morceaux.
Sel et poivre pour donner du goût.
1 tasse d'épinards cuits et surgelés, en morceaux.
3 tasses de bouillon de poulet.
2 jaunes d'oeufs battus avec ¼ de tasse de crème fraîche et une pincée de paprika.
10 onces d'escalopes avec du laurier.
2 quarts de citron pour décorer.

Cuisinez le bacon pour qu'il soit croustillant et coupez-le en morceaux pour décorer ; laissez-le de côté pour plus tard. Faites revenir à petit feu deux cuillérées de bacon et les poireaux en morceaux. Ajoutez du sel et du poivre. Battre les épinards, le bouillon et la purée avec le mixeur. Réchauffez le tout à feu moyen. Ajoutez et remuez le bouillon avec deux oeufs battus jusqu'à ce que ça épaississe. Goûtez pour voir s'il manque du sel ou du poivre et mettez le paprika. Ajoutez les escalopes et cuisinez-les pendant une ou deux minutes pour qu'elles réchauffent. Servez avec les morceaux de bacon par-dessus et décorez avec du citron.

PAR SERVICE : 9 GRAMMES D'HYDRATES DE CARBONE, 25 GRAMMES DE PROTÉINES.

Soupe de Deux Champignons

1 litre pour 4 personnes :

4 cuillérées (1/2 barquette) de beurre.
2 tasses de champignons de deux sortes en morceaux.
½ tasse de petits oignons en morceaux.
2 gousses d'ail en morceaux.
Sel et poivre de Cayenne pour donner du goût.
1 petite cuillérée de moutarde séchée.
2 petites cuillérées de poudre de champignons sauvages (hachez les

champignons avec le mixeur).
3 tasses de bouillon de poulet.
2 cuillérées de vin de Jerez sec.
2 jaunes d'oeufs mélangés avec ¼ de tasse de crème fraîche.

Faites fondre le beurre à feu moyen dans une poêle. Faites revenir les champignons, les petits oignons et l'ail dans ce beurre pendant 30 minutes. Ajoutez le sel, la Cayenne, la moutarde et la poudre de champignon, mélangez bien et réchauffez au feu pendant 5 minutes. Versez le bouillon de poulet et le vin de Jerez, et faites-le bouillir à petit feu. Ajoutez à la soupe les deux jaunes d'oeufs battus et remuez jusqu'à ce que ça épaississe.

PAR SERVICE : 3 GRAMMES D'HYDRATES DE CARBONE, 5 GRAMMES DE PROTÉINES.

·Servez avant du poulet rôti ou un filet de poisson avec une grande salade au vinaigre de citron.

Gazpacho

2 personnes :

1 boîte de 450 grammes de tomates de Muir Glen.
2 gousses d'ail hachées.
1 cuillérée de mayonnaise.
Une pincée de poivre de Cayenne.
1 petite cuillérée de vinaigre de vin rouge.
Sel et poivre pour donner du goût.
¼ d'oignon en morceaux.
½ concombre moyen, épluché et en morceaux.
¼ de tasse de poivron vert en morceaux.

Avec un mixeur, faites une purée avec la moitié des tomates, le hachis d'ail, la mayonnaise, la Cayenne et le vinaigre. Ajoutez le sel et le poivre. Mettez le reste des tomates et battez peu à peu jusqu'à ce que le tout se mélange sans perdre la texture. Mettez tous les autres légumes ensemble au réfrigérateur, séparés de la base de la soupe, jusqu'à ce qu'ils soient froids. Servez très froid avec les morceaux de légumes.

Soupe froide de Poivrons Rouges avec du Coriandre

2 personnes :

¾ de tasse de poivrons rouges grillés en boîte.
1 tasse de bouillon de poulet.
Sel pour donner du goût.
1 gousse d'ail moulu ou haché.
Une pincée de poivre de Cayenne.
2 cuillérées de coriandre moulue.
3 cuillérées de crème aigre.
1 cuillérée de yaourt.
1 cuillérée d'eau.

Faites une purée avec les poivrons rouges et le bouillon de poulet. Ajoutez du sel, l'ail, la Cayenne et mélangez-le. Laissez refroidir pendant une heure. Battez la coriandre dans la crème aigre et le yaourt. Servez la soupe avec la crème aigre par-dessus.

PAR SERVICE : 6 GRAMMES D'HYDRATES DE CARBONE, 3,5 GRAMMES DE PROTÉINES.

·Servez cette soupe avec quelques côtelettes d'agneau rôties ou grillées et accompagnées d'une salade de légumes qui ait des épinards.

Soupe d'Avocat surgelé avec des Amandes

2 Personnes :

1 avocat bien mûr Hass, en morceaux.
½ tasse d'amandes blanches torréfiées.
1 tasse de bouillon de poulet.
¼ d'une petite cuillérée de jus de lime fraîche.
Sel et poivre pour donner du goût.
Une pincée de noix de muscade, de préférence fraîche et moulue.
½ tasse de crème light.
1 cuillérée d'amandes en lamelles, torréfiées.

Faites une purée avec les avocats et les amandes blanches. Versez le mélange dans une casserole et ajoutez le bouillon de poulet, le jus de lime, le sel et le poivre et la noix de muscade. Faites bouillir puis baissez le feu pendant 5 minutes. Ajoutez la crème et remuez. Laissez refroidir pendant une heure puis servir saupoudré d'amandes en lamelles.

PAR SERVICE : 15 GRAMMES D'HYDRATES DE CARBONE, 15 GRAMMES DE PROTÉINES.

· Servez-la avec des grandes crevettes grillées avec de l'huile d'ail et des poivrons rouges en morceaux sur un lit de salade d'épinards (12 crevettes cuites contiennent 21 grammes de protéines).

Soupe d'Oeufs et Poulet au Gingembre

2 personnes :

2 blancs de poulet moyens, avec leur peau et os.
1 jet de gingembre frais.
3 tasses de bouillon de poulet « fait maison ».
Sel et poivre Szechuan pour donner du goût.
4 petits oignons avec une partie de leur germe.
8 gousses de petits pois, coupées en diagonale.
1 oeuf battu.

Coupez les blancs de poulet longitudinalement en trois parties, puis en petits morceaux diagonales. Faites-les cuire avec du gingembre et le bouillon de poulet dans une petite casserole autour de 6 minutes, jusqu'à ce que le poulet soit tendre. Retirez le gingembre. Ajoutes le sel et le poivre. Ajoutez l'oignon et les petits pois. Battez l'oeuf et ajoutez-le à la soupe. Servez tout de suite.

PAR SERVICE : 4 GRAMMES D'HYDRATES DE CARBONE, 36 GRAMMES DE PROTÉINES.

·Servez avec trois galettes de riz et sésame pour un apport supplémentaire de 4,5 grammes d'hydrates de carbone.

SALADES

Salade indonésienne avec sauce de cacahuètes

Deux personnes :

**Une demi tasse de choux de Bruxelles.
Une tasse de chou rouge coupé en fines tranches.
Une demi tasse de haricots verts en morceaux.
Une demi tasse de zucchini coupés.
Un quart de poivron rouge coupé en fines lamelles.
Deux cuillérées de beurre de cacahuète.
Un quart de tasse de lait de noix de coco thaïlandaise sans sucre.
Une gousse d'ail hachée.
Une petite demi cuillérée de sauce de chile piquante thaïlandaise ou une cuillérée de sauce de soja pour donner du goût.
Une pincée de NutraSweet ou Equal
1/6 de lime.
De l'eau.
8 petits oignons frais coupés en quarts.
2 cuillérées de carottes râpées.
½ concombre, épluché et en rondelles.
3 tasses d'épinards, lavés et essorés.
2 oeufs durs en rondelles.**

Faites cuire les choux de Bruxelles, les laisser reposer puis les essorer et réserver. Faites cuire le chou, les petits pois, le zucchini et le poivron rouge dans le micro-ondes pendant 5 minutes jusqu'à ce qu'ils soient tendres. Dans un bol, mélangez le beurre de cacahuète, le lait de noix de coco, l'ail, la sauce de chile, la sauce de soja et le NutraSweet pour faire une sauce. Ajoutes le jus de lime et de l'eau pour donner de la consistance. Placez les légumes autour d'un lit d'épinards, en séparant les variétés. Mettez les rondelles d'oeuf par-dessus de lit d'épinards et servez la salade avec la sauce de cacahuète à côté.

PAR SERVICE : 15 GRAMMES D'HYDRATES DE CARBONE, 8.5 GRAMMES DE PROTÉINES.

·Servir avec un cochon de lait rôti ou grillé.

Salade César de Crevettes

2 personnes :

4 coeurs de laitue romaine coupés en petits morceaux.

Assaisonnement :

6 cuillérées d'huile d'olive.
2 cuillérées de jus de citron.
Sel et poivre pour donner du goût.
Une pincée de moutarde.
Un jet de sauce Worcestershire.
½ doigt de pâté d'anchois de tube (optionnel).
1 jaune d'oeuf.

Accompagnement :

2 cuillérées de fromage parmesan raillé.
12 grandes crevettes, cuites et épluchées.
12 dés de pain grillé à l'ail.

Mettez la salade dans un bol. Mettez les ingrédients de l'assaisonnement dans un récipient fermé et remuez-le vigoureusement. Goûtez-le pour vérifier s'il ne manque rien – il devrait avoir un goût de citron piquant. Ajoutez le sur la laitue. Mettez le fromage par-dessus. Trempez les crevettes dans l'assaisonnement réservé et rajoutez-les sur la salade avec les dés de pain (utilisez du pain de campagne avec de l'huile d'olive et dorés au four à 275° jusqu'à ce qu'ils se dorent).

PAR SERVICE : 9 GRAMMES D'HYDRATES DE CARBONE, 13 GRAMMES DE PROTÉINES.

Porc grillé accompagné de Zucchini et Salade de Poivrons Rouges rôtis

2 Personnes :

Assaisonnement :

¼ de tasse d'huile d'olive ou d'huile d'avocat.
2 cuillérées de vinaigre de vin de Jerez.
1 gousse d'ail moulue.
¼ de cuillérée de cumin moulu.
Sel et poivre pour donner du goût.

Salade :

Une salade à votre goût.
1 tasse de courge de saison verte ou jaune en rondelles.
¼ de tasse de jicama en dés.
1 boîte de poivrons rouges rôtis en lamelles.
N'importe quelle quantité de faux- filet de porc grillé, coupé en tranches*.

Remuez l'assaisonnement dans un récipient fermé. Mélangez-le à la salade et placez les tranches de porc grillé autour de la salade.

PAR SERVICE : 8 GRAMMES D'HYDRATES DE CARBONE, 21 GRAMMES DE PROTÉINES.

---

* Pour faire le porc au barbecue, étalez une cuillérée d'huile d'olive mélangé d'une gousse d'ail, ¼ d'une petite cuillérée d'origan et 1/8 d'une petite cuillérée de cumin moulu sur le faux-filet de porc. Ajoutez un peu de sauce fumée et du Tabasco. Faites cuire la viande de porc pendant 6 minutes de chaque côté.

À LA RECHERCHE DU CROUSTILLANT

Vous verrez très vite que la cuisine pauvre en hydrates de carbone n'est pas très croustillante – il n'y a pas de gâteau de riz, ni de biscuits salés, ni de pop-corn. Mais, il existe quelques idées pour les Apéritifs qui fournissent ce croustillant recherché en échange de très peu d'hydrates de carbone.

· Tranches de couenne de porc sans limitation – aucun hydrate de carbone.
· 2 biscuits de seigle et sésame Wassa – 4 grammes d'hydrates de carbone.
· 5 biscuits de blé.
· 1 tasse de pop-corn avec du fromage Cheddar et une tranche de morue – 5 grammes d'hydrates de carbone.
· 2 gressins – 5 grammes d'hydrates de carbone (vérifiez l'étiquette).
· ½ tasse de noix salées de Planter's avec des cacahuètes – 6 grammes d'hydrates de carbone.
· 1 toast Jaret (avec crème de framboise) – 6 grammes d'hydrates de carbone.

Salade de Fromage de Chèvre, Épinards, Avocats et Bacon

2 personnes :

Salade :
La quantité que vous voudrez d'épinards.
3 feuilles de céleri, coupées en morceaux de 5 centimètres.
6 petits oignons frais, coupés en quarts.
60 grammes de fromage de chèvre frais ou plus ferme, coupé en fines lamelles.
1 avocat de Hass, coupé en rondelles.

Pour la sauce :

¼ de tasse d'huile de tournesol ou d'huile d'olive léger.
2 cuillérées de jus de citron frais.
1 petite cuillérée de moutarde de Dijon au miel.

2 petites cuillérées d'aneth frais.
Sel et poivre pour donner du goût.

Para décorer :

4 tranches de bacon fumé cuisiné et en morceaux.
2 petites cuillérées de graines de tournesol torréfiées.

Mélangez les ingrédients dans la salade avec la sauce faite et décorez selon votre goût.

PAR SERVICE : 9 GRAMMES D'HYDRATES DE CARBONE, 12 GRAMMES DE PROTÉINES.

PLATS PRINCIPAUX

Dîner sans pâtes

2 personnes :

Cette longue liste d'ingrédients ne devrait pas vous effrayer, puisqu'elle ne vous oblige pas à cuisiner. Un dîner sans pâtes peut se préparer en un moment.

Roquette ou autres types de laitues.
3 cuillérées de mayonnaise Light Hellmann.
2 gousses d'ail moulues.
1 cuillérée de jus de citron frais.
16 ½ onces de thon blanc en boîte dans de l'huile d'olive.
1 petite cuillérée de petites ou grandes câpres.
½ tasse d'aubergines Progreso ou Giovani.
Bouillon de poule.
¼ de tasse de coeurs d'artichauts en boîte dans de l'huile d'olive.

Vinaigre de vin blanc.
Sel et poivre pour donner du goût.
4 tranches de prosciutto (jambon) importé.
1 cuillérée de crème de fromage mélangé avec des morceaux d'oignons.
8 rondelles de salami dur italien.
4 petits oignons coupés en lamelles.
2 poivrons rouges piquants.
Ou des champignons coupés en fines lamelles.
Huile et vinaigre.
Feuilles de thym frais.
8 tomates cerise.
8 olives noires italiennes ou grecques.
60 grammes de ricotta ou mozzarella fraîche, coupés en lamelles.

Situez la roquette dans un plat allongé. Mélangez la mayonnaise, l'ail et le citron dans un bol. Égouttez le thon avec du papier de cuisine et posez-le autour de la laitue. Mettez dessus la mayonnaise et les câpres. Ensuite, tout autour, mettez la viande de poule, puis les coeur d'artichauts égouttés avec le vinaigre par-dessus. Ajoutez le sel et le poivre, et le prosciutto au-dessus. Placez le salami avec de la crème de fromage par-dessus et un morceau d'oignon sur chacun. Disposez les poivrons et légumes choisis, les champignons en lamelles avec de l'huile et du vinaigre, et le thym frais. Mettez les tomates, les olives et le fromage par-dessus.

PAR SERVICE : 12 GRAMMES D'HYDRATES DE CARBONE, 31.5 GRAMMES DE PROTÉINES.

Flan au Fromage Tex-mex avec sauce Chunky

2 personnes :

Ces petits flans sont faciles à faire et parfaits comme accompagnement ou en entrée.

Un jet d'huile d'olive ou végétal.
1 grand oeuf.
¼ de tasse de ricotta sans sucre ou fromage blanc.
¼ de tasse de fromage de Monterrey Jack sous vide.
2 cuillérées de crème aigre.

1 cuillérée de coriandre en morceaux (optionnel).
Sel et poivre pour donner du goût.
2 cuillérées de sauce mexicaine Chunky.
2 branches de coriandre pour décorer.

Chauffez le four à 350°. Mettez tous les ingrédients, sauf la sauce Chunky et les branches de coriandre, dans un récipient et battez-les avec un mixeur. Liquéfiez-les jusqu'à ce qu'ils soient crémeux. Remplissez les moules avec le mélange – aux deux tiers pleins. Mettez-les au four pendant 20 minutes jusqu'à ce qu'ils gonflent. Une fois faits, sortez-les de leur moule. Couvrez-les d'une grande cuillérée de sauce, décorez avec une branche de coriandre et servez immédiatement.

PAR SERVICE : 7 GRAMMES D'HYDRATES DE CARBONE, 24 GRAMMES DE PROTÉINES

Soufflé italien

Utilisez du fromage râpé Fontina ou moitié Fontina et moitié mozzarella. Disposez deux feuilles de basilic au fond du récipient avant de la remplir. Couvrez le flan, une fois fait, d'une cuillérée de sauce fumée chaude (1 gramme d'hydrates de carbone supplémentaire).

Soufflé au Fromage Féta et Aneth avec crevettes.

Pour le soufflé, utilisez le fromage frais, le fromage féta en morceaux, l'aneth haché et deux petits oignons. Faites sauter 6 grandes crevettes avec de l'huile d'olive et de l'ail haché et des bouts de poivrons rouges. Avant de servir, ajoutez à la poêle des feuilles d'épinards et remuez-les jusqu'à ce qu'elles se dorent.

PAR SERVICE : 5,5 GRAMMES D'HYDRATES DE CARBONE SUPPLÉMENTAIRES, 11 GRAMMES DE PROTÉINES.

Pilons de Poulet à la noix

2 personnes :

Ces pilons de poulet grillés et croustillants sont très similaires au poulet grillé du Sud.

4 cuillérées de beurre (½ barquette) fondu.
¼ de tasse d'huile de cacahuète.
1 oeuf légèrement battu avec trois cuillérées de lait.
¼ de tasse de cacahuètes crues moulues.
2 cuillérées de farina.
Sel, poivre pour donner du goût.
4 pilons de poulet.

Préchauffez le four à 350°. Mélangez le beurre fondu avec l'huile et versez-le dans une casserole peu profonde qui puisse aller au four. Mettez-la dans le four. Battez le beurre et les œufs dans un bol, et mélangez les cacahuètes, les graines, la farine et l'assaisonnement à part. Humectez le poulet dans le premier mélange puis, ensuite, dans le deuxième mélange. Placez le poulet dans la casserole et mettez par-dessus une cuillérée de beurre et d'huile. Faites rôtir pendant 30 à 40 minutes ou jusqu'à ce que le poulet soit doré et croustillant.

PAR SERVICE : 10 GRAMMES D'HYDRATES DE CARBONE, 40 GRAMMES DE PROTÉINES.

· Servez le poulet accompagné d'une grande salade de légumes, contenant des épinards, des rondelles d'oignon et 2 tomates cerises coupées à la moitié. Assaisonnez la salade avec de l'huile d'olive et du vinaigre balsamique.

Suppléments pour le Maintien

Servez chaque portion du poulet avec ½ tasse de haricots verts entiers avec peau et salade de choux. Pour préparer la salade de choux, mélangez ½ tasse de chou cru haché avec de la carotte râpée, ¼ de paprika doux et une cuillérée de mayonnaise light Hellman avec un jet de vinaigre de cidre.

PAR SERVICE : 9 GRAMMES D'HYDRATES DE CARBONE SUPPLÉMENTAIRES, 2 GRAMMES DE PROTÉINES.

Poulet au Fromage de Chèvre, Bacon fumé et Sauce au Poivron

2 personnes :

4 blancs de poulet.
¼ de tasse de fromage de chèvre.
2 grosses tranches de bacon en dés.
2 gousses d'ail haché.
½ tasse d'oignon haché.
½ tasse de poivrons en morceaux (rouges, verts, jaunes et jalapeños).
2 cuillérées de coriandre en morceaux.

Étendez le fromage sur les blancs de poulet et faites-en un sandwich. Faites frire les morceaux de bacon dans une poêle suffisamment grande pour que les blancs de poulet rentrent. Retirez le bacon frit et laissez-le de côté. Laissez deux cuillérées de graisse de bacon pour dorer le poulet des deux côtés à feu moyen. Mettez-le dans un récipient qui puisse aller au micro-ondes et couvrez-le de film plastique. Faites revenir l'ail, l'oignon et la sauce de poivrons. Ajoutez la coriandre. Lorsque tout est prêt, mettez le poulet pendant 5-6 minutes au micro-ondes et couvrez-le de la sauce et du bacon.

PAR SERVICE : 6 GRAMMES D'HYDRATES DE CARBONE, 35 GRAMMES DE PROTÉINES.

· Servir avec une salade mixte accompagnée d'un demi avocat, 3 ou 4 tomates et un jus d'une lime et de vinaigre.

PAR SERVICE : 8 GRAMMES D'HYDRATES DE CARBONE SUPPLÉMENTAIRES, 2 GRAMMES DE PROTÉINES.

Hamburger de Dindon avec Sauce au Vin Rouge

2 personnes :

3 cuillérées d'huile d'olive ou de beurre.
2 cuillérées de petits oignons hachés.
2 gousses d'ail haché.
Une pincée de thym séché.

Une pincée de romarin séché.
Une pincée d'origan séché.
1 petite cuillérée de moutarde.
1 tasse de Zinfadel ou d'un autre vin fruité.
¾ d'une livre de dindon haché ou de poulet mélangé avec du dindon.

Chauffez l'huile dans une petite poêle et faites revenir l'oignon haché et l'ail à feu moyen jusqu'à ce qu'ils se dorent. Ajoutez les herbes et la moutarde et mélangez bien. Versez le vin rouge et réduisez le feu. Divisez la viande hachée en deux hamburgers et cuisinez-les à feu moyen dans une autre poêle pendant 6 minutes de chaque côté. Versez la sauce sur les hamburgers.

PAR SERVICE : 8 GRAMMES D'HYDRATES DE CARBONE, 36 GRAMMES DE PROTÉINES.

· Servir avec une demi tasse de champignons sautés et une demi tasse de courge verte et jaune de saison.

PAR SERVICE : UN EXTRA DE 3 GRAMMES D'HYDRATES DE CARBONE.

Poulet au citron avec Sauce Choron

2 personnes :

Cette sauce est un classique de la cuisine française, appelée ainsi à cause du cuisinier qui l'inventa.

1 poulet rôti.
Sel et poivre pour donner du goût.
3 citrons.
6 gousses d'ail épluchées.
½ oignon.
Huile d'olive.

Sauce Choron :

3 jaunes d'œuf.
2 cuillérées de jus de citron.
½ petite cuillérée de sel.
Une pincée de paprika piquant.
3 ½ cuillérées de beurre.
½ tasse de purée de tomate.

Si vous rôtissez votre propre poulet, préchauffez le four à 375°. Nettoyez l'intérieur du poulet et placez-le sur le plateau du four. Saupoudrez de sel et poivre. Faites des trous dans un citron avec une fourchette et mettez-le à l'intérieur du poulet avec l'ail et le demi oignon coupé en deux. Fermez l'orifice du poulet et attachez les pattes ensemble. Versez de l'huile par-dessus le poulet et cuisinez-le pendant 1 heure ou 1 heure et demie, selon les dimensions. Sortez le poulet du four, retirez la farce et laissez reposer pendant que vous faites la sauce.

Battez les jaunes d'œuf. Ajoutez le jus de citron, ½ petite cuillérée de sel et le paprika. Fondez le beurre dans le micro-ondes et rajoutez-le, pendant qu'il est chaud, au mélange de jaunes d'œufs. La sauce épaissira rapidement. Ajoutez la purée de tomates et versez la sauce chaude sur le poulet.

PAR SERVICE : 4 GRAMMES D'HYDRATES DE CARBONE, 45 GRAMMES DE PROTÉINES (POUR CHAQUE PORTION DE 170 GRAMMES)

·Servir avec une tasse de brocoli cuit avec du beurre et pignons torréfiés.

PAR SERVICE : UN EXTRA DE 3 GRAMMES D'HYDRATES DE CARBONE, 2 GRAMMES DE PROTÉINES.

Blancs de Poulet farcis de Prosciutto et Mozzarella

2 personnes :

2 blancs de poulet entiers, sans os et coupés.
4 tranches de prosciutto aussi fines que possible.
4 fines tranches de mozzarella.

1 cuillérée de farine de Pillsbury Shake&Blend.
3 cuillérées d'huile d'olive.
2/3 d'une coupe de vin blanc sec.
½ tasse de sauce tomate.
¼ d'une petite cuillérée d'origan sec.
Sel et poivre pour donner du goût.
Persil haché pour décorer.

Placez les blancs de poulet entre deux papiers cuisson et les aplatir. Placez une tranche de prosciutto et une autre de fromage par-dessus chaque blanc. Enroulez les blancs de poulet en pliant les extrémités et les fermant avec des cure-dents. Saupoudrez-les légèrement de farine. Dorez les rouleaux, à l'huile d'olive, dans une poêle à feu moyen fort et placez-les sur un plateau couvert pour le micro-ondes. Versez le vin dans la casserole et laissez-le bouillir à petit feu jusqu'à ce que le vin réduise de moitié. Ajoutez le reste des ingrédients et laissez bouillir à petit feu pendant une ou deux minutes. Versez-le sur les rouleaux de poulet et mettez-les au micro-ondes à la température maximale pendant 3-4 minutes. Décorer avec le persil haché.

PAR SERVICE : 10 GRAMMES D'HYDRATES DE CARBONE, 42 GRAMMES DE PROTÉINES.

· Servir avec une salade de roquette, différents légumes ou épinards. Ajoutez ¼ de tasse de cœurs d'artichauts en boîte par personne.

PAR SERVICE : UN EXTRA DE 3,5 GRAMMES D'HYDRATES DE CARBONE, 1 GRAMME DE PROTÉINES.

Chile de Poulet Vert

4 personnes :

3 cuillérées d'huile de cacahuète.
4 pilons et 4 blancs de poulet sans os.
4 gousses d'ail hachées.
½ tasse d'oignons hachés.
Sel et poivre pour donner du goût.
2 petites cuillérées de cumin moulu.
4 petites tomates en morceaux.
1 tasse de chiles verts doux en boîte.

2- 3 jalapeños en boîte et en morceaux pour donner du goût.
½ tasse de bouillon de poulet.
¼ de tasse de coriandre moulu.
1 cuillérée par personne de graines de potiron torréfiées.
2 cuillérées de crème aigre.

Chauffez l'huile dans une grande poêle à feu moyen. Dorez le poulet pendant 4 minutes de chaque côté. Ajoutez l'ail et l'oignon, réduisez le feu et faites-les frire pendant 3 minutes. Ajoutez le sel et le poivre, et mettez le cumin. Rajoutez les petites tomates, les chiles et le bouillon. Couvrez et laissez bouillir jusqu'à ce que le poulet soit tendre et la sauce épaissie, autour de 30 minutes. Ajoutez la coriandre et servez le poulet avec les graines de potiron et un jet de crème aigre.

PAR SERVICE : 7,5 GRAMMES D'HYDRATES DE CARBONE, 46 GRAMMES DE PROTÉINES.

·Servir avec ½ avocat en rondelles dans la Salade César (page...).

PAR SERVICE : UN EXTRA DE 3,7 GRAMMES D'HYDRATES DE CARBONE, 2 GRAMMES DE PROTÉINES.

Ailons de Poulet à la Sauce BBQ

10 personnes :
Notre ami Bill Parker développa cette merveilleuse recette qui s'est transformée en notre plat familial préféré. Le secret est de cuisiner les ailons longtemps et lentement, et les mouiller dans votre sauce juste avant de les servir. Faites attention de ne pas les brûler – si vous n'avez pas un barbecue couvert, utilisez des grands morceaux de papier aluminium.

La sauce :

1 verre d'eau.
½ tasse d'huile d'olive.
½ tasse de vinaigre blanc ou de cidre.

2 cuillérées de chile en poudre.
½ petite cuillérée de poivre de Cayenne.

Mélangez les ingrédients de la sauce dans une casserole et attendez qu'elle bouille à feu vif, pendant 5 minutes et retirez-la du feu.

Les Ailons :

2,5 kilogrammes d'ailons de poulet.
Sel et poivre.

Préparez le grill pour faire un barbecue. Coupez les ailons, salez et poivrez. Disposez les ailons sur le grill lorsque le charbon sera au vif et couvert de cendres blanches. Grillez les ailons pendant 30 minutes ou 1 heure, en les retournant fréquemment jusqu'à ce qu'ils semblent secs. Retirez les ailons du barbecue et mettez la sauce par-dessus immédiatement. Disposez-les sur un plateau e servez-les.

PAR PERSONNE : 1.4 GRAMMES D'HYDRATES DE CARBONE, 38 GRAMMES DE PROTÉINES.

Mérou grillé avec Persil et Citron

2 personnes :

Entre 340 et 450 grammes de mérou, plie ou tout autre poisson blanc.
1 oeuf battu avec une cuillérée de lait.
3 cuillérées de germe de blé.
2 cuillérées de fromage parmesan râpé.
1 cuillérée d'huile d'olive ou d'amandes.
1 cuillérée de beurre.
2 cuillérées de persil haché.
1 petite cuillérée de jus de citron.

Imbibez le poisson dans l'oeuf pendant 30 minutes. Mélangez le germe de blé avec du fromage parmesan et imbibez le poisson avec ce mélange des deux côtés en formant une légère couverture. Préchauffez le four à 375°. Chauffez l'huile et le beurre dans une poêle antiadhésive qui puisse aller au four et dorez légèrement le poisson des deux côtés. Sortez la poêle du four et cuisinez le poisson pendant 15 minutes ou jusqu'à ce que le poisson soit ferme. Décorez-le avec du persil et le citron.

PAR PERSONNE : 4.5 GRAMMES D'HYDRATES DE CARBONE, 47 GRAMMES DE PROTÉINES.

·Servir avec ½ tasse de concombres en morceaux, faits sautés avec du beurre et une cuillérée de carottes râpées.

PAR SERVICE : UN EXTRA DE 4 GRAMMES D'HYDRATES DE CARBONE.

Saumon à la Noix de Coco

2 personnes :

¼ de tasse d'huile de cacahuète.
2 oignons en fines rondelles.
1 cuillérée de curcuma.
Une pincée de poivre de Cayenne.
Une pincée de macis (espèce) moulue.
340 grammes de filets de saumon, coupés pour deux personnes.
½ tasse de lait de noix de coco thaïlandais sans sucre.
Branches de coriandre pour décorer.

Dans une petite poêle, chauffez l'huile d'olive à feu vif. Quand elle sera chaude, ajoutez les oignons et faites-les frire autour de 5 minutes. Séchez-les à l'aide d'un papier et réservez-les pour plus tard. Mélangez les herbes dans une poêle et mettez-les sur le saumon. Posez le saumon dans un récipient valable pour le micro-ondes et versez le lait de noix de coco par-dessus. Faites cuire au micro-ondes à une température élevée pendant 3 minutes ou jusqu'à ce que voyiez que le saumon est ferme et prêt pour manger. Mettez par-dessus les oignons frits et les branches de coriandre.

PAR PERSONNE : 3 GRAMMES D'HYDRATES DE CARBONE, 36 GRAMMES DE PROTÉINES.

· Servir accompagné d'une tasse d'épinards sautés avec une cuillérée d'huile d'olive et une gousse d'ail haché, s'il sont frais, ou avec un peu de beurre, s'il sont surgelés. Ajoutez sel et poivre.

PAR SERVICE : UN EXTRA DE 3 GRAMMES D'HYDRATES DE CARBONE, 5,4 GRAMMES DE PROTÉINES.

Champignons Portobello farcis de Saumon et Épinards

2 personnes :

2 champignons Portobello grands.
3 petites cuillérées d'huile végétale ou d'huile d'olive.
Sel et poivre pour donner du goût.
2 cuillérées d'oignon haché.
225 grammes saumon avec peau et coupé en dés.
1 paquet de 285 grammes d'épinards surgelés avec les feuilles entières.
3 cuillérées de crème de fromage.

Mettez de l'huile sur les champignons et saupoudrez-les de sel et poivre. Faites-les cuire pendant trois minutes. Préchauffez le four 375°. Mettez une cuillérée d'oignon haché et du saumon dans chaque champignon. Cuisinez les épinards en suivant les instructions de votre micro-ondes. Essorez-les bien et coupez-les en de grands morceaux. Dans un bol, mettez les épinards et la crème de fromage pour le fondre. Ajoutez du sel et du poivre, et mélangez avec une fourchette. Posez les épinards sur le saumon et mettez les champignons au four pendant 20 minutes.

PAR PERSONNE : 4 GRAMMES D'HYDRATES DE CARBONE, 29 GRAMMES DE PROTÉINES.

· Servir avec une salade de laitue et tomate.

PAR SERVICE : UN EXTRA DE 4 GRAMMES D'HYDRATES DE CARBONE.

Filet de Thon grillé (au goût Slaw) au Gingembre

2 personnes :

2 cuillérées d'huile d'olive légère ou d'avocat.
¼ de cuillérée de sauce de chile Sriracha thaïlandaise ou une autre sauce piquante.
2 filets de thon de 2,5 centimètres d'épaisseur.

Slaw au gingembre :

2 tasses de chou rouge coupé en fines tranches.
2 tasses de chou Napa coupé en fines tranches.
6 oignons frais coupés en leur longueur.
½ tasse d'haricots verts avec leur peau coupés en longueur.
¼ de poivron jaune (bell) coupé en lamelles.
Sel et poivre pour donner du goût.

Pour la sauce :

½ petite cuillérée d'huile de sésame (asiatique).
3 petites cuillérées supplémentaires d'huile d'avocat ou de tournesol.
1 cuillérée de vinaigre de vin.
1 petite cuillérée de sauce de soja.
1 cuillérée de graines de sésame.
2 petites cuillérées de hachis de gingembre conservé dans du vinaigre.
Une pincée de NutraSweet ou Equal, ou quelques gouttes de Sweet 10.

Mélangez l'huile et la sauce chili et nappez les deux côtés des filets de thon. Mélangez tous les légumes dans un bol. Salez et poivrez. Une fois le barbecue préparé, placez les filets de thon pendant une minute de chaque côté. Servir avec la salade.

PAR PERSONNE : 10 GRAMMES D'HYDRATES DE CARBONE, 29 GRAMMES DE PROTÉINES.

· Le thon se cuisine très rapidement car il a de l'huile, donc faites très attention de ne pas dépasser le temps de cuisson, où il sera trop sec. Une fois au feu et ayant pris la température idéale, vous surveillez la cuisson en regardant les extrémités des filets. La couleur grise sera de plus en plus foncée avec la cuisson. Retournez le filet avant que cette couleur grise n'atteigne les extrémités. Et retirez-le du feu lorsque le centre est encore un peu rouge.

Tarte au Crabe

2 personnes :

225 grammes de pattes de crabe.
2 cuillérées de mayonnaise Hellmann.
1 cuillérée de crème aigre.
Sauce Tabasco pour donner du goût.
3 petits oignons frais en morceaux.
2 cuillérées de persil haché.
1 petite cuillérée de câpres hachées ou ½ cuillérée de citron concentré.
6 biscuits d'huître Sunshine en morceaux.
2 petites cuillérées de farine Wondra.
2 cuillérées de beurre.

Retirez toute la chair des pattes des crabes. Mélangez les 6 ingrédients ensemble et la chair de crabe. Ajoutez les biscuits d'huître en morceaux et, avec le mélange antérieur, faites 4 petits gâteaux ronds. Mettez-les dans le réfrigérateur pendant 1 heure. Ajoutez un peu de farine des deux côtés. Faire fondre le beurre dans une poêle. Cuisinez-les dans la poêle à feu moyen jusqu'à ce qu'ils se dorent, environ 4 minutes de chaque côté.

PAR PERSONNE : 5 GRAMMES D'HYDRATES DE CARBONE, 28 GRAMMES DE PROTÉINES.

· Servir accompagné de ½ avocat farci de salade de radis : mélange de fines tranches de radis blancs et rouges avec du sel et du poivre, et du vinaigre balsamique.

PAR PERSONNE : UN EXTRA DE 4 GRAMMES D'HYDRATES DE CARBONE, 2 GRAMMES DE PROTÉINES.

Pétoncles au Jambon et à la Sauce de Moutarde et Miel

2 personnes :

2 oignons frais hachés.
3 fines rondelles de prosciutto ou jambon Black Forest.
1 cuillérée d'huile d'olive light ou safflower.

12 Pétoncles.
2 cuillérées de moutarde de miel de Dijon.
1 petite cuillérée de gingembre frais râpé.
2 petites cuillérées de sauce d'huître chinoise.

Dans une poêle antiadhésive, faites revenir les oignons frais et le jambon, dans de l'huile à feu moyen, jusqu'à ce que le jambon dore légèrement, environ 3 minutes. Séchez les pétoncles avec du papier. Mettez-les avec le jambon dans la poêle à feu moyen, en les retournant constamment. Lorsqu'ils sont dorés, baissez le feu et ajoutez la moutarde, le gingembre et la sauce d'huîtres. Mettez tous les ingrédients et laissez cuire à petit feu jusqu'à ce que les pétoncles soient cuits.

PAR PERSONNE : 4 GRAMMES D'HYDRATES DE CARBONE, 12 GRAMMES DE PROTÉINES.

·Servir les pétoncles accompagnés de ½ tasse de petits pois doux ou légèrement frits avec deux châtaignes et des champignons en lamelles.

PAR SERVICE : UN EXTRA DE 6,5 D'HYDRATES DE CARBONE, 1 GRAMME DE PROTÉINES.

Crevettes Grecques avec du Fromage Féta

2 personnes :

3 cuillérées d'huile d'olive.
2 gousses d'ail hachées.
Une pincée de poivron rouge piquant pour donner du goût.
½ petite cuillérée d'origan sec moulu.
½ tasse de tomates cerise italiennes en boîte égouttées et coupées en lamelles.
3 cuillérées de jus de clovisse en boîte.
2 cuillérées d'aneth frais en morceaux.
1 cuillérée de câpres égouttés.
Sel et poivre pour donner du goût.
1 ½ cuillérée de beurre.
De 12 à 16 grandes crevettes épluchées mais avec la queue.
3 cuillérées de fromage féta émietté.

Dans une petite poêle à feu moyen, faites sauter l'ail, le poivre et l'origan environ deux minutes. Ajoutez les tomates et le jus de clovisse, et laissez cuire jusqu'à ce que le liquide se soit évaporé presque entièrement, environ 3 minutes. Ajoutez l'aneth, les câpres, le sel et le poivre. Préchauffez le four à 400°. Versez la sauce dans un bol et laissez la poêle. Chauffez le beurre à feu vif puis, une fois bien chaud, ajoutez les crevettes et faites-les sauter légèrement – ne cuisinant que l'extérieur. Divisez les crevettes entre les deux grills du four avec les queues vers le haut. Mettez une cuillérée de sauce par-dessus et couvrez-les de fromage. Laissez-les au four pendant 15 minutes.

PAR PERSONNE : 4,5 GRAMMES D'HYDRATES DE CARBONE, 15 GRAMMES DE PROTÉINES.

· Servir avec une grande salade de légumes.

Veau à la Provençale

4 personnes :

Préparez ce plat la veille pour qu'il prenne bien tout l'arôme souhaité.

115 grammes de bacon en tranches.
1 kilo de gigot cuit sans os et coupé en morceaux de 5 centimètres.
2 oignons moyens coupés en quarts.
Sel et poivre pour donner du goût.
1 bulbe de fenouil coupé en très petits morceaux.
1 tête d'ail.
6 quartiers d'orange.
Une pincée de thym sec.
1 coupe de vin rouge fruité.
12 olives noires méditerranéennes sans noyau.

Utilisez une poêle de 30 centimètres pour faire sauter les ingrédients avec un couvercle. Faites revenir le bacon à feu moyen jusqu'à ce qu'il dore et réservez-le. Dorez la viande et les oignons avec la graisse du bacon. Ceci fait, saupoudrez et ajoutez le reste des ingrédients, sauf les olives. Couvrez la poêle et laissez cuire à petit feu pendant deux heures. Laissez refroidir avec le couvercle de mis et mettez-le ensuite au réfrigérateur. Avant de le réchauffer, le lendemain, dégraissez. Servez-le avec le bacon grillé par-dessus et les olives noires, et accompagné d'une grande salade de légumes assaisonnée de vinaigre et fromage parmesan.

PAR PERSONNE : 8 GRAMMES D'HYDRATES DE CARBONE, 60 GRAMMES DE PROTÉINES.

Sangria de Veau

4 personnes :

Dû au fait que les restes de ce plat sont délicieux, cette recette deux repas pour 2 personnes.
1 kilo de gigot rôti ou de viande de veau à rôtir.
2 cuillérées de poudre de chile.
Sel pour donner du goût.
1 tranche de 115 grammes de bacon fumé, coupée en morceaux.
¼ d'oignon en morceaux.
4 gousses d'ail hachées.
2 boîtes de chiles en morceaux (optionnel).
1 coupe de vin de Rioja espagnol ou Zinfandel.
2 cuillérées de vin Triple Sec.
Concentré d' ½ orange moyenne.

Saupoudrez la viande avec le sel et la poudre de chile. Laissez-la s'imprégner puis coupez-la en dés de 4 centimètres. Dans une grande poêle, faire revenir le bacon jusqu'à qu'il lâche la plupart de la graisse. Laissez-en trois cuillérées pour dorer la viande de veau. Ajoutez l'oignon, l'ail et le chili en morceaux et mélangez jusqu'à ce qu'ils se dorent légèrement. Ajoutez le vin, le Triple Sec et les quartiers d'orange. Couvrez la poêle et laissez cuire à petit feu jusqu'à ce que la viande soit tendre, pendant 1 heure environ, en fonction de type de viande choisi.

PAR PERSONNE : 4 GRAMMES D'HYDRATES DE CARBONE, 56 GRAMMES DE PROTÉINES.

·Servir accompagné de ¾ de tasse de jus de glands grillés avec du beurre et un peu de cannelle.

PAR PERSONNE : UN EXTRA DE 8 GRAMMES D'HYDRATES DE CARBONE, 1 GRAMME DE PROTÉINES.

Balgogi

2 personnes :

Il s'agit d'une version familiale du veau au barbecue typique coréen. Normalement, vous finirez par manger moins des 5 grammes d'hydrates de carbone répertoriés ici, puisque la plupart de la daube se perd.

450 grammes de côtelettes, côtes ou faux-filet.
3 cuillérées d'huile de cacahuète.

Daube :

¼ de tasse d'oignons en morceaux.
2 gousses d'ail hachées.
½ petite cuillérée de gingembre frais râpé.
2 cuillérées de sauce de soja.
1 cuillérée de graines de sésame torréfiées moulues.
Une pincée de NutraSweet ou Equal
2 petite cuillérées de poivre noir moulu.
1 ½ cuillérée de vin de Jerez sec ou Saké.
6 petits oignons frais coupés en rondelles diagonales pour décorer.
1 petite cuillérée de graines de sésame torréfiées pour décorer.

Coupez la viande en fines tranches (d'un centimètre d'épaisseur). Mélangez les ingrédients de la daube et frottez-le sur la viande avec vos mains. Couvrez la viande avec un film plastique (ou un plateau couvert) et laissez-la prendre le goût deux heures au réfrigérateur.

Égouttez la viande et mettez-la dans une poêle antiadhésive avec de l'huile d'olive à feu vif pendant une minute. Ne la cuisinez pas trop. Servir décoré avec les rondelles d'oignon et une pluie de graines de sésame.

PAR PERSONNE : 5 GRAMMES D'HYDRATES DE CARBONE, 57 GRAMMES DE PROTÉINES.

·Servir accompagné d'une tasse de brocoli cuit en morceaux et 2 châtaignes en morceaux pour un extra de 4 grammes d'hydrates de carbone et 2 grammes de protéines.

·Vous pouvez ne pas mettre l'huile de cacahuète et n'ajoutez que la viande, la daube et tout le reste dans la poêle.

Poivrons farcis de Chile

2 personnes :

2 grands poivrons rouges ou verts.
340 grammes de poulet haché.
2 gousses d'ail hachées.
1 petit oignon rouge haché.
1 boîte de chile en daube ou 1 boîte de jalapeños avec un jet de liquide fumé.
Sel et poivre pour donner du goût.
1 petite cuillérée de cumin moulu.
1 petite cuillérée d'origan sec.
½ tasse de fromage cheddar raillé ou fromage Monterey Jack.

Grillez les poivrons sur le feu ou directement sous le poulet, le retournant fréquemment, jusqu'à ce que la peau soit totalement frite. Surveillez bien les poivrons pour qu'ils ne brûlent pas. Une fois faits, réservez-les dans un plateau couvert jusqu'à ce qu'ils refroidissent (ne les laissez pas de trop ou la vapeur accumulée les ramollirait de trop). Enlevez la peau des poivrons, la tige et les graines. Préchauffez le four à 350°.

Mélangez la viande avec le reste des ingrédients, sauf le fromage. Introduisez le mélange dans les poivrons et mettez-les debout dans la plaque du four. Faites- les cuire pendant 20 minutes, retirez-les et mettez du fromage par-dessus. Remettez-les dans le four pour que le fromage (se) fonde et pour vous assurer que la viande est faite.

PAR PERSONNE : 8,5 GRAMMES D'HYDRATES DE CARBONE, 32 GRAMMES DE PROTÉINES.

· Servir avec une sauce d'avocat faite de ½ avocat, deux tomates cerises, un oignon frais haché et du coriandre. Ajoutez du sel et du poivre pour donner du goût.

PAR PERSONNE : UN EXTRA DE 6 GRAMMES D'HYDRATES DE CARBONE, 2 GRAMMES DE PROTÉINES.

Poivrons farcis faits au micro-ondes

Lavez les poivrons, retirez les graines et mettez-les dans un petit plat au micro-ondes. Farcissez-les d'un mélange de viande et mettez 1,25 centimètres de bouillon au fond du plat. Couvrez le plat d'un film plastique et mettez-le au micro-ondes de 5 à 8 minutes. Ajoutez le fromage par-dessus et remettez-le au micro-ondes 20 secondes.

Poivrons italiens farcis

En utilisant des poivrons vert et suivant le même processus, farcissez-les de 340 grammes de viande hachée de gibier ou de poulet et dindon. Ajoutez trois tranches de prosciutto, 2 gousses d'ail hachées, 3 cuillérées de persil râpé, 1 petite cuillérée de citron et du sel et du poivre pour donner du goût. Mélangez un œuf battu avec 2 cuillérées de crème fraîche ou crème aigre, une pincée de noix muscade et ¼ de tasse de fromage parmesan raillé. Une fois cuisinés, couvrez chaque poivron d'un petite quantité de crème fraîche ou crème aigre.

Lasagne de Chou

8 personnes :

Dans cette recette, les feuilles de chou seront la pâte de la lasagne. Vous pouvez utiliser le «chard» suédois (algue).

1 chou moyen.
1 cuillérée d'huile d'olive.
2 gousses d'ail hachées ou en morceaux.
1 oignon moyen en morceaux.
1 poivron vert en morceaux.
340 grammes de viande de veau hachée.
1 boîte de 170 grammes de pâte de tomate « Hunt ».
1 boîte de 225 grammes de sauce tomate « Hunt ».
1 petite cuillérée d'origan sec.
2 petite cuillérées de sel.
1 petite cuillérée de poivre noir.
1 tasse de fromage de mozzarella raillé.
½ tasse de fromage frais ou de ricotta.
½ tasse de fromage parmesan raillé.

Préchauffez le four à 350°. Lavez le chou et enlevez les feuilles extérieures. Retirez le trognon et coupez-le en deux, puis séparez les feuilles. Celles-ci serviront comme pâte de la lasagne. Disposez les feuilles dans une casserole et faites-les cuire pendant 3-5 minutes (vous pouvez également les cuire au micro-ondes). Réservez-les.

Chauffez à feu moyen haut une grande poêle avec un peu d'huile d'olive. Faites revenir l'ail, l'oignon et le poivron vert. Ajoutez la viande de veau hachée et dorez-la. Retirez l'eau et la graisse accumulés. Ajoutez la pâte et la sauce de tomate, les autres condiments et mélangez-les bien.

Dans une poêle de 23 x 33 centimètres et 5 centimètres de haut, mettez de l'huile d'olive. Placez des feuilles de chou au fond. Mettez par-dessus le mélange de viande, du fromage de mozzarella et la moitié du fromage de ricotta. Remettez le reste de mozzarella et saupoudrez le parmesan par-dessus.

Faites cuire en couvrant le récipient pendant 20 minutes puis, sans couverture, pendant 5 minutes de plus.

PAR PERSONNE: 9 GRAMMES D'HYDRATES DE CARBONE, 20 GRAMMES DE PROTÉINES.

·Ce plat peut se surgeler parfaitement. Refroidissez-le et divisez-le en huit portions. Enveloppez-les individuellement pour les surgeler. Pour les réchauffer, utilisez le micro-ondes autour de 4 minutes.

.Servir avec une grande salade de légumes assaisonnée de vinaigre de vin rouge et d'huile d'olive.

Tourte de Viande finlandaise

6 personnes :

Cette tourte de viande typique finlandaise se couvre normalement d'une pâte faite de crème aigre et se prépare pour les pique-niques dans la neige. Elle très bonne tantôt froide comme chaud.

1 tasse de champignons en morceaux.
½ tasse d'oignons hachés.
4 cuillérées (½ barquette) de beurre.
1.4 Kilogrammes de viande hachée : 1 225 grammes de veau et 225 grammes d'un mélange de porc, jambon et veau.
¼ de tasse de persil haché.

Poivre frais moulu pour donner du goût.
1 tasse de fromage Gruyère.
½ tasse de crème fraîche.

Préchauffez le four à 350°. Faites revenir les champignons et l'oignon avec du beurre à feu moyen, autour de 5 minutes, jusqu'à ce que les oignons se ramollissent. Ajoutez le mélange déjà cuisiné de la viande hachée et le reste des ingrédients, ne réservant que ¼ de tasse de fromage pour décorer. Mélangez le tout avec vos doigts et pressez-le dans la casserole pour former la tourte. Mettez par-dessus le fromage et cuisiner la tourte pendant une heure.

·Si vous n'utilisez pas le jambon, ajoutez une petite cuillérée de sel au mélange.

PAR PERSONNE: 2,5 GRAMMES D'HYDRATES DE CARBONE, 66 GRAMMES DE PROTÉINES PLUS LA DÉCORATION DE LA CRÈME AIGRE QUI SUPPOSE 5 GRAMMES D'HYDRATES DE CARBONE ET 1 GRAMME DE PROTÉINES PAR CUILLÉRÉE.

·Servir avec ½ tasse de betterave en tranches cuite et assaisonné avec de l'huile d'olive, du sel, du poivre et un jet de vinaigre balsamique (faites cuire la betterave entière à 375ª dans le four, pendant 1 heure ou jusqu'à ce que le couteau pénètre facilement ; une fois refroidie, retirez la peau). Ajoutez une salade d'épinards avec des rondelles d'oignons frais.

PAR PERSONNE : UN EXTRA DE 6 GRAMMES D'HYDRATES DE CARBONE, 38 GRAMMES DE PROTÉINES.

Escalopes de Veau accompagnées de Ricotta et de Blettes

2 personnes :

340 grammes d'escalopes de veau.
2 oeufs battus avec une pincée de sel et poivre.
1 botte de blettes.
2 gousses d'ail hachées.
2 cuillérées de beurre.
½ tasse de fromage Ricotta.
3 cuillérées de crème aigre.

Noix muscade moulue.
Sel et poivre pour donner du goût.
1 cuillérée de fromage parmesan frais raillé.

Mettez les escalopes de veau dans l'oeuf battu pendant 30 minutes. En même temps, rassemblez les feuilles de blette, enroulez-les et coupez-les en tranches de 2,5 centimètres. Faites-les revenir avec de l'ail et du beurre à feu moyen haut pendant 10 minutes. Retirez la blette et réservez-la dans un bol.

Chauffez le four à 375°. Dans la même poêle et à petit feu, cuisinez la moitié de la viande de veau. Placez-la dans un plateau du four. Mettez le fromage Ricotta et la crème aigre dans un récipient et battez-les avec la noix muscade, le sel, le poivre et le parmesan raillé. Étendez la moitié de ce mélange sur la viande, puis la blette par-dessus. Faites le reste des escalopes et placez-les au-dessus. Étendez à nouveau pardessus les blettes et le parmesan restant. Faites cuire dans le four pendant 30 minutes ou jusqu'à ce que le fromage soit fondu.

PAR PERSONNE : 9.5 GRAMMES D'HYDRATES DE CARBONE, 46 GRAMMES DE PROTÉINES.

· Servir avec une salade de légumes assaisonnée de vinaigrette.

Hamburger d'Agneau grillé avec Purée d'Aubergines

2 personnes :

La purée d'aubergines piquante transforme une simple hamburger d'agneau en quelque chose de spécial. La purée qui reste peut tenir pendant quelques jours dans le réfrigérateur et est bonne comme accompagnement d'un poulet rôti ou d'un plat de légumes.

1 aubergine normal.
2 cuillérées de pâte d'ail grillé de la marque Consorzio ou faite maison.
½ petite cuillérée de harissa (sauce piquante marocaine disponible dans des magasins spécialisés en nourriture et quelques supermarchés) ou une autre sauce piquante.
¼ de tasse de coriandre haché.
3 cuillérées d'oignons frais hachés.

1 cuillérée de jus de citron frais.
3 cuillérées d'huile d'olive.
Sel pour donner du goût.
Hamburgers d'agneau grillées.

Avec une fourchette, faites des trous dans l'aubergine et cuisinez-la dans le four à 400° ou jusqu'à ce qu'elle soit cuite, autour de 30 minutes. Coupez-la en deux et laissez-la refroidir. Pendant ce temps, mélangez le reste des ingrédients, sauf l'huile d'olive, le sel et la viande, et faites-en une pâte. Ajoutez l'huile d'olive et battez-le. Retirez quelques cuillérées de chair d'aubergine, ajoutez-les à la pâte et mélangez-le bien. Ajoutez l'harissa si vous aimez bien le piquant et plus d'huile si vous le croyez nécessaire. Faites griller l'hamburger et mettez par-dessus une cuillérée d'aubergine.

PAR PERSONNE : DE 3 A 5 GRAMMES D'HYDRATES DE CARBONE, EN FONCTION DE LA QUANTITÉ D'AUBERGINE QUE VOUS MANGIEZ, 28 GRAMMES DE PROTÉINES.

·Servir avec ½ tasse de carottes, cuites au micro-ondes puis faites revenir avec du beurre jusqu'à ce qu'elles se dorent légèrement.

PAR PERSONNE : UN EXTRA DE 3 GRAMMES D'HYDRATES DE CARBONE.

<u>Agneau servi froid accompagné de Salade de Légumes Crus</u>

2 personnes :

En plus de faire un repas avec les restes de l'agneau rôti, ou de toute autre viande, il s'agit d'un plat tellement bon qu'il ne semble pas fait de restes.

Autour de 170 grammes de viande d'agneau rôti, dindon, poulet ou jambon en tranches.
115 grammes de crème de fromage gratiné au micro-ondes.
¼ de petite cuillérée de poivre rouge ou hongrois.
¼ de petite cuillérée de sel.
2 cuillérées de jus de citron frais.
2 cuillérées de persil haché.
2 cuillérées d'aneth frais haché.
¼ tasse d'huile d'olive.
½ tasse de champignons blancs.

½ tasse de poivrons vert en lamelles.
1 tasse de courgette en morceaux.
8 tomates cerise coupées à la moitié.
6 oignons frais en morceaux.
Poivre pour donner du goût.

Utilisez un mixeur pour mélanger la crème de fromage, le poivre, le sel, le jus de citron, le persil et l'aneth. Mettez de l'huile d'olive à la fois que la sauce s'épaissit et prend du goût. Versez-la sur les légumes déjà mélangés. Servir avec les tranches de viande froides.

PAR PERSONNE : 11 GRAMMES D'HYDRATES DE CARBONE, 26 GRAMMES DE PROTÉINES.

Côtes de Porc style Papillon avec Sauce de Moutarde au Bourbon

2 personnes :

Sel et poivre pour donner du goût.
2 côtes de porc (fines), 2 centimètres d'épaisseur.
3 cuillérées de beurre.
1 cuillérée d'huile d'olive.
3 cuillérées de Bourbon.
2 cuillérées d'oignons frais.
1 tasse de champignons en lamelles.
1/8 de petite cuillérée de thym sec.
1 cuillérée de moutarde de Dijon.
¼ de tasse de crème fraîche.
1 cuillérée de persil haché.

Saupoudrez les côtes de porc. Dans une poêle suffisamment grande pour mettre les côtes, dorez les avec deux cuillérées de beurre et d'huile d'olive des deux côtés. Versez le Bourbon et faites cuire jusqu'à ce que ce ne soit qu'un fin sirop. Ajoutez les oignons frais et les champignons, couvrez la poêle et laissez au feu pendant 5 minutes. Saupoudrez de thym, ajoutez la moutarde et la crème, couvrez à nouveau la poêle et laissez à petit feu pendant 25 minutes. Retirez les côtes pour les servir dans un plat, ajoutez le reste du beurre dans la poêle et mélangez avec la sauce de moutarde. Versez la sauce et les champignons sur les côtes et saupoudrez de persil.

PAR PERSONNE : 3 GRAMMES D'HYDRATES DE CARBONE, 21 GRAMMES DE PROTÉINES.

·Servir accompagné d'une tasse d'épinards cuits.

PAR PERSONNE : UN EXTRA DE 3,1 GRAMMES D'HYDRATES DE CARBONE, 5,4 GRAMMES DE PROTÉINES.

Chile au Fromage

2 personne :

3 cuillérées d'huile cacahuète.
450 grammes de veau chuck haché.
½ tasse d'oignons en morceaux.
2 gousses d'ail hachées.
2 cuillérées de poudre de chile.
½ petite cuillérée d'origan sec et moulu.
½ petite cuillérée de poivre hongrois ou rouge.
½ petite cuillérée de cumin moulu.
½ petite cuillérée de paprika piquant.
½ tasse de purée de tomate Contadina.
½ tasse de graines de café ou veau en boîte.
1 cuillérée de pâte de farine ou de maïs (optionnel).
3 cuillérées de fromage Cheddar raillé.

Chauffez l'huile dans une grande poêle à feu moyen haut. Ajoutez la viande de veau et dorez-la. Ajoutez l'oignon, l'ail et tous les autres condiments. Remuez-les et cuisinez-les jusqu'à ce qu'ils soient bien mélangés et les oignons bien faits. Passez-les dans une casserole et ajoutez la purée de tomate et le café. Couvrez et laissez bouillir le chile pendant une heure, en ajoutant de l'eau si nécessaire. Le chile devrait être épais et semblable à une soupe. Ajoutez la pâte et laissez bouillir à petit feu pendant 10 minutes de plus. Servir dans des bols, saupoudré de fromage Cheddar.

PAR PERSONNE : 10 GRAMMES D'HYDRATES DE CARBONE, 56 GRAMMES DE PROTÉINES.

· Vous pouvez ajoutez les poivrons en morceaux au chile – 1 poivron normal – et de l'oignon, ce qui ajoutera au moins 2 grammes supplémentaires d'hydrates de carbone. Si vous voulez éliminez le maïs, conserver le plat en dessus des 10 grammes.

DESSERTS

Tartes au Fromage avec Miettes de Chocolat

12 personnes :

Vous ne devez pas utiliser du sucre ersatz (succédané de sucre) pour ces petites tartes, mais chaque tarte de fromage contient 2 grammes d'hydrates de carbone si vous utilisez du NutraSweet.

12 tasses de papier en forme de flûte de 2,5 centimètres.
12 tasses de paquets de mini madeleines.
1 grande galette Grahan en morceaux.
1 oeuf extra grand.
¼ de tasse de sucre ou une cuillérée de NutraSweet.
¼ de petite cuillérée d'extrait de vanille.
1 paquet, 225 grammes de crème de fromage Philadelphia doux.
2 cuillérées de miettes de chocolat.

Préchauffez le four à 375°. Placez les tasses de papier dans les madeleines et répartissez les morceaux de galette entre les tasses. Mettez tous les ingrédients, sauf les miettes de chocolat, dans un mixeur ou battez le sucre, les oeufs et la vanille puis incorporez le fromage. Introduisez le chocolat et introduisez le tout dans les tasses. Mettez au four pendant 15 minutes. Retirez les tartes de fromage du moule et laissez refroidir. Mettez-les dans le réfrigérateur pendant une heure avant de les servir.

PAR PERSONNE : 5 GRAMMES D'HYDRATES DE CARBONE (À CAUSE DU SUCRE), 2 GRAMMES D'HYDRATES DE CARBONE (NUTRASWEET), 3 GRAMMES DE PROTÉINES.

·Utilisez différents condiments pour changer ces petits plaisirs. Substituez quelques petites cuillérées de café par quelques morceaux de chocolat ou laissez-les pour faire une tarte de fromage au goût de moka. Utilisez du jus de citron au lieu de la vanille et un quartier de citron raillé. Saupoudrez les tartes au fromage de noix de coco torréfié sans sucre pour qu'il soit croustillant. Ou introduisez une amande torréfiée dans chaque tarte et ajoutez du sirop d'amande. Retirez le papier et servez avec quelques gouttes de confiture de framboise pour un gramme extra d'hydrates de carbone.

Le dilemme de manger des sucreries

Malheureusement, manger une sucrerie invite à prendre une autre. La partie positive est que les caprices disparaissent rapidement si l'on ignore la tentation. Essayez, attendez dix minutes et reconsidérez vos décisions. Une fois hors de la phase dynamique de perte de poids, vos caprices pratiquement disparaîtront. Mais nous savons qu'il s'agit d'une habitude difficile à perdre, donc vous avez des mini desserts pour vos tentations. Puisque l'accès d'insuline du sucre se réduit si l'on consomme avec des protéines, prendre une sucrerie avec le café ou après dîner est un bon moment pour ce pêcher. Si vous voulez en prendre entre deux repas, faites le accompagné de ½ tasse de fromage frais ou d'autres protéines disponibles en ce moment. Les sucreries suggérées dans cette liste sont individuelles ce qui peut éviter plus facilement de dépasser les proportions calculées.

Grammes	Sucreries
5	1 Pépite aux amandes de Hershey.
6	1 Miniature de la Voie Lactée.
5,5	1 Bouchée de chocolat Parfait.
4,2	1 cuillérée (12) de Goobers de Nestlé (chocolat couvert de cacahuètes).
5	8 graines de café couverts de chocolat Starbucks.
5	60 grammes de chocolat Andes à la crème de menthe.
2	1 glace sans sucre de Life Savers.
4,5	2 Bisous d'amande de Hershey.
4	1 biscuit de liqueur irlandaise.

Tartes avec Coquilles de Meringue

6 personnes :

Ces petits joyaux d'accompagnement peuvent se farcir de mûres et crème fouettée. Vous devrez peut-être essayer plusieurs fois pour qu'elles soient croustillantes. N'ouvrez pas la porte du four trop tôt.

3 blancs d'œuf.
¼ d'une petite cuillérée de sel.
3 petites cuillérées de NutraSweet ou 3 paquets d'Equal.
1 petite cuillérée de sirop d'amandes.
½ tasse d'amandes râpées.
½ tasse de noix de coco sans sucre râpée (optionnelle).

Préchauffez le four à 250°. Dans un bol, mettez les blancs d'œuf, le sel, le NutraSweet et le sirop d'amandes, et mélangez-le tout. Ajoutez les amandes et la noix de coco.

Versez le mélange dans un plateau jusqu'à former une sorte de biscuit. Faites un creux au milieu de chaque biscuit avec un verre. Mettez-les au four pendant 30 minutes. Eteignez le feu – n'ouvrez pas la porte du four. Laissez les meringues dans le four 30 minutes de plus.

PAR PERSONNE : 3,5 GRAMMES D'HYDRATES DE CARBONE, 5,5 GRAMMES DE PROTÉINES.

Flan à la Noix de Coco

6 personnes :

1 tasse de lait de noix de coco sans sucre.
1 tasse de crème fraîche.
¼ de tasse de sucre ou 1 cuillérée de NutraSweet.
4 oeufs extra gros .
1 petite cuillérée de sirop de vanille ou de noix de coco.
Noix muscade fraîche et moulue.

Préchauffez le four à 325°. Chauffez le lait de noix de coco, la crème et le sucre dans un récipient en verre, dans le micro-ondes pendant 5 minutes à grande puissance ou dans une casserole à feu moyen jusqu'à ce qu'il se forme une petite peau au dessus. Dans un bol résistant à la chaleur, battez les œufs et le sirop et, en même temps, ajoutez peu à peu la crème chaude. Divisez le mélange en 6 demi-tasses de crème brûlée. Saupoudrez par-dessus la noix muscade moulue. Dans une grande casserole, mettre les tasses au bain-marie pendant 30 minutes au four ou 6 minutes à feu vif, pas davantage. Une fois cuisinées, mettez-les dans le réfrigérateur pendant un minimum de 4 heures avant de les servir.

PAR PERSONNE : 9,5 GRAMMES D'HYDRATES DE CARBONE (NUTRASWEET), 16,5 GRAMMES D'HYDRATES DE CARBONE (SUCRE), 6 GRAMMES DE PROTÉINES.

·Vous pouvez ajouter un peu de Rhum de la marque Myers. Décorer avec des rondelles de kiwi ou une tranche de mangue.

·Si vous n'aimez pas trop la noix de coco, changez le lait de noix de coco par 2 tasses de crème fraîche.

Biscuits à la Liqueur irlandaise

Pour faire 1 douzaine de biscuits :

½ tasse d'eau bouillante.
2 tasses d'avoine en rouleaux.
1 cuillérée de beurre sans sel.
3 cuillérées de NutraSweet o 4 paquets d'Equal.
2 oeufs extra gros.
1 petite cuillérée poudre levante.
½ petite cuillérée de sel.

Préchauffez le four à 375°. Versez l'eau bouillante sur l'avoine, mélangez-le, couvrez-le et laissez de côté. Pendant ce temps, mélangez le beurre, le NutraSweet, les œufs et la vanille. Ajoutez la poudre levante et le sel à l'avoine, versez ceci dans le mélange crémeux et remuez le tout.

Versez des petites cuillérées de 5 à 7,6 centimètres dans un plateau imbibé d'huile. Faites-les cuire pendant 12-15 minutes. Laissez refroidir complètement. Conservez les biscuits dans une boîte hermétiquement fermée.

CHAQUE BISCUIT : AUTOUR DE 4 GRAMMES D'HYDRATES DE CARBONE, MOINS D'UN GRAMME DE PROTÉINES.

Brie Chaud avec Amandes et Sauce Piquante

4 personnes :

Il s'agit d'un dessert atypique servi avec des rondelles de pomme ou comme hors d'œuvre spécial.

565 grammes de fromage Brie en quartiers.
2 cuillérées de sauce piquante Major Grey.
1 ou 2 cuillérées d'amandes blanches en lamelles pour donner du goût.

Préchauffez le four à 350°. Placez le fromage dans du papier aluminium et dans un plateau qui puisse aller au four. Etalez la sauce piquante sur le fromage. Par dessus, mettez les amandes en lamelles et faites cuire pendant 5 à 7 minutes ou jusqu'à ce que le fromage fonde légèrement. Mettez le fromage dans une assiette à l'aide d'une spatule de cuisine. Servir avec des biscuits salés ou des rondelles de pomme imbibées de jus de citron, pour 1 ou 2 grammes d'hydrates de carbone par biscuit ou rondelle.

PAR PERSONNE : 6 GRAMMES D'HYDRATES DE CARBONE, 7 GRAMMES DE PROTÉINES.

Glace de Café avec Cannelle

5 personnes :

1/3 de tasse de poudre de café italien.
1 quart de litre de crème light ou 2 tasses de crème fraîche, moitié de chaque.
½ petite cuillérée de cannelle moulue.
½ tasse de NutraSweet en cuillérées pour donner du goût.

Mettez la poudre de café, la cannelle et la crème dans un bol qui puisse aller au micro-ondes et laissez-le jusqu'à ce que le contenu bouille (ou utilisez une casserole). Retirez le bol de la chaleur, mélangez bien et laissez-le pendant 30 minutes. Passez le contenu pour vous assurer qu'il n'y a pas de grumeaux. Ajoutez le NutraSweet. Congelez selon les instructions du fabricant.

PAR PERSONNE : 9 GRAMMES D'HYDRATES DE CARBONE, 8 GRAMMES DE PROTÉINES.

<u>III PARTIE</u>

Pourquoi ce Système vous transformera en Jeune personne Mince et Saine

Chapitre 11

Maladies Mortelles de notre civilisation

Hydre. Un monstre avec de nombreuses têtes tué par Hercules : C'est pourquoi, toute multiplicité de démons s'appelle hydre.

DICTIONNAIRE DE SAMUEL JONSON.

Dans la mythologie gréco-romaine, l'un des douze travaux d'Héraclès (Hercules) a été de tuer l'Hydre, un énorme monstre au corps de chien et plusieurs têtes de serpent. Héraclès fit sortir l'Hydre de son refuge et lui donna des coups dans ses têtes avec une massue. Mais lorsqu'il détruisait une tête, deux ou trois surgissaient du même endroit. Héraclès doubla ses efforts et appela son neveu Iolo à combattre avec lui. Ainsi, Héraclès, en coupant les têtes, et Iolo, en cautérisant les moignons avant la sortie de nouvelles têtes, ne laissèrent que la dernière et immortelle tête. Héraclès l'arracha d'un fort coup et l'Hydre fut détruite pour toujours.

Le mythe de l'Hydre est une métaphore parfaite pour décrire les maladies de la civilisation. Malheureusement, la science conventionnelle de la médecine s'est approchée au traitement de ces maladies liées entre elles, comme le fit Héraclès la première fois – une tête à la fois, avec les même résultats : d'autres têtes surgissaient pour tromper le médecin et le patient. Par contre, de même qu'Héraclès trouva la solution en éliminant la tête immortelle, en ce cas, la résistance à l'insuline et l'hyperinsulinémie, la science de la médecine peut compléter la tâche herculéenne de réduire chez les patients les maladies de la civilisation. Si l'on traite une maladie définitivement, au mieux on peut tenir les autres à distance, mais au pire, très probablement, cela contribuera au développement d'autres maladies. Comment ? En empirant le problème fondamental de l'insuline qui débouche en attaques d'hypertension, au diabète, aux maladies cardiaques et autres. Avant d'examiner ce phénomène au détail, voyons voir comment d'autres chercheurs définissent ce problème commun.

Le Docteur Norman Kaplan, directeur de la Division d'Hypertension de l'université du Texas, dans le Centre de Médecine du Sud-est de Dallas, publia un article dans les

Archives of Internal Medicine en Juillet 1989 intitulé << Le quatuor de la Mort >> où il décrit sa version de Hydre. D'abord, le Dr. Kaplan présente la perspective traditionnelle, qui dit que l'intolérance au glucose (un précurseur du diabète), l'hypertension et les triglycérides élevés (l'excès de graisses dans le sang) se trouvent habituellement avec l'obésité dans la partie supérieure du corps[1]. Ce critère soutient, qu'en même temps qu'une personne développe l'obésité dans la partie supérieure de son corps, l'hypertension, l'intolérance au glucose et l'excès de triglycérides deviennent évidents, et nous mène à la conclusion que cette obésité *cause* ces troubles. Ceci a du sens : on obtient tout d'abord la graisse puis se développent ces troubles, donc l'excès de graisses doit les causer, n'est-ce pas ?

Lorsque le Dr. Kaplan examina les données minutieusement, il découvrit que l'obésité dans la partie supérieure du corps n'était pas nécessairement causée par ces trois problèmes, *mais que, la plupart du temps, elles se développent ensemble.* Il démontre que l'hyperinsulinémie peut réellement être à l'origine de l'obésité dans la partie supérieure du corps, l'intolérance au glucose, l'hypertension et l'excès de triglycérides – le quatuor de la mort, titre de son article. L'excès de graisses dans le corps, première chose que remarquent les gens, n'est pas pour autant la première chose qui arrive, mais *après* et comme résultat de l'hyperinsulinémie.

La progression inévitable de ce processus dans la santé – premièrement l'hyperinsulinémie, suivie d'autres troubles liés à elle : obésité, hypertension, diabètes et maladies cardiaques – n'est pas agréable à voir. Mais, le fait de penser qu'il puisse y avoir une cause à l'origine, que l'on puisse la traiter et ainsi résoudre les problèmes, est encourageant.

Voici une autre forme de le voir. Imaginez l'hyperinsulinémie aussi grande qu'un iceberg flottant, avec d'autres pics autour. Le Dr. Ralph De Fronzo, professeur de médecine et Directeur de la Division de Diabète de l'Université du Texas, dans le Centre de San Antonio, un chercheur pionnier dans l'hyperinsulinémie et la résistance à l'insuline, utilise cette métaphore pour expliquer ces troubles. Pendant les réunions, il fait un dessin avec un immense iceberg avec les pics qui dépassent nommés *hypertension, maladies cardiaques, cholestérol élevé, diabète et obésité.* La plus grande masse de l'iceberg, celle qui se trouve sous l'eau et cachée à la vue, est étiquetée comme hyperinsulinémie. Pendant que les médecins et les patients dévoilent tous les pics, la masse la plus dangereuse n'est pas aperçue.

L'Hydre, le quatuor de la mort du Dr. Kaplan et l'iceberg du Dr. Fronzo sont de simples descriptions d'un problème médical très complexe, celui de l'hyperinsulinémie, qui a reçu ce nom qu'il y a peu de temps. Le Dr. Gerald Reaven, professeur de Médecine de l'Université de Stanford et chercheur réputé sur les effets métaboliques de l'insuline, trouva la solution à ce problème. Dans un article publié dans la revue *Diabète* en 1988 sur l'ensemble de troubles métaboliques typiquement

---

[1] La différence entre l'obésité à la partie supérieure du corps et la partie inférieure est significative. Nous parlons d'elle au chapitre 4

liés à la résistance à l'insuline et l'hyperinsulinémie, changea à *Syndrome X*. Le Syndrome X inclut les troubles suivants:

- **LTBD élevé (une sorte graisse dans le sang).**
- **Le niveau de LHD bas (l'appelé cholestérol «bon»).**
- **Résistance à l'insuline.**
- **Hyperinsulinémie.**
- **Hyperglycémie (le sucre dans le sang élevé).**
- **Hypertension.**

Le Dr. Reaven dit: «La caractéristique commune du syndrome est la résistance à l'insuline. Tous les autres changements sont probablement secondaires à cette anomalie».

Même si, très justement, le Syndrome X s'est fait un nom d'usage dans la littérature médicale, nous préférons la description des têtes de l'Hydre ou les morceaux d'iceberg avec ce qu'il cache en dessous. De toute façon, même si vous voulez y penser, l'important est de se rendre compte que *ces maladies de la civilisation sont en réalité des manifestations différentes d'un trouble très complexe.* À la fois que nous développons individuellement nos arguments sur les troubles, sachez qu'ils sont liés avec l'hyperinsulinémie. Commençons par le trouble qui est considéré comme le plus commun à cause de l'insuline: l'obésité.

LE MOT O: OBÉSITÉ

Il est possible que certains d'entre nous soyons à court de souffle, mais nous sommes tous gros.

LEWIS CARROLL

Quelle importance faut-il accorder au problème de l'obésité ? Selon notre gouvernement, l'obésité est un problème immense. Les enquêtes les plus récentes, réalisées en 1995, nous disent que 33% des américains ont « un surpoids significatif » - pendant une décennie, près du 30 pour cent continuent à *prendre* du poids alors que la population a *réduit* la consommation de graisses. Même si les Centres de contrôle de maladies ont établis des objectifs pour réduire l'obésité en réduisant la consommation de graisses, les américains ont pris la direction contraire et grossissent encore plus. Si vous croyez en ce que vous voyez, l'obésité est une épidémie, comme toute personne qui a été dans un centre commercial sait.

En dépit des problèmes de santé, liés à l'obésité, les personnes continuent à prendre du poids. En dépit des inconvénients que l'obésité impose à ces victimes au travail, le stigmate culturel en leur encontre, la pléthore des centres d'amaigrissement, des livres et des produits disponibles, il existe plus de personnes souffrant de surpoids. Pourquoi ?

Comment nous grossissons.

On appelle obésité, l'accumulation de l'excès de graisses dans le corps. Elle n'a rien à voir avec l'excès de poids. En nous basant sur les tables de hauteur/poids, Arnold Schwarzenegger serait considéré comme souffrant de surpoids, mais s'il n'est ni gros ni obèse.

Même si elle s'attribue à l'excès de calories, l'obésité est plus liée aux actions polyvalentes de l'insuline et le glycogène dans le stockage de graisses. Comme de nombreux jeunes, qui ont un début de diabète, peuvent assurer, sans insuline on peut manger sans cesse tout en perdant du poids. Ce n'est pas un problème de combien on consomme, mais plutôt le résultat d'une interaction entre l'insuline et le glycogène, de qu'est ce que l'on consomme et quelle quantité ? Ces deux hormones ont une profonde influence dans les différents processus métaboliques, mais spécialement dans celui du stockage et le brûlage de graisses, et le développement de l'obésité.

Lorsque vous consommez des aliments, votre corps peut les décomposer et les brûler sous forme d'énergie ou les stocker comme graisses corporelles dans des cellules grasses (ou comme le glycogène, dans les muscles, comme stockage du glucose) pour un usage postérieur. Les deux fonctions se déroulent en même temps et, même si les chemins du stockage et du brûlage sont toujours actifs, un seul prédomine. Quel est le chemin principal de la graisse ? C'est à dire, êtes-vous plutôt stockeur de graisse ou brûlez-vous celle-ci sous forme d'énergie ? Quelle chemin est la principal, la plupart du temps ? Si vous avez tendance à stocker, vous développez l'obésité, mais si vous brûlez principalement, vous perdez du poids.

Le flux de graisses se compose des graisses mangées, les graisses libérées du stockage des cellules grasses et des graisses produites par l'excès de protéines et d'hydrates de carbone. Et bien oui, le corps peut produire des graisses à partir des hydrates de carbone, et en très grandes quantités. C'est la raison pour laquelle vous mangez des biscuits sans graisses, des glaces et des frites et vous espérez perdre du poids!

Evidemment, si la direction principale du flux de graisses va de notre bouche jusqu'à nos cellules grasses pour les stocker, nous allons forcément grossir. Si ce chemin prédomine, il arrivera un jour où nous serons obèses. Par contre, si les graisses vont dans la direction opposée, des tissus gras jusqu'aux cellules musculaires et autres tissus qui brûlent sous forme d'énergie, nous ne prendrons pas de poids et il nous arrivera même d'en perdre. Si notre objectif est le maintien ou arriver à mincir et être sain, il est préférable de suivre les deuxième chemin proposé. Est-il possible de changer le flux des graisses et le diriger à nouveau des tissus gras vers les cellules musculaires? La réponse est oui, et nous vous montrons ici comment y arriver.

Diriger le Flux de Graisses à Travers la Sélection d'Aliments

L'insuline et le glycogène, les hormones jumelles, sont les régulatrices principales de ces changements métaboliques et normalement dirigent le flux de graisses par un chemin ou un autre. En changeant les proportions de l'insuline au glycogène, *ce qui peut se faire à l'aide d la sélection d'aliments*, nous pouvons déterminer quel chemin prédomine. Au lieu de permettre que notre biochimie nous contrôle, nous pouvons contrôler notre biochimie.

En prenant, comme point de départ, la graisse dans le sang, nous allons à travers des chemins gras du métabolisme et suivons le flux des molécules grasses. La graisse se déplace dans le sang sous forme de triglycérides, une molécule composée de trois acides gras. Arrivée aux cellules, les enzymes décomposent la molécule de triglycérides, ce qui permet aux acides gras d'entrer dans les cellules.

Une fois dans les cellules, la graisse arrive au premier point de régulation hormonale : la mitochondrie. Ces plantes, en forme de saucisses minuscules à l'intérieur des cellules, brûlent la graisse – mais uniquement si les acides gras arrivent à rentrer dans une cellule puissante. Pour y arriver, elles ont besoin de carnitine qui fonctionne comme transporteuse dans le système, en ramassant la graisse pour le processus d'oxydation. L'insuline empêche ce système de transport de graisses – la carnitine – en disant : « Écoute, nous sommes pleins, nous n'avons plus besoin d'énergie. Envoie cette énergie en trop aux cellules grasses ». C'est ce qui se passe quand il y a trop d'insuline : les acides gras deviennent à nouveau des triglycérides et retournent au sang. Par contre, le glycogène accélère la transmission, en introduisant la graisse dans la mitochondrie. Le signal du glycogène est : « Nous avons besoin d'énergie. Commençons à nous débarrasser de cette graisse et à l'introduire dans le four ».

Les muscles, le foie, les reins, le coeur et d'autres cellules défont la graisse et la brûlent sous forme d'énergie, mais les cellules grasses sont complètement différentes. Les cellules grasses ne font que stocker les molécules de graisse. Il y a deux enzymes qui se trouvent à la surface des cellules grasses, toutes deux dirigées par l'insuline et le glycogène, responsables de rassembler la graisse à l'intérieur et à l'extérieur des cellules grasses. La première, la lipoprotéine lipase, transporte les acides gras aux cellules de graisse et les maintient là-bas (comme nous verrons dans un moment, la lipoprotéine lipase joue un rôle important dans la récupération rapide de poids qui hante les personnes faisant un régime). L'autre hormone, la sensitive lipase, fait le contraire. Elle libère la graisse des cellules grasses dans le sang. Comme vous pouvez imaginer, l'insuline stimule l'activité de la lipoprotéine lipase, l'enzyme qui stocke la graisse et que le glycogène inhibe, et le glycogène stimule l'enzyme de la libération de graisses que l'insuline inhibe.

L'Élaboration en Situation de Perte

L'activité biologique de cette enzyme augmente prodigieusement juste après d'avoir perdu du poids. Il est vrai que le fait de perdre du poids renforce et rend plus puissante l'enzyme, qui est, en même temps, la responsable du surpoids. Même s'il s'agit d'un processus évolutif, c'est également un problème à niveau biologique : en même temps que l'on travaille dur pour perdre du poids, on renforce le maintien biochimique de l'obésité. En plus de ça, il faut ajouter le fait que l'insuline active la lipoprotéine lipase hyperactive. Vous comprendrez donc pourquoi 95 pour cent des personnes qui arrivent à perdre du poids ne pourront pas le maintenir.

Quel traitement peut se mettre en route pour combattre cette force conjointe ? La seule arme de l'arsenal : la diète pauvre en graisses et en hydrates de carbone complexes, une alimentation qui stimule la libération de l'insuline. Espérer qu'une personne, qui a souffert d'obésité d'hyperinsulinémie, ne prenne pas de graisses avec une alimentation riche en hydrates de carbone, est la même chose que jeter du gasoil au feu et se demander pourquoi ceci crée des flammes. En réalité, il est surprenant que même 5 pour cent des personnes qui ont suivi un régime avec succès arrivent à le maintenir. Mais, ça peut avoir relation avec le pourcentage de personnes souffrant de surpoids qui *n'ont pas* d'hyperinsulinémie ni résistance à l'insuline.

Que ce passe-t-il avec notre objectif de dévier le flux de graisses loin des cellules grasses ? Même si nous ne pouvons pas contrôler la lipoprotéine lipase directement, nous pouvons la contrôler indirectement en maîtrisant les hormones métaboliques qui la modulent : l'insuline et le glycogène. Si nous maintenons les niveaux d'insuline bas, nous pouvons éliminer toute stimulation que cette hormone fournit. Si nous conservons le glycogène élevé, nous pouvons continuer à inhiber la lipoprotéine lipase et lutter contre l'effet de la stimulation produite par la perte de poids. Le programme nutritionnel de ce livre abaisse les niveaux d'insuline et augmente ceux du glycogène, la combinaison idéale pour arriver et *maintenir* de bas niveaux de masse grasse. Nous avons vu ce qui arrive chez des milliers de nos patients et notre expérience est la seule solution qui fonctionne.

De manière surprenante, l'obésité est beaucoup moins traitable que la plupart des cancers, une très sombre statistique qui lui appartient. Est-ce que 95 pour cent des personnes souffrant de surpoids sont-elles condamnées à vivre sous les couches de l'obésité?

La plupart des médecins, diététistes et experts en nutrition se sont renfermés pendant des décennies sur la seule idée bien définie. Ces experts ont traité l'obésité avec des diètes pauvres en calories, en graisses et en hydrates de carbone complexes, pour voir à la suite comment 95 pour cent de leurs patients regagnaient du poids. Peut-être inévitablement, ils culpabilisent leurs patients de leurs propres échecs. Dans un essai très brillant et polémique sur l'intelligence, publié en hiver de 1969, dans la revue *Harvard Educational Review*, Arthur R. Jensen, un professeur de psychologie de l'Université de Berkeley, en Californie, écrit : «Dans d'autres champs, quand les ponts ne tiennent pas, les avions ne volent pas, les machines ne fonctionnent pas, les traitements ne fonctionnent pas, en dépit des efforts minutieux de beaucoup de personnes, on commence à se questionner les suppositions de base, les principes, les théories et les hypothèses qui guident les efforts d'une personne».

Il semble évident que la diète pauvre en graisses et riche en hydrates de carbone, la thérapie standard contre l'obésité, est défectueuse et hors de propos avec la réalité biochimique. Donc, pourquoi n'essayons-nous pas quelque chose de différent?

LE DIABÈTE

Le diabète. Une abondance morbide de l'urine ; une colliquation mortelle dans les conduits de l'urine.

DICTIONNAIRE DE SAMUEL JOHNSON

Il y a près de 2 000 ans, les médecins écrivent, pour la première fois, sur le diabète, en le décrivant comme une maladie qui fait uriner fréquemment et en grandes quantités, et qui rend toujours assoiffé ceux qui en souffrent. Ces médecins soignaient leurs patients sans aucune aide supplémentaire. Ils prenaient d'énormes quantités de liquide qu'ils éliminaient sans cesse, empirant de pus en plus, leur situation et ils finissaient par en mourir. Cette maladie fut appelée diabète qui signifie « courir comme un siphon ». Les médecins tardèrent 1 600 ans avant de découvrir qu'avec l'immense quantité de fluides corporaux, les patients perdaient du sucre dans l'urine. Thomas Willis, un professeur de l'Université d'Oxford du XVII° siècle, écrivit son expérience avec des patients diabétiques et affirmant que leur urine était «incroyablement sucrée, comme si elle était mélangée de miel ou sucre». Il ajouta au nom le terme latin *mellitus*, qui signifie «sucrée avec du miel»[2].

[2] Vous devez être entrain de vous demander comment le Professeur Willis savait pourquoi l'urine de son patient était « incroyablement sucrée » sans la goûter. Il la goûta. En fait, jusqu'au milieu des années 1800, les médecins goûtaient l'urine de leurs patients normalement pour s'assurer s'il souffraient de diabète mellitus.

Même si le diabète mellitus est semblable, dans son processus, à cause de quelques symptômes primaires, il est inutile de faire une description des mécanismes fondamentaux de la maladie. À force de nommer une maladie, en constatant ses symptômes, les premiers médecins se trompaient souvent et menaient leurs efforts par des voies erronées. Aujourd'hui, nous séparons le diabète mellitus en deux maladies différentes et séparées – le diabète de type I et celui de type II, avec deux causes pathologiques différenciées mais les mêmes symptômes, essentiellement. Cependant, il y a soixante ou soixante-dix ans, les médecins croyaient que toutes les diabètes étaient les mêmes – avec une différence d'intensité. Certaines personnes acquièrent, étant enfant ou au début de l'âge adulte, souffrant alors un processus rapide et progressif, insensibles aux traitements et mourant en peu d'années. D'autres la développent beaucoup plus tard, étant moins graves et pouvant « se soigner » ou, tout au moins, pouvant être traités avec succès grâce à l'alimentation. Les deux groupes de patients produisaient de grandes quantités d'urine sucrée et on leur diagnostiqua du diabète mellitus.

Maintenant, les médecins reconnaissent que, même si les deux troubles furent appelés *diabète*, les circonstances et pathologies qui menaient à leur développement étaient complètement différentes. Le diabète de type I, le plus dangereux des deux, se développe normalement pendant l'enfance ou l'adolescence, lorsqu'un virus, ou une autre substance toxique, détruit les cellules protectrices de l'insuline, et nécessite d'un traitement agressif d'insuline à base de piqûres. Par contre, le diabète de type II se développe plus tard, il peut se traiter à l'aide de l'alimentation et/ou médicaments par voie orale, c'est une maladie comportant un excès d'insuline. Il est étonnant qu'une même maladie puisse être due à un excès *et* un manque d'insuline, mais c'est le cas.

Même si notre programme d'alimentation est un régime nutritionnel pour avoir une bonne santé, ce n'est pas un traitement pour ceux qui souffrent une diabète de type I. Dû au fait que ces patients ont un pancréas endommagé qui ne produit pas d'insuline ou très peu, ils nécessitent d'injections d'insuline quotidiennes, pour pouvoir satisfaire leurs besoins métaboliques. S'ils ne reçoivent pas d'insuline, ils tomberaient gravement malades et mourraient en peu de temps. Le traitement de cette maladie complexe est hors de la portée de ce livre, mais une brève description nous aiderait à voir le rôle indispensable que joue l'insuline en tant que contremaître et régulateur du métabolisme. Jusqu'ici, notre attention ne s'est centrée que sur les troubles liés à l'excès d'insuline, ce qui pourrait vous faire penser que celle-ci n'a pas de qualités favorables ou que le glycogène est la panacée du métabolisme. Un coup d'oeil sur le diabète de type I vous fera changer de concept rapidement. Le diabète de type I est un trouble de manque d'insuline et d'un excès sans mesure de glycogène, ce qui nous aide à comprendre l'importance d'un *équilibre* entre l'insuline et le glycogène.

Le Diabète de Type I : Le Glucagon s'échappe

Les diabétiques de type I, ne pouvant retenir d'insuline et n'ayant que le glycogène pour stimuler sa libération, déversent la graisse des cellules grasses au sang. Pour cette même raison, toute entrée de graisses de l'alimentation ne peut pas arriver aux cellules grasses et donc s'unit au besoin de graisse des cellules grasses et se dirige vers les tissus pour être disponible. En même temps que ce sang, surchargé de graisses, se dirige au foie, les acides gras entrent dans les cellules du foie et, sans insuline qui puisse les arrêter, rentrent dans la mitochondrie et y collapsent. Contrairement à d'autres cellules, la mitochondrie du foie traite les acides gras différemment. Au lieu de les brûler sous forme d'énergie, il les transforme en des molécules appelées *cétones du corps* et les met en circulation dans le sang. Normalement, les cétones du corps faisaient un voyage à travers du sang vers les muscles et autres tissus et étaient brûlées à l'aide d'énergie. Cependant, dans le diabète de type I, l'énorme quantité de cétones du corps, générées par l'excès de graisses, dépasse les besoins des tissus et la capacité du corps pour s'en défaire par voie urinaire, fécale ou respiratoire. En même temps que les cétones du corps (des acides) s'accumulent dans le sang, elles deviennent de plus en plus acides jusqu'à ce que la victime se trouve submergée dans un cauchemar métabolique appelé cétoacidose diabétique qui mène au coma puis à la mort, si elle n'est pas traitée rapidement.

Pour une personne sans insuline, ce flux inverse de graisses rend impossible le fait de gagner du poids. En réalité, le premier symptôme d'une personne à laquelle on n'a pas diagnostiqué le diabète de type I, est une perte de poids inexplicable dans un premier lieu, ressentant une faim constante et une consommation d'aliments supérieure à la normale. *Il est normal que cette personne perde entre 13 et 18 kilogrammes en un mois ou deux.*

Le Diabète de Typo II : La Voie des lents

Le diabète de type II représente autour de 90 pour cent de l'ensemble des cas de diabète et, même s'il est moins sinistre que son homologue de type I, chaque cas est autant mortel à long terme que l'autre. Comme les maladies cardiaques, l'hypertension et l'obésité, le diabète de type II ne se développe pas d'un jour à l'autre, mais nécessite beaucoup d'années de troubles métaboliques fondamentaux, avant que les symptômes soient apparents. Comme résultat, puisque la plupart des cas de diabète de type II apparaissent pendant l'âge adulte, nous parlons de ces troubles comme d'un *principe de diabète adulte*. A la variété de développement et de diagnostique du diabète de type II, suit normalement une *augmentation* de poids, un fait facilement explicable par la différence des dynamiques de l'insuline entre les deux troubles.

Dans les deux cas, le sucre dans le sang augmente, mais pas pour des raisons différentes. Dans le cas du diabète de type I, le sucre dans le sang augmente, car il n'y a pas d'insuline pour le retenir dans la transmission des cellules. Le sucre dans le sang augmente dans le type II car les cellules sont devenues résistantes aux effets de l'insuline qui, même en de grandes quantités, ne peut pas passer du sang aux cellules. Dans le diabète de type II, il peut y avoir une situation paradoxale où l'insuline et le sucre dans le sang augmentent pendant un moment. Pendant les premières étapes, l'insuline est toujours élevée. Mais, en même temps que la maladie progresse, les niveaux d'insuline baissent–les cellules bêta pancréatiques (celles qui produisent l'insuline) se fatiguent ou «s'usent» à cause de la production constante d'insuline, dans des proportions énormes due aux niveaux élevés de sucre dans le sang. Pendant la première étape, qui peut durer plusieurs années, les niveaux d'insuline, toujours élevés, peuvent augmenter la pression artérielle, les maladies cardiaques, le cholestérol élevé et l'obésité – ensemble de troubles qui affectent les diabétiques de type II,très fréquemment. Pendant les étapes suivantes, le sucre élevé dans le sang affecte les reins, les yeux, les vaisseaux sanguins et les nerfs de la même manière que le diabète de type I.

Le diabète de type II est, sans aucun doute, génétique. Si vos parents en souffrent ou en ont souffert, le risque est plus élevé que si vous héritiez de la prédisposition à la maladie. Si vous menez une alimentation appropriée, vous pouvez freiner le début du diabète de type II ou en invertir les effets nocifs. Par contre, dans une personne prédisposée, un manque d'attention à l'alimentation peut empirer la gravité de la maladie. Notre programme d'alimentation est excellent pour les patients, souffrant de diabète de type II. En corrigeant la résistance à l'insuline, on réduit les niveaux anormalement élevés de sucre dans le sang, on commence à réparer tous les dommages pancréatiques et on peut rétablir la normalité dans les tissus.

De la Résistance à l'Insuline au Diabète Du type II

Ce cercle vicieux se développe très lentement et au long de très nombreuses années. Une personne prédisposée génétiquement, un bombardement d'insuline pendant les années d'alimentation adolescente et un abus du style de vie, donnent comme résultat la résistance de plus en plus élevée des senseurs d'insuline des tissus. Pour que le système fonctionne, le pancréas produit plus d'insuline, et ainsi commence l'escalade chronique de celle-ci. Pour finir, on nécessite une grande quantité d'insuline pour maintenir le sucre dans le sang à un niveau normal. Dans la plupart des cas, ceci va au même rythme que la progression des maux : l'insuline continue élevée, et produit des dommages à cause de plus de synthèse du cholestérol, d'une augmentation de l'épaisseur des artères, de plus de stockage de graisses et tout le reste, à l'exception du maintien du sucre dans le sang à un niveau normal. Par contre, pour les personnes prédisposées génétiquement, cette situation va au-delà, menant tout d'abord à l'intolérance du glucose puis au diabète de type II.

Imaginons une personne avec une haute résistance à l'insuline qui, pour maintenir normal son niveau de sucre dans le sang, doit produire d'énormes quantités d'insuline chaque jour. Un jour ou l'autre, son pancréas arrivera à un point où il ne pourra pas produire davantage d'insuline – il sera entrain de produire le maximum possible. Si ce niveau de sucre dans le sang augmente, il ne pourra pas produire plus d'insuline, pour réduire la résistance et ramener les niveaux de sucre dans le sang à la normalité. À cette limite de production d'insuline pancréatique, le diabète de type II est au coin de la rue.

Une fois que le sucre dans le sang du patient atteint les niveaux diabétiques, il commence à causer un grand nombre – mais pas tous – de problèmes du diabète de type I : sucre dans l'urine, forte production d'urine et plus de soif et plus de glucose dans le sang ce qui mène à des problèmes dégénératifs aux yeux, nerfs, reins et vaisseaux sanguins. *Le glucose, en très grande quantité, est toxique pour de nombreux tissus, même pour les cellules bêta pancréatiques.* Sous cette sur stimulation continue par l'excès de glucose, les cellules bêta peuvent abandonner et arrêter de produire de l'insuline – une situation connue comme *fatigue des cellules bêta* ou *usage des cellules bêta.* Pendant que les cellules bêta du patient produisent un peu d'insuline, le patient ne risque pas la cétoacidose si dangereuse du diabète de type I. L'insuline prévient la graisse stockée du corps de la demande subite, et transforme les cétones du corps, sans l'influence du glycogène. Cependant, si la fatigue des cellules bêta et la production d'insuline s'arrête le temps nécessaire, le glycogène peut arriver à dominer et tous les problèmes du diabète de type I se manifesteraient. Normalement, les cellules bêta continuent à produire plus d'insuline que la normale pour prévenir cette cétoacidose et cause tous les symptômes de cet excès d'insuline : hypertension, excès de production de cholestérol, obésité et maladies cardiaques, troubles plus fréquents des victimes du diabète de type II. Normalement, la plupart des médecins se centrent sur ces troubles – les pics de l'iceberg – au lieu de se centrer sur la cause du problème, un métabolisme souffrant d'insuline.

Une fois de plus, visant nos efforts envers les personnes souffrantes d'hyperinsulinémie, ils peuvent de débarrasser de l'une des pires maladies de notre civilisation. Même ceux qui souffrent le diabète de type I peuvent réduire leur dose d'insuline et obtenir un contrôle meilleur du sucre dans leur sang, à l'aide de notre programme – *mais sous la surveillance d'un médecin.*

Le Dr. Richard K. Benstein, un diabétologue de Mamaroneck, New York, est l'auteur de D*iabète; Type II* (publié à l'origine par Prentice-Hall), un texte excellent sur les bénéfices d'une restriction d'hydrates de carbone, en application sur le diabète de type I et II. Il croit que suivre une diète stricte et pauvre en hydrates de carbone est la pierre angulaire de la thérapie diabétique, et il résulte très important pour maintenir un contrôle exhaustif du sucre dans le sang, pour mener une vie normale et productive et réduire le nombre de victimes de ces diabètes.

L'Hypertension

Pour être bien sûr, l'hypertension est un meurtrier silencieux, et le premier symptôme important peut être la mort.

KENNETH COOPER, M. D.

Notre patient Tom Edwards pesait 143 kilogrammes et prenait trois médicaments différents contre l'hypertension, qui tournait autour de 160/105, c'est à dire sans contrôle. Nous avions commencé à traiter des patients en leur faisant subir un jeûne altéré de protéines pour perdre du poids, selon le premier livre de Mike, *Thin So Fast*, mais nous ne l'avions pas encore essayé sur quelqu'un souffrant si gravement d'hypertension. De retour à nos jours de « fait comme tout le monde le fait », nous traitions beaucoup de patients qui avaient des problèmes de pression artérielle, en les soumettant au régime pauvre en calories. Tout en perdant du poids lentement (ce qui arrivait *s'ils* suivaient le régime, la partie la plus dure), leur pression artérielle se réduisait également. Au cours des visites suivantes, au bout d'un mois, nous arrivions à réduire graduellement leurs médicaments contre l'hypertension, et quelques fois à les éliminer complètement, s'ils maigrissaient suffisamment. Il n'y avait aucune raison dépenser que, pour Tom, ce serait différent.

Nous ne connaissions pas les propriétés de ce raisonnement nutritionnel qui baisse drastiquement l'insuline. En fait, à ce moment-là, nous ne savions pas que l'insuline était liée au processus de contrôle du sucre dans le sang. Nous ne lui retirâmes aucun médicament, mais nous lui dîmes que nous le ferions si tôt qu'il commencerait à perdre du poids. Tom nous appela au bout de trois jours.

«Docteur, j'ai mal au coeur », nous dit-il. « Lorsque je me relève d'une chaise, je tombe presque dans les pommes. Au travail, lorsque je me lève pour aller quelque part, ma tête commence à tourner et je sens comme si j'allais m'évanouir».

On lui dit de venir nous voir aussi vite que possible. Lorsqu'il arriva, l'infirmière lui prit la tension, qui était de 100/60 – un résultat trop bas en comparaison avec l'antérieur – et son poids était de 140 kilogrammes. Trois kilogrammes est trop de poids perdu en seulement trois jours pour la plupart des gens, mais pas pour une personne qui pèse 143 kilos. La plupart du poids perdu au début était du liquide, mais nous ne trouvâmes pas d'explication pour la diminution de la pression artérielle. Même en utilisant des médicaments diurétiques, nous n'avions jamais obtenu cette réaction. Mike lui dit d'arrêter de prendre ses médicaments, pour que ses symptômes disparaissent et la pression artérielle augmente un peu. Il revint au bout de quelques jours avec les mêmes symptômes. Pendant les deux premières semaines de diète, sa pression artérielle avait descendu, au point de lui retirer tous ses médicaments sauf un, dont on ne fit que lui réduire la dose. Arrivé à ce point, il avait perdu 6 kilos, moins du 5 pour cent de son poids corporel, et nous ne savions pas ce qui se passait.

Peu de temps après cette expérience, on assista à un congrès où un chercheur suisse nous parla des effets de l'insuline sur la rétention de liquides. Ses données démontraient qu'une réduction rapide des niveaux de sérum de l'insuline produirait une diurèse rapide et importante. Evidemment, ceci signifierait de même une diminution rapide et importante de la pression artérielle – ce qui arrivait chez Tom Edwards. Cette révélation nous donna l'explication d'autres phénomènes étranges que nous avions expérimentés avec nos patients en jeûne altéré, changements qui ont lieu très tôt après avoir commencé à perdre du poids. Elle nous aida également dans notre étude des actions de longue portée de l'insuline, la résistance à l'insuline et l'hyperinsulinémie.

Comment l'Insuline augmente la Pression Artérielle

L'excès d'insuline cause l'hypertension de trois façons différentes : elle cause une rétention de liquides, altère les mécanismes des vaisseaux sanguins et augmente la stimulation nerveuse du système artériel. Examinons ces processus dans l'ordre, en commençant par la propension de l'insuline à élever la pression du sang, ce qui produit une rétention de fluides dans le corps.

Avec le transport de nutriments vers les tissus et élimination de produits usés, le sang baigne les cellules avec un mélange approprié et concentré d'électrolytes. Ces électrolytes – sodium, potassium, chlorure, bicarbonate et autres – sont critiques pour le fonctionnement normal des cellules et maintiennent une relation proportionnelle, comme le sucre dans le sang. Les reins filtrent le sang qui traverse, élimine des produits usés et règle la concentration d'électrolytes. Voici un autre acte d'équilibre du corps. Si le sang contient trop de sodium, les reins l'expulsent, le déposent dans l'urine et l'envoient à la vessie pour être éliminé. S'il y en a peu, les reins le conservent et n'éliminent que le nécessaire pour assurer la concentration appropriée de sodium dans le sang. Les diurétiques forcent les reins à éliminer plus de sodium de celui qu'ils éliminent normalement. En même temps que les reins éliminent le sodium, ils expulsent le fluide pour conserver la concentration de sodium dans le sang, dans les niveaux normaux.

L'insuline à l'effet contraire : il oblige les reins à retenir du sodium, même lorsqu'il y en a en trop et les reins l'élimineraient. Pour conserver la concentration de sodium dans le sang dans les niveaux appropriés, les reins doivent retenir l'excès de fluide pour diluer l'excès de sodium. Plus d'insuline veut dire plus de rétention de sodium et, par conséquent, plus de rétention de fluides. Le corps retient plus de liquides et le volume de sang augmente en même temps que la pression artérielle commence à augmenter, et elle peut, avec le temps, atteindre des niveaux dangereux et nécessiter d'un traitement. La thérapie habituelle est l'administration de diurétiques pour éviter les effets de l'insuline et forçant ainsi les reins à libérer l'excès de sodium et de fluide, ce qui normalise la pression artérielle. Ou bien, le patient peut mener une alimentation pour réduire les niveaux élevés d'insuline et atteindre les mêmes résultats de manière moins coûteuse.

L'insuline augmente également la pression artérielle, en altérant les mécanismes des parois vasculaires et en rendant les artères moins élastiques. Souvenez-vous du chapitre antérieur qui nous disait que l'insuline fonctionne comme une hormone de croissance dans les cellules des parois artérielles. Les niveaux d'insuline augmentent ainsi que l'excès de stimulation de ces cellules musculaires et l'épaisseur des parois artérielles, qui deviennent alors plus rigides et moins flexibles alors que le volume à l'intérieur de celles-ci diminuent. Le coeur doit alors pomper plus fort, pour que le sang puisse traverser des artères de plus en plus étroites et rigides, donnant ainsi une pression artérielle élevée.

La troisième forme sous laquelle l'insuline cause l'hypertension est la stimulation du système nerveux, qui mène à l'augmentation de substances comme la norépinéphrine et l'adrénaline dans le sang. L'adrénaline est une neurotransmisseur dont nous avons tous souffert les effets en situations de stress, excitation ou après avoir eu peur. Si vous échappez à un accident fortuitement, vous vous sentirez rougir, votre coeur battra plus rapidement et vous aurez un sentiment d'insécurité et incommodité – le tout produit par un surgissement subit d'adrénaline. Ce flux d'adrénaline non seulement cause ces sentiments d'incommodité, mais fait également monter l'hypertension. Les niveaux d'insuline élevés se produisent à travers des mécanismes inconnus, générant une montée de la norépinéphrine dans le sang. Ceci entraîne une montée de la pression du sang qui augmente la vitesse du coeur, le menant à une stimulation continue tout en maintenant les vaisseaux sanguins étroits.

Les trois formes sous lesquelles l'insuline induit et soutient la pression artérielle élevée se combinent entre elles. L'adrénaline que produit l'insuline cause un rétrécissement et rend moins rigides les parois artérielles, alors que le système vasculaire essaie d'affronter un excès de fluide, causé par la stimulation de l'insuline vers les reins. Il est difficile d'imaginer que la pression artérielle n'augmente pas sous ces conditions.

Les Maladies Cardiaques

Le plus commun c'est que l'artériosclérose résulte d'un mauvais usage des vaisseaux sanguins.

SIR WILLIAM OSLER, M. D.

Les maladies cardiaques, la dernière tête de l'Hydre, sont les responsables de plus de morts et d'incapacités que toutes les autres têtes combinées. L'hyperinsulinémie exerce son influence sinistre sur le cœur de différentes façons : elle augmente le cholestérol de plusieurs formes, comme nous le verrons au chapitre 13, et influe sur les artères coronaires, les rendant plus enclines à l'occlusion, aux spasmes et à la formation d'embolies. Avant de voir plus précisément les manières d'agir de l'insuline, révisons ce que la science médicale sait sur la progression de maladies des artères coronaires et sur les crises cardiaques d'un point de vue clinique puis cellulaire.

Qu'est-ce qu'une Crise Cardiaque?

Une crise cardiaque arrive lorsque, pour une raison quelconque, le sang qui flue à travers une partie du cœur cesse de le faire ou diminue grandement. Le cœur n'est qu'un grand muscle qui se contracte rythmiquement et pompe le sang à travers du corps. Avec quelle force fonctionne le cœur ? Imaginez que vous soutenez 2,5 kilogrammes de poids avec votre main et vous commencez à fléchir le bras pour porter le poids sur l'épaule. Votre biceps, muscle frontal de l'avant-bras, réalise la plupart du travail pendant cet exercice. Pour le fonctionnement correct du muscle, les artères y transportent l'oxygène et le sang, enrichi de nutriments, et les veines transportent le sang avec les éléments usagés et sans oxygène. Si vous fléchissez votre bras de plus en plus vite, il arrivera un moment où l'oxygène nécessaire sera supérieur à la quantité que les artères peuvent fournir. Lorsque votre muscle commence à recevoir moins de sang oxygéné que celui dont il a besoin, il commence à faire mal et l'on interrompt l'exercice jusqu'à ce que le muscle récupère. Mais, si votre bras se trouve branché à un appareil transmetteur de pulsations électriques pour le contracter automatiquement en dépit de la douleur, vous pouvez imaginer les conséquences. La douleur deviendrait insupportable. Si la stimulation continue, certaines fibres musculaires commerceraient à mourir, le muscle finirait par être endommagé irréversiblement et vous ne pourriez rien faire. Votre bras pendrait, sans possibilité d'être utilisé, ni d'être fléchi en dépit des pulsations électriques.

Cette torture à un bras humain ne serait imposée que dans la fiction des romans de Stephen King. En réalité, ceci est infligé au cœur humain chaque jour. Le cœur possède un stimulateur, ***le nœud sinoatrial***, qui transmet un courant électrique, à travers le muscle cardiaque, autour de 72 fois par minute. Essayer simplement de fléchir votre biceps plus d'une fois par seconde et, vous comprendrez combien le cœur est surprenant. Le cœur se contracte dans ces limites – et quelques fois plus vite s'il a besoin de plus d'oxygène à cause de l'exercice ou de la fièvre –, tous les jours, éveillé ou endormi, jusqu'au jour où il meurt.

Dû aux besoins d'énergie nécessitée pour contracter continuellement 72 fois par minute tout le long de la vie, la nature a doté le cœur d'un système circulatoire dense. Les artères coronaires qui entourent le cœur transportent de grandes quantités de sang, riche en oxygène, dans tous les muscles. Si, par exemple, l'une des artères coronaires, par un caillot sanguin, un spasme ou la croissance d'une plaque, n'arrive pas à desservir le coeur du sang nécessaire, celui-ci aurait des problèmes. Mais le noeud sinoatrial continue à stimuler le coeur, même la partie qui reçoit le sang insuffisamment oxygénée. De même que nos biceps, le muscle du coeur, qui ne peut pas arrêter de battre pour se reposer, se rend dans d'énormes douleurs – la douleur d'une crise cardiaque. Si l'obstruction est très grave et dure pendant longtemps, la partie du coeur irriguée par l'artère affectée est endommagée grièvement, et meurt.

En plus de la douleur, les conséquences de l'obstruction coronaire entraînent essoufflement, faiblesse, nausées, sueurs froides et un sentiment de mort proche. La science médicale a défini et classé en différents degrés et manifestations ce phénomène : angine de poitrine – douleur liée au manque d'oxygène dans le muscle cardiaque, ischémie du myocarde – situation dans laquelle le coeur reçoit insuffisamment d'oxygène et il est déjà endommagé, infarctus du myocarde – mort d'une partie du muscle cardiaque. Pour nos propos, nous les unissons tous sous la rubrique de maladies cardiaques.

Du moment que les artères coronaires fournissent le coeur en sang riche en oxygène, il pompera toujours. Le problème surgit lorsque le flux de sang, vers une partie du coeur se réduit. Comment ceci peut-il arriver ? Normalement, par l'occlusion d'une artère coronaire crée par la naissance d'une plaque – la croissance fibreuse de cholestérol dans le revêtement intérieur de l'artère. Les plaques se forment pendant de longues périodes de temps et progressent lentement, en commençant par l'infiltration de cholestérol dans le revêtement de l'artère et en développant une lésion. Et, à nouveau, l'insuline exerce son influence en différents moments du chemin.

Où commence l'Insuline?

L'insuline exerce son influence à différents moments, dans la progression du développement de la plaque, en commençant par les niveaux élevés du cholestérol LBD dans le sang. Même si les dommages artériels et les maladies cardiaques peuvent arriver à un niveau de cholestérol normal dans le sang, les niveaux élevés du LBD accélèrent leur commencement. Et l'insuline dans les cellules, par son action dans le déroulement de la synthèse du cholestérol, aide à créer et développer les quantités excessives de LBD dans le sang.

L'insuline augmente également la prolifération de cellules musculaires dans les artères et leur déplacement à l'intérieur de la zone de formation de plaques. Ceci non seulement accélère le développement de la plaque, mais accroît son épaisseur et la rigidité des artères. Une fois que les cellules musculaires se sont déplacées dans la nouvelle veine de graisse et que le développement de la plaque continue, l'insuline stimule la continuité de la synthèse du cholestérol et d'autres tissus de connexion pour composer la masse en formation. De même, l'insuline accélère la synthèse du cholestérol dans la plaque endommagée, source de cet aspect gras.

Comme vous pouvez voir, la seule étape de ce chemin où l'insuline *n'influence pas* (ou tout au moins, il n'a pas été démontré qu'elle influence) est dans la modification du LBD. Même si l'insuline en soi ne semble pas jouer un rôle direct dans l'altération des molécules du LBD – le transformant en une cible pour les macrophages –, elle l'a dans les changements métaboliques liés à la résistance de l'insuline et à l'hyperinsulinémie. Quand le sucre monte, les quantités augmentées de glucose sont liées aux molécules du LBD, en altérant leur structure et en les faisant plus attrayantes aux macrophages. Les radicales libres se forment et attaquent d'autres molécules LBD – un processus possible grâce à la résistance à l'insuline –, ce qui les mène au même destin.

L'Insuline et la Plaque – Une Corrélation Directe

Au début des années soixante-dix, une équipe de chercheurs, dirigée par le Dr. Anatolio Cruz, démontra les changements produits dus aux niveaux chroniquement élevés d'insuline, grâce à un essai qui, maintenant, est courant. Son équipe injecta de l'insuline dans les artères les plus importantes des pattes de quelques chiens : chaque jour, ils injectaient, à chaque chien, de l'insuline dans une patte et la même dose d'une solution saline dans l'autre. Ce processus fut suivi chaque jour pendant près de huit mois. Après un examen médical, les artères injectées d'insuline avaient une accumulation importante de cholestérol, d'acides gras et une épaisseur importante du revêtement intérieur de l'artère. Les autres artères, injectées de la solution saline, étaient normales. Le Dr. Cruz arriva à ces changement importants en injectant une dose relativement petite d'insuline, fournie une seule fois par jour pendant un peu plus de sept mois. Imaginez les changements qui auraient pu se produire s'il avait pu maintenir les niveaux d'insuline élevés pendant plusieurs années ! Sachant ceci, il n'est pas difficile d'imaginer les changements dans nos artères coronaires après de nombreuses années d'hyperinsulinémie chronique.

Ce Dégât peut-il se Défaire ?

Sommes-nous condamnés à vivre dans l'état actuel de nos artères coronaires avec le danger d'une plaque ou pouvons-nous les récupérer ? Nous pouvons les récupérer, mais pas d'un jour sur l'autre. Le développement d'une plaque met du temps et son rétrécissement aussi. C'est un processus qui dure des années et non des mois. Et il ne peut se réaliser qu'avec un *niveau d'insuline bas.*

Selon les mots d'un chercheur, une trouvaille basée sur les essais d'animaux, indique que l'insuline « empêche la régression de l'athérosclérose expérimentale, induite par l'alimentation, et le manque d'insuline empêche le développement de lésions artérielles ». En d'autres mots, si vous voulez nettoyer vos artères coronaires, vous n'y arriverez pas en présence de l'hyperinsulinémie. Malheureusement, lorsque la plaque est arrivée au point de création de calcium, hémorragie et excès de formation de tissus fibreux, elle est irréversible en dépit de la diminution de l'insuline. Par contre, même arrivés à ce point, l'action de l'alimentation peut prévenir la formation de plus de plaques. En éliminant la stimulation de l'excès d'insuline, et si la plaque n'a pas atteint son étape finale, notre programme permet la récupération des artères coronaires, les rendant peu à peu plus flexibles et éliminant les dépôts dangereux de cholestérol, sous les revêtements intérieurs. Une autre tête dangereuse de l'Hydre.

LORSQUE LE QUATUOR DE LA MORT

N'est pas un Quatuor

Si l'hyperinsulinémie cause tous les troubles que nous avons argumentés, pourquoi toutes les personnes souffrantes d'hyperinsulinémie n'ont pas d'hypertension, de maladies cardiaques, de diabète ou d'obésité ? Comment, par exemple, une personne peut-elle être hyperinsulinémique, avoir un cholestérol élevé et souffrir d'hypertension et ne pas être obèse ? Nous savons que l'insuline cause le stockage de graisses donc, une personne avec de hauts niveaux d'insuline doit forcément avoir du surpoids, n'est-ce pas ? Et bien, pas nécessairement. Comme seul exemple, le cas de Lidia Mot. Mlle Mot est mince (1,73 m. de hauteur et 50 kilogrammes de poids), une femme de 44 ans avec le cholestérol élevé. Elle est allée voir un médecin qui lui a recommandé de prendre une médication pour résoudre son problème, mais elle a voulu un deuxième point de vue. Nous avons donc commencé par la questionner sur son alimentation.

«Que mangez-vous habituellement? Quels sont vos aliments préférés ?»

«Bien, je ne mange pas beaucoup de graisses », nous assura-t-elle. « J'essaie de mener une diète équilibrée avec de nombreux aliments variés.»

«Quel est votre aliment préféré?»

«N'importe lequel s'il contient du chocolat », répondit-elle sans le moindre souci.

«Donc vous mangez beaucoup de sucreries avec votre diète équilibrée, n'est-ce pas?»

«Et bien oui, j'adore les sucreries et spécialement le chocolat», répondit-elle, « et je me suis sentie toujours fortunée par le fait de les manger sans avoir à me préoccuper. Tous mes amis doivent faire attention à leur poids et, ils ne mangent pas de nourriture poubelle ou, après l'avoir mangée, ils se sentent coupables. Je peux manger tous les gâteaux, les brioches, les donuts, les sucreries au chocolat et les glaces que je veuille sans prendre un seul kilo. Je sais que j'ai de la chance.»

«Avez-vous un autre problème de santé à part le cholestérol ?»

«J'ai eu des problèmes d'hypertension mais je suis déjà bien car mon médecin me donna des pilules pour la rétention de liquides et qui font baisser la tension. »

«La rétention de liquides?»

«Oui, je ne prends jamais du poids, vous savez ce que je veux dire, je ne grossis pas, mais j'ai des problèmes avec la rétention de liquides. Mes chevilles gonflent un peu, quelque fois je n'arrive pas à mettre mes bagues, j'ai les yeux gonflés, ce genre de choses. Mais les pilules éliminent tous ces problèmes et maintiennent ma tension à la hauteur

des chevilles.»
«Vos parents eurent-ils des problèmes cardiaques?»
«Oui... Comment le savez-vous ?»

La pression artérielle de Mlle Mot était un peu haute, ses analyses de sang dévoilaient un cholestérol en ensemble d'autour de 300 et son niveau d'insuline était de 56 mU/ml, *presque de deux fois plus haut que les limites normales du laboratoire et 5 fois plus haut que ce qui est considéré comme normal.* Nous décidions de revoir l'alimentation de Mlle Mot, ce qui ne fut pas simple puisqu'il fallait réviser l'alimentation principale et elle avait mangé ce qu'elle avait voulu toute sa vie. Les personnes qui n'ont jamais eu de problèmes de surpoids ont plus de difficultés à s'adapter à une alimentation déterminée, car faire du régime n'a jamais été dans leurs schémas mentaux. Mlle Mot ne fut pas une exception à la règle, mais elle a persévéré – avec des moments de faiblesse dus au chocolat – et son niveau d'insuline a diminué de même que sa pression artérielle et son cholestérol. Même si les valeurs du sang ne sont pas encore à leur niveau normal, elle a complètement éliminé le problème de rétention de liquides et ne prend plus ses pilules depuis le début de notre programme.

De retour à notre première question, pourquoi la « mince » Mlle Mot – dans la catégorie des personnes avec un poids normal mais obèses métaboliquement – souffre la plupart de problèmes liés à l'hyperinsulinémie, sauf l'excès de poids, alors que d'autres personnes souffrent de surpoids sans avoir d'hypertension ni le cholestérol élevé ? Pourquoi certains ne souffrent que du diabète ou d'hypertension alors que d'autres ont tous les symptômes de l'hyperinsulinémie ?

La réponse à ces questions se trouve dans la base génétique des maladies de notre civilisation. Il est connu que ces maladies sont héréditaires et, si toutes les recherches le ratifient, cela veut dire que l'hyperinsulinémie est également héréditaire. En fonction de notre constitution génétique, nous sommes prédisposés à développer ces troubles lorsque les niveaux d'insuline commencent à monter.

Quand est-ce que les gènes nous attrapent?

Certaines personnes fortunées sont génétiquement prédisposées à ne pas développer une forte résistance à l'insuline, même s'ils mangent sans aucun contrôle pendant toute leur vie. Cependant, la plupart d'entre nous n'avons pas cette chance et nous développons graduellement une résistance à l'insuline et hyperinsulinémie. Notre génétique détermine alors ce qui arrive lorsque nos niveaux d'insuline augmentent : certains hériteront des gènes programmés pour développer l'hypertension, d'autres développeront le diabète, la plupart prendront du poids et il y aura un groupe qui, malheureusement, développera tous les troubles. Si vos parents développèrent l'hypertension et le diabète lorsqu'ils vieillissaient, c'est qu'ils avaient sûrement de l'hyperinsulinémie fondamentale, et vos probabilités de développer les mêmes problèmes sont très élevées. Même si vous ne pouvez rien faire pour changer vos gènes, vous pouvez être conscients de la source du problème et prendre les décisions pour l'éviter ou le remédier.

Si nous attaquons les maladies individuellement, nous, médecins et patients, nous ne faisons que les retarder. En focalisant nos énergies et traitements sur la résistance à l'insuline et l'hyperinsulinémie, nous pouvons tuer l'Hydre au lieu de remplacer l'une de ses têtes par une autre. Malheureusement, nous ne pouvons pas uniquement prendre une pilule et baisser nos niveaux d'insuline. Le seul chemin est de changer les aliments que nous consommons par une alimentation plus adaptée à celle que la nature nous désigne, dans un premier moment. (La bonne nouvelle est qu')Une fois le traitement alimentaire correct commencé, la preuve que nous sommes sur la bonne voie est spectaculaire et ne tarde pas à se manifester. A l'aide de l'activité biochimique des bons aliments, l'hyperinsulinémie disparaît rapidement, emportant la plupart de ses effets adverses. Votre corps guérira tout simplement en recevant le combustible correct.

La Note Finale

Les maladies les plus importantes de la civilisation occidentale – obésité, hypertension, maladies cardiaques, hauts niveaux de graisses dans le sang et diabète – ont un lien commun. En réalité, ces «maladies» qui affligent, rendent incapable et tuent tellement de personnes aux Etats-Unis, jour après jour, ne sont pas des maladies. Ce sont des symptômes d'un seul trouble de base: l'hyperinsulinémie (l'excès d'insuline) et la résistance à l'insuline. Voici les problèmes qui se développent:

Lorsque vous manger, votre corps décompose la nourriture en des composants de base : protéines, hydrates de carbone et graisses, et les absorbe dans le courant sanguin, produisant ainsi une augmentation du sucre dans le sang. Cette augmentation envoie des signaux au pancréas, produisant et libérant l'insuline. Celle-ci se colle aux senseurs des tissus, permettant au sucre de sortir du sang et d'arriver aux cellules, où il peut être brûlé sous forme d'énergie ou stocké pour un usage postérieur (comme la graisse dans les cellules grasses ou le glycogène dans les muscles). Les années d'abus alimentaire et un style de vie abusif peuvent mener, chez des personnes prédisposées, à un mauvais fonctionnement des senseurs d'insuline et à un développement progressif des niveaux d'insuline élevés de façon chronique. Ce système paresseux favorise le stockage de graisses et de sucre, amenant au développement de l'excès de graisses corporelles. L'abus continuel de l'alimentation (d'un excès d'hydrates de carbone) peut finalement produire une telle résistance à l'insuline (senseurs

d'insuline moins actifs) que, quelle que soit la quantité d'insuline produite par le pancréas, elle n'est pas suffisante pour faire fonctionner correctement le système. Les forces combinées de l'insuline et du sucre élevés dans le sang endommagent le pancréas et limitent sa capacité pour produire de l'insuline, ce qui fait augmenter énormément le niveau du sucre et produisant un début de diabète adulte (diabète de type II).

Cet excès d'insuline fonctionne de façons différentes et cause l'augmentation de la pression artérielle : il incite les reins à retenir le sel et les liquides, il favorise la croissance des revêtements musculaires des parois artérielles, les rendant plus épaisses et moins flexibles. Il augmente les niveaux de substances comme la norépinéphrine et l'adrénaline qui augmentent la proportion du coeur et rétrécissent les vaisseaux sanguins. Dans ce pays, beaucoup de cas d'hypertension, sont condamnés à l'hyperinsulinémie et la résistance à l'insuline.

L'insuline joue également différents rôles, comme la formation de plaques qui bloquent les artères et obstruent le flux sanguin à travers elles, ce qui conduit à une crise cardiaque. L'insuline augmente l'épaisseur et la rigidité des parois artérielles, et favorise l'établissement du cholestérol en dessous du revêtement des artères, où il peut durcir et créer une obstruction.

Malheureusement, tous ces troubles sont liés entre eux : si vous en souffrez d'un, un autre peut surgir dans le futur. Heureusement, en restructurant votre diète, l'excès d'insuline se réduit et les senseurs d'insuline redeviennent normaux. Vous pouvez réparer beaucoup de maux. La pression artérielle, le cholestérol et les triglycérides dans le sang, et le sucre dans le sang se restructurent très rapidement lors d'un changement alimentaire. L'épaisseur des artères et la formation précoce de plaques mettent de longues années de contrôle insulinémique à se corriger. Pendant cette étape tardive, et même avec le meilleur contrôle alimentaire possible, il n'est pas sûr qu'une plaque dure comme une pierre puisse se dissoudre. Vous pouvez encore prévenir de nombreux maux en utilisant ce programme. Mais mieux encore, c'est que le pouvoir de corriger ces troubles réside dans les aliments. Si vous fournissez à votre corps les outils nutritionnels nécessaires, il les utilisera et vous soignera.

Chapitre 12

Les Microhormones Messagères : Connaissez les Eicosanoïdes

Vous pouvez considérer les eicosanoïdes comme la colle biologique qui soutient le corps humain. À ce sujet, ce sont les agents les plus puissants que l'homme connaisse, en dépit d'être entièrement contrôlés par l'alimentation.

BARRY SEARS, PH. D, auteur de «The Zone»

Il est possible que vous n'ayez jamais entendu parler avant des eicosanoïdes, il faut savoir que leur fonctionnement dans le corps humain est aussi important pour la santé comme connaître l'hyperinsulinémie.

Dans le classique de Goethe *Faust*, le diable apparaît devant M. Faust et celui-ci lui demande : « Qui es-tu ? » Méphistophélès répond : « Une partie du mal qui ferait le mal chaque fois qu'il peut, mais qui fait encore le bien ». Ce changement peut s'appliquer aux eicosanoïdes, une brigade d'au moins 100 substances puissantes comme les hormones, qui contrôlent toutes les actions physiologiques de votre corps. Maintenir en équilibre les eicosanoïdes est fondamental. Si vous en avez trop peu d'un et trop d'un autre, ils peuvent entraîner, dans votre corps une chaîne de maux biochimiques comme l'arthrite, des embolies et d'autres situations dangereuses. En fait, ils ont un rôle important dans la *plupart* des maladies, en incluant les maladies cardiaques et le cancer. Lorsqu'elles sont en équilibre, le système est en pleine santé. Le Dr. Barry Sears, un chercheur réputé dans le domaine des eicosanoïdes et de l'alimentation, décrit la conservation de l'équilibre entre les différents eicosanoïdes comme la *définition* d'une santé optimale. Le plus excitant des eicosanoïdes est que vous pouvez les contrôler en faisant une élection correcte de votre alimentation.

Malheureusement, il y a de nombreuses choses sur lesquelles nous n'avons aucun contrôle : le vieillissement, les maladies virales et le stress, pour en nommer quelques unes. Ils mènent à la production d'eicosanoïdes de notre corps, dans la mauvaise direction, produisant les arthrites, embolies, obstructions artérielles, maladies cardiaques, peau sèche et bien d'autres problèmes : en peu de mots, tous les signaux et symptômes du vieillissement et du stress. Heureusement, notre régime nutritionnel inverse beaucoup de ces changements, menant à des améliorations spectaculaires à priori difficiles de corriger. Tout en avançant dans notre programme, vous devriez commencer à vous sentir mieux dans ces changements, grâce au changement des eicosanoïdes «bons»: plus d'éclat de vos cheveux et votre corps, peau plus hydratée, flexible et résistante, un sommeil plus profond... Nous avons commencé à voir ces changements chez nos patients. En réalité, ces signes nous trompaient, avant d'arriver à comprendre le rôle que l'alimentation joue dans la modulation des eicosanoïdes.

Les patients commençaient le programme et revenaient, lors de leurs visites routinières, pour informer que les maladies qu'ils avaient depuis de nombreuses années amélioraient.

«Pourquoi mes éruptions sont-elles disparues?», demandaient-ils.
«On ne sait vraiment pas, mais on est contents pour vous », nous répondions.
«Comment es-ce possible que mes allergies aillent mieux?»
«Pourquoi n'ai-je plus mal aux genoux?»
«Pourquoi mes maux de tête ont-ils disparu?»
«Pourquoi mes ongles ne se cassent-ils plus?»
«Pourquoi mon asthme s'est-il amélioré?»
«On ne sait pas, on ne sait pas, on ne sait pas.» Alors que les patients baissaient leurs niveaux d'insuline, on s'assura de changer le dialogue et le rendre plus actif.
«Bon, Mme. Smith, cette petite éruption de votre bras disparaîtra très sûrement avec la progression du programme et la réduction de l'insuline.»
«Vraiment ? Et pourquoi ?»
«On ne sait pas, mais c'est un effet positif du programme.»

Maintenant que nous comprenons les eicosanoïdes et ses effets, nous pouvons prévoir, avec une certaine confiance, non seulement le type de changements et améliorations que vont avoir nos patients, mais également leur donner les raisons. Nous leur dessinons un diagramme, montrant les points critiques et la trajectoire de la synthèse des eicosanoïdes, nous leur donnons les aliments qu'ils doivent éviter et nous expliquons pourquoi il est si important de maintenir les niveaux d'insuline contrôlés. A mesure que ce chapitre avance, vous apprendrez le pouvoir de l'alimentation à contrôler les eicosanoïdes et vous comprendrez les changements positifs que votre corps commencera à expérimenter.

QUE SONT LES EICOSANOÏDES?

Vous vous demanderez sûrement, - *si ces eicosanoïdes sont si puissants, pourquoi n'ai-je jamais entendu parler d'eux ?* Même pour votre médecin, il peut s'agir d'un terme qui ne lui semble pas familier : il s'agit d'une trouvaille toute récente. Mais il aura peut-être entendu parler d'un autre : les prostaglandines, découvertes pour la première fois dans les secrétions de la prostate, il y a environ six ans. Les prostaglandines, avec ses semblables les prostacyclines, les thromboxanes et leucotriènes, sont connues comme le groupe des eicosanoïdes car tous ses éléments se composent de vingt atomes de carbone (en grecque, *eicosi* veut dire vingt). Si vous avez pris une aspirine une fois – ou tout autre médicament du grand nombre existant – vous l'avez fait pour empêcher la formation de prostaglandines et d'autre eicosanoïdes. Si vous avez eu mal à la tête une fois, les douleurs menstruelles, un malaise abdominal dû à un ulcère, une inflammation ou une éruption, vous avez été victime de trop d'eicosanoïdes mauvais.

Même si les prostaglandines et d'autres eicosanoïdes agissent comme les hormones en de nombreuses occasions, il existe une différence importante qui explique pourquoi nous ne les avons pas compris jusqu'à il y a si peu de temps. Les hormones, qui se produisent dans les glandes spécifiques et se déplacent à travers le sang, peuvent se mesurer à l'aide d'analyses de sang. Par contre, les eicosanoïdes se produisent à l'intérieur des cellules, agissent à l'intérieur des cellules et disparaissent en une fraction de seconde, trop vite pour quelles puissent être détectées facilement. Le développement d'instruments sophistiqués et avancés a permis aux chercheurs d'identifier plus de 100 eicosanoïdes différents – en réalité, le prix Nobel de 1982 fut donné pour la recherche sur les eicosanoïdes.

QUE FONT LES EICOSANOÏDES ?

Les eicosanoïdes ont des effets physiologiques dans des concentrations très basses. À quelle puissance ? Si nous comparons les effets physiologiques de la fibre (revalorisée grâce à ses effets bénéfiques sur la santé) avec les eicosanoïdes, on utiliserait une relation avec le base-ball pour comparer la forme de courir de Woody Allen avec celle de Babe Ruth. La fibre n'est pas dans la même division que les eicosanoïdes. La fibre exerce un léger effet chimique sur le côlon alors que, les eicosanoïdes contrôlent et dirigent des fonctions très diverses, telles que la pression artérielle, la coagulation du sang, les réactions inflammatoires, le système immunologique, les contractions utérines pendant l'accouchement, la puissance sexuelle de l'homme, les réactions à la douleur et à la fièvre, le cycle du sommeil/réveil, la libération d'acides gastriques (les nouveaux médicaments puissants pour combattre l'ulcère sont entrain d'être recherchés à l'aide d'eicosanoïdes), le rétrécissement et dilatation des voies respiratoires des poumons et vaisseaux sanguins dans les tissus, et beaucoup d'autres. En peu de mots, les eicosanoïdes ont des effets importants sur tout ce qui arrive dans le corps. En conséquence, de nombreux médicaments fonctionnent en augmentant ou en diminuant la synthèse ou réaction du corps aux eicosanoïdes. Nous avons parlé de l'aspirine antérieurement, donc reprenons-la comme exemple.

Les médecins ont toujours recommandé l'aspirine pour soulager la douleur et baisser la fièvre. Cependant, ils ont commencé à la prescrire pour réduire les risques de crises cardiaques et le cancer de côlon. Comment un médicament si économique et simple peut-il faire cela ? Car l'aspirine est un inhibiteur puissant de la synthèse des eicosanoïdes. Certains eicosanoïdes sont responsables de la douleur, la fièvre, l'augmentation de la coagulation sanguine et le rétrécissement des artères, de même que l'augmentation de croissance des cellules et les secrétions intestinales. En bloquant la synthèse de ces eicosanoïdes, l'aspirine élimine ou réduit les problèmes causés. Cependant, le côté négatif de l'aspirine est qu'il ne bloque pas *uniquement* la production d'eicosanoïdes problématiques mais également beaucoup d'autres. Ce blocage généralisé arrive par le développement d'effets désagréables liés à l'aspirine : douleur d'estomac, problèmes graves d'ulcère, réactions allergiques... L'aspirine toute seule ne cause pas ces problèmes, elle produit le changement dans l'équilibre d'eicosanoïdes ce qui mène au bon ou au mauvais fonctionnement.

VOTRE ALIMENTATION ET L'USINE D'EICOSANOÏDES

Les médicaments ne sont pas les seuls modulateurs de la production d'eicosanoïdes : la nourriture a un rôle plus important. En fait, de tout ce que vous pouvez faire pour changer votre équilibre d'eicosanoïdes, régler vos niveaux d'insuline et glycogène à l'aide de la nourriture sera le plus effectif. Et, avec ce que vous avez appris sur l'insuline, le fait qu'elle soit la cause plus importante de production d'eicosanoïdes mauvais ne doit pas vous surprendre. Dû au fait que la composition de l'alimentation – surtout le contenu en hydrates de carbone – détermine le niveau d'insuline, suivre notre programme vous permettra de régler la synthèse d'eicosanoïdes sans besoin de médicaments. Le haut contenu en graisses de l'alimentation joue également un rôle primordial dans cette production d'eicosanoïdes. Les acides gras essentiels, constructeurs de blocs d'eicosanoïdes, proviennent de l'alimentation. C'est à dire que s'il n'y a pas d'acides gras essentiels, il n'y a pas d'eicosanoïdes. *Une graisse essentielle* est celle qui est nécessaire pour vivre, que la biochimie du corps ne fabrique pas et doit donc s'obtenir par l'alimentation. L'acide linoléique est la seule graisse essentielle. Toutes les autres peuvent être crées par d'autres substances ou à partir de l'acide linoléique. Heureusement, l'acide linoléique se trouve normalement dans beaucoup d'aliments donc, à moins que vous ne mangiez rien ou que vous fassiez une diète sans graisses, vous obtiendrez tout l'acide linoléique nécessaire.

Une source abondante d'aliments contenants des acides gras, en combinaison avec la proportion adéquate d'insuline et glycogène, fournit la situation idéale pour la production d'eicosanoïdes bons. Essentiellement, avec les quelques modifications que nous verrons dans ce chapitre vous pouvez penser à ce système comme une usine où l'acide linoléique est la matière première, l'insuline et le glycogène, les producteurs et les eicosanoïdes, les produits finis. Chacune des billions de cellules que nous avons, contient ces petites usines produisant plusieurs eicosanoïdes qui régularisent le fonctionnement de ces cellules et, par conséquent, les tissus et organes auxquelles elles appartiennent.

Héros et Scélérats : Deux Sortes d'Eicosanoïdes

Les produits finis, le eicosanoïdes se divisent en deux groupes de base avec des fonctions opposées :

«LES GENTILS»	«LES MÉCHANTS»
Série d'un eicosanoïde	Série de deux eicosanoïdes
Fonctionne comme vasodilatateur................	Fonctionne comme rétrécisseur de vaisseaux
Fonctionne en augmentant lesystème immunologique............................	Fonctionne comme immunosuppre-sseur
Diminue l'inflammation.............................	Augmente l'inflammation
Diminue la douleur..	Augmente la douleur
Augmente le flux d'oxygène.........................	Diminue le flux d'oxygène
Augmente la résistance.................................	Diminue la résistance
Prévient la création de plaques....................	Cause les plaques
Dilate les voies respiratoires...........................	Resserre les voies respiratoires
Diminue la prolifération cellulaire..............	Augmente la prolifération cellulaire

Il semble assez évident que nous voulons plus de séries d'un eicosanoïde. Il devrait aussi être clair que les eicosanoïdes ont un rôle très important dans la plupart des maladies, en les amplifiant ou les diminuant. Prenez, par exemple, les maladies cardiaques : si vous combinez les vaisseaux sanguins rétrécis avec le flux d'oxygène diminué et plus de plaques (formation de caillots) à cause des séries de deux eicosanoïdes, vous avez le système près d'une crise cardiaque. La plupart des médicaments cardiaques visent à l'élimination de ces séries de deux eicosanoïdes. Le cancer est un autre exemple : il commence lorsque les cellules perdent l'habileté de régler leur propre division et reproduction et commencent à se développer de forme incontrôlée. Les séries d'un eicosanoïde suppriment la croissance de cette cellule scélérate. Elles sont donc en étude pour les utiliser comme agents chimiothérapeutiques contre le cancer. Les séries de deux eicosanoïdes *favorisent* la croissance de tumeurs. Les personnes qui souffrent d'asthme et de bronchite, et qui ont les voies respiratoires des poumons rétrécies, ont besoin de plus de séries d'un eicosanoïde pour inverser ce rétrécissement des voies respiratoires. Les séries de deux eicosanoïdes les empirent.

Il semblerait étrange ne pas vouloir tous les « bons » et aucun «mauvais». Et bien, oui. Il faut avoir plus de bons que de mauvais. Les mauvais ont un rôle utile : la coagulation du sang lorsqu'on saigne. Votre objectif est de faire tout le possible pour produire plus d'eicosanoïdes bons que de mauvais et que l'équilibre soit du bon côté la plupart du temps. De tous les moyens possibles pour accomplir votre objectif, nous vous disons que, sans aucun doute, notre programme nutritionnel est le plus puissant. Il fournit tout le nécessaire pour construire la graisse essentielle, pour créer une abondance d'eicosanoïdes, tout en conservant l'insuline et le glucagon – les forces les plus puissante dans la synthèse des eicosanoïdes – dans un niveau correct pour avoir de bons eicosanoïdes.

Contrôler la Ligne de Production des Eicosanoïdes

Il existe trois points, avec le sentier de la synthèse des eicosanoïdes, où nous pouvons exercer l'influence de l'alimentation sur les produits finis des eicosanoïdes. Le premier point de contrôle est le début du processus, où l'acide linoléique, la matière première de la synthèse des eicosanoïdes, rentre dans le système. Le deuxième est l'altération du processus de synthèse en soi, de telle façon qu'il donne comme résultat la production d'eicosanoïdes majoritairement bons. Le troisième est la restriction de la consommation dans l'alimentation de l'acide arachidonique, un précurseur de grand nombre des eicosanoïdes mauvais. La figure 12.1, une représentation schématique de la trajectoire de la synthèse des eicosanoïdes, démontre comment notre programme affecte ces points de contrôle.

Le premier pas de la synthèse d'eicosanoïdes est d'obtenir la matière première – l'acide linoléique–dans la ligne de production. L'acide linoléique est une graisse ubiquiste présente dans pratiquement tous les aliments. Vous devriez donc en avoir suffisamment, à moins que vous soyez soumis à une diète extrêmement pauvre en graisses. Alors, le problème n'est pas la quantité disponible d'acide linoléique, mais la façon de l'incorporer au système. La clef pour obtenir suffisamment d'acide linoléique pendant le processus est l'enzyme « gouvernante » - *delta 6 désaturase.* Si cette enzyme est active et fonctionne correctement, l'acide linoléique circule dans le système, fournissant le matériel pour tous les eicosanoïdes que votre corps doit fabriquer. Si l'action de cette enzyme s'inhibe, elle évite l'entrée de quantités adéquates d'acide linoléique et, il en résulte une production déficitaire d'eicosanoïdes. Le premier pas pour moduler l'équilibre d'eicosanoïdes est assurer une grande quantité de travail, ce qui arrive en maintenant active et en fonctionnement cette enzyme. Vous pouvez le faire en alimentant ses besoins tout en évitant, dans la mesure du possible, les choses qui la ralentissent. Le suivant schéma catalogue les facteurs fondamentaux qui affectent cette enzyme.

FACTEURS QUI INFLUENT DANS L'ACTIVITÉ DE L'ENZYME *«DELTA 6 DÉSATURASE»*

ACCÉLÈRE SON FONCTIONNEMENT	RETARDE SON FONCTIONNEMENT
Les protéines de l'alimentation	Le vieillissement
	Le stress
	Les maladies
	Le Trans des acides gras
	L'acide linoléique Alpha
	La diète riche en hydrates de carbone

Un coup d'oeil rapide vous montrera que les deux colonnes ne vous favorisent pas, dans le sens d'obtenir l'acide linoléique suffisant dans le processus. Le côté positif du régime nutritionnel que nous vous conseillons, vous fournira des protéines en abondance. En le suivant, vous ferez tout le possible pour activer l'enzyme qui pompe l'acide linoléique dans le système. Le pas suivant est d'éliminer ce qui ralentit l'activité de l'enzyme «gouvernante».

Il est évident que vous ne pouvez rien faire contre le vieillissement. Vous pouvez contrôler vos niveaux de stress à l'aide de méditation et d'autres techniques de relaxation, évitant des situations stressantes. Mais la majorité d'entre nous doit supporter le stress comme une partie de la vie du rythme de vie agité de l'américain. Vous pouvez faire tout votre possible pour éviter cette maladie, mais vous défaillirez lors des grippes ou rhumes et quelque fois même avec des maladies plus graves. Puisque ces trois facteurs, l'âge, le stress et les maladies, ne sont pas sous votre contrôle, vous ne pouvez que maîtriser les trois autres, toutes provenant de l'alimentation et ceux qui ont le contrôle pour effectuer la synthèse des eicosanoïdes.

ACCENTUEZ LE POSITIF ; ÉLIMINEZ LE NÉGATIF

La trans (configuration) des acides gras : le Mythe de la Margarine

Le transport des acides gras se produit lorsque les graisses qui ne sont pas polyinsaturées sont en partie hydrogénées. Les graisses non polyinsaturées ont des liens de double carbone dans leur structure. L'instabilité de ces liens fait que les graisses qui ne sont pas polyinsaturées soient plus liquides, alors que celles qui contiennent des liens d'un seul carbone « saturées » avec des atomes d'hydrogène soient plus solides. Par exemple, la graisse qui se trouve aux bords d'un bifteck est solide normalement. L'huile de maïs, une graisse non polyinsaturée, est liquide normalement. Pour faire de l'huile de maïs solidifié, pour absorber des aromatisants et pouvoir l'utiliser comme margarine, elle doit être partiellement hydrogénée. Il s'agit d'une opération qui introduit l'hydrogène dans les molécules d'huile à haute température et le sature artificiellement. C'est la raison pour laquelle elle reste solide pendant le dîner. Si cela était tout, il n'y aurait pas de problème. Mais malheureusement, l'hydrogénation artificielle de la graisse altère la structure des liens de double carbone à une nouvelle configuration non naturelle (appelée trans configuration dans le langage chimique). Pendant le processus, ce qui était une quantité d'huile non polyinsaturée, se transforme en un hybride appelé acide gras trans. La vertu des acides gras trans qui viennent des produits manufacturés est leur stabilité et durabilité, en plus du fait que les molécules grasses changeaient le contenue réunies, pour former une substance plus solide (la molécule hydrogénée est dans ce cas la scélérate, les graisses étiquetées comme hydrogénées ne sont pas un problème).

Les acides gras trans, qui ne sont uniquement pas présent dans la margarine mais aussi dans n'importe quel produit en vente qui ait été hydrogéné partiellement, nuisent à la santé car elles inhibent la formation d'eicosanoïdes bons. Pour cette raison, la margarine – consommée par un grand nombre d'américains pour prévenir des maladies cardiaques – peut accroître le risque de maladies cardiaques, cancer et n'importe quel problème causé par une surabondance d'eicosanoïdes mauvais.

FIGURE 12.1

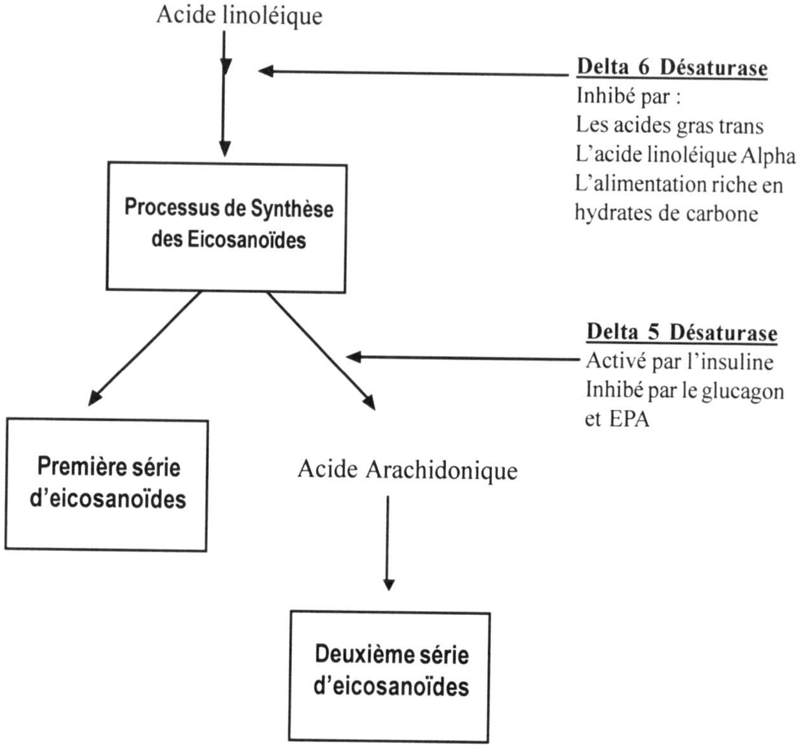

L'Acide Linoléique Alpha (ALA) : tous les huiles ne se font pas de la même façon

Cet acide gras oméga-3, présent dans les huiles de plusieurs plantes, ralentit également l'enzyme « gouvernante ». L'huile canola (10 pour cent de ALA) provenant de la graine du lin ou l'huile de lin (57 pour cent de ALA) et l'huile de soja (7 pour cent de ALA) sont leur sources principales. Pour éviter un manque de production d'eicosanoïdes bons, vous devez minimiser la consommation d'huiles contenants de ALA et donc limiter votre consommation d'huile de canola et de soja. Il y a quelques années, la mode était de consommer de l'huile de canola parce qu'on disait que les graisses non monoinsaturées réduisaient le risque de maladies cardiaques. En fait, l'huile de canola contient 60 pour cent de graisses non monoinsaturées, ce qui est bon, mais aussi 10 pour cent de ALA, ce qui n'est pas bon du tout. Si vous n'aimez pas l'odeur de l'huile d'olive, vous pouvez essayer l'huile d'olive light. Pour les recettes qui ne marchent pas avec l'odeur caractéristique de l'huile olive, nous utilisons l'huile de sésame (le light, pas l'huile de sésame foncé grillé d'Asie). Elle contient 46 pour cent de graisses non monoinsaturées, n'a pas de ALA et possède un goût plus délicat. Si vous ne pouvez pas vivre sans l'huile de canola, vous pouvez contrecarrer les effets négatifs de ALA en évitant l'excès d'acides gras trans et les hydrates de carbone et en maintenant la consommation de protéines. En fait, de tout ce que vous pouvez faire pour améliorer la production d'eicosanoïdes bons, la moins importante est que vous éliminiez l'huile de canola.

Par contre, on ne peut pas dire la même chose de l'huile de graine de lin, une autre huile que beaucoup de personnes consomment pour ses bénéfices supposés. Les promoteurs de l'huile de lin – une panacée supposée pour un grand nombre de troubles – nous parlent, d'entre toutes ses vertus, de son habileté pour soulager la douleur et l'inflammation de l'arthrite. Vous vous souvenez qu'auparavant, nous avons argumenté que l'aspirine, la drogue qui réellement soulage l'arthrite, fonctionne en bloquant de la production indiscriminée d'eicosanoïdes bons et mauvais. Elle permet un soulagement de la douleur mais, en bloquant les eicosanoïdes bons, produit d'autres effets désagréables. Dû à son contenu élevé de ALA, l'huile de lin est une version biologique de l'aspirine: elle bloque la synthèse de tous les eicosanoïdes, produisant plus de soulagement aux personnes souffrant d'arthrite à court terme. Arrivez à ce point, vous devez penser: *Et quoi donc? Si l'huile fournit du soulagement, n'est-il pas bon pour les personnes souffrant d'arthrites?* Il le serait s'il ne s'agissait que du seul moyen disponible pour soulager, mais c'est comme utiliser un marteau de 4 kilogrammes pour tuer une mouche : vous la tuer, mais vous causez d'autres dommages. Avec les techniques qui vous apprendrez dans ce chapitre, vous pouvez affiner le chemin de vos eicosanoïdes, pour réduire l'inflammation, augmenter la fonction immunologique et tout le reste sans devoir utiliser l'huile de lin ou tout autre aliment pour la santé que nous n'avons pas encore traité.

Une autre huile, qui contient un peu de ALA – l'huile de soja – est difficile de ne pas l'incorporer à la plupart des aliments manufacturés. Heureusement, elle a un pauvre pourcentage de ALA, de sorte qu'un petit peu ne ralentira pas votre production d'eicosanoïdes. Vous devez uniquement vous assurer que l'huile de soja n'est pas partiellement hydrogéné, ou vous aurez des acides gras trans qui aggraveront le problème.

Le suivant schéma catalogue les huiles plus communément utilisés et leur composition. En général pour cuisiner, choisissez les huiles qui aient un pourcentage élevé d'acides gras monoinsaturés et utilisez un peu de ALA.

LES POURCENTAGES D'ACIDES GRAS DES HUILES UTILISÉES PLUS COMMUNÉMENT

HUILE	SATURÉ	MONOINSATURÉ	LA	ALA
Amande	9	65	26	0
Canola	6	60	24	10
Maïs	13	27	57	2
De Lin	9	16	18	57
Noisette	7	76	16	0
Olive	10	82	8	0
Cacahuète	18	49	29	0
Safflower	8	13	79	0
Sésame (light)	13	46	41	0
Tournesol	12	19	69	0
Noix	16	28	51	7

Les Diètes Riches en Hydrates de Carbone, Pauvres en Protéines : Problèmes de base

Selon plusieurs études, les diètes riches en hydrates de carbone et pauvre en protéines inhibent l'activité de l'enzyme « gouvernante », menant à la production d'eicosanoïdes déficients. Les diètes riches en hydrates de carbone aggravent le problème car elles stimulent la libération de l'excès d'insuline et des problèmes plus graves dans la synthèse d'eicosanoïdes bons que nous verrons plus tard.

Pour vous assurer l'obtention d'acide linoléique pendant le processus de production d'eicosanoïdes nécessaires et essentiels pour avoir une santé optimale, vous devez mener une diète avec au moins 30 pour cent de protéines tout en évitant les acides gras trans, le ALA et la consommation d'hydrates de carbone. Mais, ce n'est pas la partie essentielle, c'est uniquement la première partie. Si vous suivez ces règles, votre système aura toute la matière première nécessaire pour fabriquer des quantités d'eicosanoïdes. Le pas suivant sera de s'assurer que ces matières premières se transforment en des eicosanoïdes bons.

Contrôler l'Insuline et le Glucagon

Le pas plus important dans le processus de la synthèse complète d'eicosanoïdes – dans lequel nous avons le contrôle nutritionnel maximum – est le suivant: diriger le flux vers la bonne ou la mauvaise direction. La direction du flux est contrôlée par une deuxième enzyme appelée *delta 5 désaturase*, un nom un peu confus. Si elle est active, cette enzyme change le processus de synthèse correct vers une production d'eicosanoïdes principalement mauvais. A l'inverse, l'inhibition de cette enzyme fait augmenter la production d'eicosanoïdes bons. Comme toutes les enzymes, celle-ci possède un jeu d'inhibiteurs et d'activateurs. Et devinez quel est l'activateur le plus important ? L'insuline. Les hauts niveaux d'insuline ordonnent la production de plus d'eicosanoïdes mauvais. Qu'est-ce qui inhibe cette enzyme? Le glucagon bien sûr, qui fonctionne à l'inverse de l'insuline. En fait, dans le cas d'une thérapie de médicaments pour moduler l'équilibre d'eicosanoïdes, le glucagon et l'insuline sont les plus puissants. Si vous les contrôlez, vous contrôlerez vos eicosanoïdes.

Si nous regardons ceci du point de vue alimentaire, nous arrivons à comprendre l'état de santé maladif actuel de notre société. Les diètes, pauvres en protéine et riches en hydrates de carbone, que la plupart des personnes suivent, empêchent l'entrée d'acide linoléique dans vos usines d'eicosanoïdes. Ceci augmente l'insuline et diminue le glucagon, et mène à une production d'eicosanoïdes mauvais, causant des douleurs, des maux, un rétrécissement des vaisseaux, une création de plaques, et tout le reste. Par contre, le programme nutritionnel décrit dans ce livre cause l'effet opposé. L'augmentation de la consommation de protéines stimule l'entrée de la matière première adéquate. En même temps, les niveaux d'insuline diminués et ceux de glucagon augmentés, mènent à une production dans la bonne direction, changeant les problèmes causés par la surproduction d'eicosanoïdes mauvais. Sachant ce que vous savez jusqu'ici, il est facile de comprendre les bénéfices auxquels nos patients ne s'attendaient pas lorsqu'ils commencèrent notre programme.

Le Sauvetage de l'Huile du Poisson

L'acide eicosapentaénoïque (AEP) est une autre substance qui fonctionne comme le glucagon, pour dévier la production d'eicosanoïdes vers la bonne direction, mais pas si bien que celui-ci. Le AEP, un acide gras oméga-3 présent dans l'huile de poissons tels que le maquereau, le hareng et le saumon, ajoute une autre mesure de contrôle alimentaire à l'équilibre des eicosanoïdes. Il fournit également un exemple nouveau sur le fonctionnement des eicosanoïdes – et la science –dans la vie réelle.

Vous avez sans doute lu que l'huile de poisson aide à prévenir les maladies cardiaques. À un certain moment pendant des recherches scientifiques, les chercheurs ont du apercevoir ce phénomène, qui est lié aux eicosanoïdes, et ont décider de l'étudier. Ils donnèrent à des individus différentes quantités d'huile de poisson pendant un certain temps et examinèrent l'évolution de plaques, rétrécissement de vaisseaux, tous les composants de maladies cardiaques et leur développement. Les résultats ne donnèrent aucun résultat et furent décevants. Chez certains individus, l'huile de poisson fut bénéfique, alors que pour d'autres, pas du tout. Pour que ce soit valable scientifiquement, il doit se produire dans la plupart des cas. Le cas de l'huile de poisson fut une proposition au petit bonheur dans le meilleur des cas. Que se passa-t- il?

Les maladies cardiaques sont un problème compliqué ou multifactoriel, mais pour vous montrer un exemple, nous n'argumenterons que deux actions fondamentales qui facilitent ces troubles. Les plaques s'agroupent autour d'une blessure minuscule, dans le revêtement d'une artère coronaire, en formant des caillots. L'artère se rétrécit, réduisant ainsi le flux de sang qui va vers les tissus cardiaques. Comme nous avons vu, ces actions sont une conséquence des mauvais eicosanoïdes. Nous voulons donc envoyer une grande quantité d'eicosanoïdes bons de ce côté pour inverser ces changements, et ainsi pensaient les chercheurs qui utilisèrent l'huile de poisson riche en AEP. Mais imaginons qu'un groupe d'individus suivait une diète pauvre en graisses et haute en hydrates de carbone (et vous savez maintenant ce que signifie un manque de protéines). Ces personnes mèneraient leur production d'eicosanoïdes dans la mauvaise direction à cause des hauts niveaux d'insuline et bas niveaux de glucagon. Puisque le AEP n'est pas plus puissant que le glucagon pour mener le flux d'eicosanoïdes dans la bonne direction, il faudrait toute l'huile de poisson du monde entier pour modifier la production d'eicosanoïdes. On ne pouvait pas attendre un résultat positif de ces individus. Les personnes qui mangèrent plus de protéines, ou sans problèmes liés à l'insuline, eurent sûrement des résultats différents. Ces individus réagiraient moins face à l'insuline et produiraient des eicosanoïdes bons et mauvais de forme plus équilibrée. Le fait d'ajouter l'huile de poisson aux diètes de ces individus serait alors suffisant pour mener la production d'eicosanoïdes dans la bonne direction, ceci se manifesterait par une diminution des plaques, de la rigidité des vaisseaux sanguins et tout le reste. En peu de mots, des résultats positifs qui montrent les bénéfices de l'huile de poisson comme un agent thérapeutique.

Donc vous avez deux groupes de patients, avec des résultats différents et la même quantité de AEP. La raison : les effets hormonaux métaboliques de leur alimentation de base différente. Ce facteur change beaucoup d'études qui, autrement, seraient contrôlés. On ne peut pas obtenir des résultats significatifs à moins de s'assurer de contrôler les effets extrêmement puissants comme les médicaments, et l'influence des aliments dans l'insuline et le glucagon. Il s'agit d'une étape que les chercheurs oublièrent ou ne savaient pas.

Dû à la faiblesse de l'huile du poisson comme agent pour mener à la synthèse des eicosanoïdes, nous préférons l'utiliser comme affineur. Si nos patients n'obtiennent pas les bénéfices complets des eicosanoïdes positifs grâce à la réduction de l'insuline dans l'alimentation, nous ajoutons l'huile de poisson au régime. Nous utilisons également l'huile de poisson pour restreindre les effets de l'acide arachidonique dans l'alimentation, la troisième et ultime variable de l'équation des eicosanoïdes.

L'ACIDE ARACHIDONIQUE: La nature nous lance un défi

L'acide arachidonique est l'un de ces défis que la nature nous offre pour nous maintenir éloignés de la simplicité et la perfection. L'acide arachidonique (AA) est un acide gras essentiel pour la vie mais également très destructif dans des quantités excessives. Les animaux de laboratoire furent injectés de grandes quantités d'acides, avec autres fonctions, et nous ne vîmes pas d'effets secondaires apparents (ceux auxquels l'acide arachidonique fut injecté moururent en très peu de temps). Le AA se produit dans le parcours de la synthèse des eicosanoïdes et il est le responsable direct d'eicosanoïdes mauvais. Si vous maintenez votre insuline basse et votre glucagon élevé, vous devriez produire très peu d'acide arachidonique, mais – et voici le défi – il ne provient pas des eicosanoïdes mais directement de l'alimentation. Malheureusement, l'alimentation variée peut donner des eicosanoïdes mauvais. Vous devez donc vous demander, *puis-je tout bien faire, faire attention à ma consommation d'hydrates de carbone, maintenir mon insuline basse et n'être saboté que par le AA de l'alimentation ?* Et bien oui, mais *seulement* si vous êtes très sensible à l'acide arachidonique et vous en mangez une grande quantité.

Êtes-vous Sensible À l'Acide Arachidonique ?

Les symptômes principales liés à un excès de AA (ou sensibilité à celui-ci) sont :

- **Fatigue chronique.**
- **Sommeil insuffisant et sans repos.**
- **Difficulté à se réveiller ou étourdissement en se réveillant.**
- **Cheveux fragiles.**
- **Ongles fragiles et fines.**
- **Constipation.**
- **Peau sèche et écaillée.**
- **Eruptions.**

Le AA se trouve dans toutes les viandes, spécialement les viandes rouges, les entrailles et les jaunes d'oeuf. Vous avez sûrement remarqué qu'il s'agit des mêmes aliments que la plupart des gens associent à ceux qui contiennent beaucoup de graisses et de cholestérol. En dépit de l'opinion populaire, ce n'est pas la graisse saturée et le cholestérol qui causent la plupart des problèmes liés à ces aliments : c'est le contenu d'acide arachidonique pour ceux qui y sont sensibles.

Le AA dans la viande se trouve dans les tissus musculaires et la graisse. Les quantités sont plus élevées dans la viande rouge, car elles ont plus de graisses, tout au moins chez les animaux d'engraissage, et contient de hauts niveaux de AA. Les animaux ont la même synthèse d'eicosanoïdes que nous, et lorsqu'ils s'alimentent et grossissent, l'aliment riche en hydrates de carbone stimule son insuline de la même manière que chez nous. Les graisses se stockent dans les tissus gras dans la même proportion que dans le sang, donc le bétail – et les personnes –, avec de grandes quantités de AA en circulation, stockera de grandes quantités. Heureusement, le bétail qui s'alimente et chasse en liberté possède moins de graisses et celles-ci moins de AA. Vous pouvez ajoutez ce type d'alimentation à votre diète en chassant dans les champs, comme vos ancêtres, ou en les achetant dans des magasins spécialisés. Mais il est plus simple d'éviter le AA dans l'alimentation en évitant le plus de graisses possibles dans votre viande, spécialement dans la viande rouge.

Est-ce que cela signifie que je devrais éviter la viande de boeuf complètement si je suis sensible à l'acide arachidonique ? Pas du tout. Voici quelques techniques pour diminuer la quantité de AA dans le boeuf. La première, après avoir éliminer toute la graisse visible, est de la griller. Ce type de cuisson diminuera la quantité de AA en 35 pour cent. Vous pouvez également suivre notre forme préférée d'endauber un bifteck, ce qui n'est pas très sain mais donne plus de goût au boeuf (nous vous fournissons cette méthode dans le cadre). La plupart des altérations que vous mettez en marche pour des raisons de santé ont un effet direct sur le goût, mais pas dans le cas de cette technique de macération pour le bifteck. Un seul inconvénient : on met de temps à le préparer et donc on ne le sert pas pour les repas vite faits.

Un Truc Pour Réduire l'Acide Arachidonique Dans les Biftecks et le Rôtis

Découpez toute la graisse visible du bifteck et mettez-la dans un sac en plastique avec le mélange d'une coupe de vin rouge et une tasse d'huile d'olive ou de sésame (ou tout autre huile qui ne contienne pas de ALA). Macérez la viande avec ce mélange pendant 24 heures dans le réfrigérateur, retournant le contenu deux ou trois fois. Sortez les biftecks, séchez-les pendant une heure ou plus, jetez la daube, saupoudrez la viande de poivre ou d'autres épices puis grillez-les. Le goût vous semblera incroyable. Le vin élimine une grande quantité de graisses saturées du bifteck et à l'aide de la graisse monoinsaturée de l'huile d'olive ou d'autres huiles utilisées. Ces huiles pénètrent dans le bifteck, lui donnant un goût savoureux et succulent que vous devez sans doute essayer – et le rend plus sain. Vous pouvez essayer cette technique également avec des rôtis. Vous n'arriverez pas à éliminer la même quantité d'acide arachinodique puisque vous le faites cuire et pas griller. Les rôtis sont plus goûteux si vous faites des entailles dans la viande et vous y mettez des morceaux d'ail.

Il n'est pas nécessaire de réaliser un travail très spécialisé pour baisser la consommation d'acide arachidonique dans les jaunes d'oeuf. Faites les omelettes en utilisant un ou deux oeufs et le reste avec les blancs. Ou alors, utilisez un oeuf et ajoutez de la ricotta ou du tofu pour faire des oeufs brouillés. Essayez d'éliminez les jaunes d'oeuf des recettes car ils contiennent beaucoup d'acide arachinodique. Si vous mangez beaucoup d'oeufs et vous êtes sensible au AA, ajoutez de l'huile de poisson à votre diète.

Que se passe-t-il avec les repas faits sautés et les fritures ? Maintenant que vous savez que les acides gras trans de la margarine empêchent la transmission entre les composants de base et la production d'eicosanoïdes, nous voulons que vous évitiez la margarine. Beaucoup de graisses non polyinsaturées souffrent une altération à cause des hautes températures nécessaires pour frire, donc évitez-les. Nous avons besoin de graisses stables à la chaleur, qui conservent un bon goût, et la substance qui le fournit c'est le beurre.

Je n'arrive Pas À Croire Que Vous Disiez Beurre.

Il est vrai que le « méchant » beurre est beaucoup mieux pour vous que n'importe quoi d'autre, dans les mêmes circonstances, car il s'agit d'une graisse saturée naturellement – il n'y a pas de graisses trans qui déséquilibrent sa fabrication d'eicosanoïdes. Mais, il peut être encore plus utile si vous le réduisez (sans possibilité de vous tromper) en utilisant la méthode décrite à la page suivante.

Souvenez-vous que toutes ces précautions sont nécessaires, seulement si vous avez des problèmes avec l'acide arachidonique. Si vous faites un régime pour réduire l'insuline – le changement plus important en relation à l'équilibre de vos eicosanoïdes – et vous résolvez tous vos problèmes de santé, mangez toute la viande rouge et les oeufs que vous voulez. Si vous faites tout le reste en maintenant vos niveaux d'insuline bas, et vous avez toujours un problème (comme l'hypertension, par exemple), vous êtes peut-être extrêmement sensible à l'acide arachidonique, provenant de l'alimentation et vous devriez essayer de réduire la consommation et observer ce qui se passe.

Beurre light

Le beurre light, un pilier essentiel des recettes de grands chefs du monde entier, s'appelle également **ghee** ***dans certaines recettes. Vous pouvez acheter du ghee déjà préparé dans les magasins indiens. Vous pouvez le faire vous-mêmes :***

1.- Mettez 450 grammes de beurre sans sel, coupé en grands morceaux, dans une casserole à feu moyen.
2.- Faire fondre le beurre et quand il commence à bouillir, baissez le feu. Ceci amène à la surface une crème de couleur jaunâtre et blanche, que vous devez éliminer.
3.- Après 10-15 minutes, retirez la graisse accumulée dans la partie

supérieure du beurre et celle qui est au fond.
4.- Arrivés à ce point, versez le beurre fondu et chaud dans une assiette à fromage. Et voilà ! Vous avez écrémé le beurre.
5.- Versez le beurre dans un récipient hermétique et rangez-le dans le réfrigérateur pendant 6 semaines.
6.- Chaque fois que vous aurez besoin de frire ou de faire sauter quelque chose dans une casserole, utilisez des petites cuillérées de ce beurre. Vous pouvez également mélanger le beurre écrémé avec un peu d'huile d'olive, d'huile de sésame light ou d'autre huiles pour obtenir un goût incroyable.

Le Cas de M. Gorden

M. Gorden a quarante-sept ans et est extrêmement sensible à l'acide arachinodique provenant de l'alimentation. La première fois qu'il vint nous voir, c'était pour perdre du poids – il pesait autour de 160 kilogrammes. Dans ses analyses, nous découvrîmes qu'il souffrait d'hypertension, 180/115, et un cholestérol élevé, autour de 300 mg/dl. On lui mit un régime pour baisser l'insuline et perdre du poids. Lorsqu'il revint au bout d'une semaine pour continuer, il avait perdu quatre kilos mais sa pression artérielle n'était descendue que légèrement. Quelques semaines plus tard, il avait perdu plus de vingt-trois kilos, et son cholestérol s'était amélioré, mais la pression artérielle, même si elle était mieux, continuait élevée. Son agenda montrait qu'il mangeait plusieurs oeufs et une portion de viande rouge tous les jours. Nous lui changeâmes le bifteck pour du poisson et du poulet, nous lui donnâmes la recette du boeuf décrit auparavant, et nous lui recommandâmes de faire les oeufs brouillés avec un seul jaune d'oeuf. Il le fit et au bout de deux semaines, sa pression artérielle était normale. Il avait produit d'énormes quantités de vasoconstricteurs, à l'aide des eicosanoïdes provenant de AA de l'alimentation, donnant lieu à son hypertension.

AJUSTER VOS EICOSANOÏDES

Vous pouvez les contrôler en faisant attention à ce que vous sentez et aux symptômes que vous avez. Est-ce que certains des symptômes recueillis dans le cadre de la page 280 vous sont familiers?

Si vous avez suivi le programme pendant un certain temps et vous ressentez toujours l'un de ces symptômes, vous devriez sûrement réduire votre consommation de AA et/ou augmenter celle de AEP. Souvenez-vous que le AEP fonctionne de la même forme que le glycogène, menant la production d'eicosanoïdes dans la bonne direction. Donc, si vous faites le régime pour diminuer l'insuline et augmenter le glycogène et vous n'arrivez pas aux résultats attendus, vous pouvez augmenter les efforts du glycogène avec le AEP. Pour augmenter votre consommation de AEP, vous pouvez manger du maquereau, du saumon, des harengs et tout autre poisson gras plusieurs fois par semaine ou prendre des pilules d'huile de poisson[1]. La dose standard de AEP dans la pilule typique d'huile de poisson est de 180 milligrammes, donc pas beaucoup. Pour obtenir suffisamment de AEP pour avoir de bons résultats, vous devrez prendre autour de 4 à 6 pilules par jour, ou plus, si vous avez laissé la diète et le glycogène n'est pas suffisant. Ces pilules d'huile de poisson peuvent s'acheter dans la plupart des centres diététiques et pharmacies.

Pour contrôler la prise correcte, vérifiez la fréquence à laquelle vous allez aux toilettes et comment vous y allez. Les eicosanoïdes bons ont tendance à augmenter le flux de liquides dans le côlon, alors que les mauvais, composés de AA, réduisent le flux d'eau dans le côlon. Plus vous avez d'eau dans le côlon, plus l'excrément est liquide. Si vous êtes constipé, vous aurez probablement besoin de plus de AEP. Si avez de la diarrhée, vous aurez besoin de moins de AEP. Un autre signe nous indiquant l'équilibre d'eicosanoïdes est de constater si vos excréments flottent ou non. L'augmentation du flux de liquide dans le côlon produit un excrément moins dense qui a tendance à flotter.

Vous arriverez à un équilibre de vos eicosanoïdes, tout en contrôlant votre insuline et en augmentant votre consommation de graisses essentielles,et vous devrez apercevoir plus d'éclat de vos cheveux et votre peau qui sera plus hydratée et flexible, plus de résistance et un meilleur sommeil. Nous avons aperçu beaucoup de ces changements dans nos patients lorsqu'ils ont commencé notre programme, avant même de prendre n'importe quel extra de graisse essentiel.

---

[1] Lorsque vous achèterez les pilules d'huile de poisson, assurez-vous que sur l'étiquette il est marqué *sans cholestérol*. Le poisson a tendance à être très contaminé, en incluant des métaux lourds et PCB dans leur graisse. Et c'est dans cette graisse d'où provient l'huile de poisson. Le processus de raffinement qui élimine ces substances élimine aussi le cholestérol, donc l'étiquette marque sans cholestérol. Vous pouvez donc être sûrs que l'huile que vous êtes entrain d'acheter n'est pas contaminée.

La Note Finale

Votre corps fonctionne comme une bascule de forces opposées. Prêtez attention à ces forces – si vos vaisseaux sanguins se dilatent ou rétrécissent, si vous avez ou non mal à vos articulations et elles sont gonflées ou non, si vous respirez bien ou non, si vous dormez bien ou très peu, si vous souffrez une allergie, pour dire quelque unes – qui ont lieu à cause de microhormones messagères de cellule en cellule appelées eicosanoïdes. Votre corps crée deux types de ces messagères – les unes bénéfiques et les autres nuisibles – produisant des altérations dans une graisse essentielle provenant de l'alimentation. Le fait que la graisse se transforme en un messager «bon» ou «mauvais» ne dépend principalement que de votre alimentation.

Votre premier devoir est de suivre une alimentation qui vous fournit de grandes quantités d'acide linoléique – graisse essentielle dont se composent tous les eicosanoïdes. Pour vous en procurer en abondance et fabriquer des eicosanoïdes, consommez les huiles pressées de forme naturelle. Nous recommandons l'huile d'olive mais il existe d'autres huiles tout aussi bonnes comme l'huile d'amande, de noisette, safflower, de sésame light, de tournesol et de noix. Les huiles altérées par le fabriquant pour les rendre plus stables et les vendre (les huiles moins chères de cuisine s'altèrent pour maintenir les graisses non polyinsaturées) ou pour changer leur forme originaire (l'huile végétale liquide se sature artificiellement pour faire de la margarine), contiennent des graisses trans qui empêchent la production normale d'eicosanoïdes.

Le pas suivant dans la production est arriver à ce que la matière première rentre dans cette fabrication et qu'un grand nombre de facteurs, que vous ne pouvez pas contrôler, n'influent pas : le vieillissement, le stress et la maladie (même les graisses trans et une diète riche en hydrates de carbone) ralentissent l'entrée de l'acide linoléique dans le parcours de la production d'eicosanoïdes. Les protéines de l'alimentation augmentent la quantité d'acide linoléique dans le parcours. Si vous suivez les directrices de notre programme, vous mangerez suivant un équilibre de protéines, hydrates de carbone et graisses pour vous assurer que cette matière première rentre dans le système.

Une fois que vous l'avez fait, être un « bon » ou un « mauvais » producteur d'eicosanoïdes dépend à nouveau de l'alimentation. L'excès d'insuline d'une alimentation riche en hydrates de carbone favorise la formation d'eicosanoïdes « mauvais ». De même que les acides gras de l'alimentation favorisent l'acide arachidonique (AA), présent dans le jaune d'oeuf et la viande rouge, fait que le corps se transforme en un producteur d'eicosanoïdes « mauvais ». Même si vous ne devez pas éviter les aliments contenant de AA, à moins que vous soyez spécialement sensible au AA, vous pouvez réduire la consommation de ces acides gras en utilisant des trucs dans la préparation d'aliments.

L'huile de poisson (acide gras oméga-3) aide à compenser les effets nocifs de AA, freinant la production d'eicosanoïdes mauvais. Vous pouvez utiliser des pilules d'huile de poisson pour substituer votre consommation d'huile de poisson bleu : le maquereau, l'hareng, le saumon et le thon.

Si vous suivez une diète comme celle que nous vous recommandons, vous augmenterez la production d'eicosanoïdes « bons » et favoriserez leur équilibre au bénéfice de votre santé.

Les points les plus importants que vous devez savoir sont :

1. Le moyen le plus puissant pour récupérer l'équilibre et le maintenir correctement est de suivre une diète comme la notre qui diminue votre insuline.
2. Ensuite, et selon le degré d'importance, il faut éviter dans la mesure du possible les graisses hydrogénées partiellement et le ALA pour assurer l'approvisionnement adéquat des composants essentiels pour la production d'eicosanoïdes. Remplacez-les par l'huile d'olive.
3. Surveillez l'acide arachidonique provenant de votre alimentation, spécialement si l'un de vos problèmes de santé, tel l'hypertension, ne disparaît pas complètement après les pas 1 et 2.
4. Contrôlez votre état de graisses essentielles en ajoutant le AEP (huile de poisson) selon il est décrit.

Chapitre 13

La Folie du Cholestérol

Nous devrions donc faire attention au fait de nous accrocher aux opinions vulgaires et de juger les choses de forme rationnelle, au lieu de faire ce que dit le peuple.

MONTAIGNE
(1533-1592)

Si l'essayiste français du XVIème siècle, Montaigne, vivait aujourd'hui, il pourrait écrire sur les différents groupes qui terrorisent le monde au sujet du cholestérol, comme certains philosophes de son temps : « ils ont crée dans leurs esprits faibles cette image insensée, triste, austère et menaçante, et l'ont placée sur une pierre à côté, entre les ronces, comme s'il s'agissait du monstre qui terrorise les personnes. » Le cholestérol est réellement un monstre, et il terrorise les personnes bien au-delà de la raison. Nous en sommes obsédés. Telle est notre obsession que, de même que les esquimaux possèdent vingt-sept mots dans leur langage pour le mot *neige*, nous avons presque la même quantité pour décrire le cholestérol. Nous avons du cholestérol LHD (qui peut se séparer en cholestérol LHD2 et LHD3), cholestérol LBD, cholestérol LTBD et beaucoup d'autres, si nous commençons à les différencier par les sortes d'apoprotéines (les apoprotéines sont des structures protéiniques trouvées dans la surface de plusieurs types de cholestérol).

Même si l'américain moyen n'est pas au courant de ce langage mystérieux au sujet des recherches du cholestérol, il est sûrement au courant des fantômes du cholestérol élevé et de ses ramifications sinistres. En fait, la plupart des personnes se souviennent des résultats d'analyses de cholestérol plus vite et plus précisément que leur taille de chapeau. Les niveaux de cholestérol se sont transformés en une mesure de santé et de bien-être – se vantant s'ils sont bas et se confessant s'ils sont élevés.

Et bien sur, le cholestérol s'est transformé en une affaire juteuse. Chaque fois que les paranoïas de la population commencent, une légion de personne se montre disposée à l'exploiter. L'industrie des aliments élaborés et leurs annonces publicitaires remplissent les récipients de plusieurs aliments, comme les rafraîchissements et les céréales de maïs, avec une affirmation superflue qui nous dit « sans cholestérol ». L'angoisse du cholestérol ne finit pas avec les différentes recherches privées et gouvernementales, et d'autres groupes continuent différents types de recherches. Ces groupes dépensent des centaines de millions de dollars, sur des recherches de laboratoire passionnantes dans monde entier, les permettant ainsi d'essayer de découvrir les secrets du cholestérol. Comme données d'intérêt, sachez que plus d'une douzaine de Prix Nobel ont été remis à des études sur le cholestérol.

Pourquoi toute cette histoire? Qu'est-ce que le cholestérol exactement? Devriez-vous vous en préoccuper? D'où vient-il? Comment puis-je m'en débarrasser ou, tout au moins, le contrôler? Vous êtes tout prêts d'apprendre ce qu'il vous faut pour évaluer exactement votre santé en relation avec le cholestérol. Vous apprendrez à réduire de forme spectaculaire vos niveaux de cholestérol–s'ils sont hauts – sans médicaments et sans suivre une alimentation pauvre en graisses. En fait, si vous êtes un lecteur précis, quand vous finirez ce chapitre, vous en saurez plus sur le cholestérol que 95 pour cent des médecins en stage. Vous n'apprendrez pas tous les termes ésotériques de tous les composants des différents types de cholestérol, mais vous aurez une connaissance du fonctionnement normal du système de régulation du cholestérol, qui vous donnera un avantage sur de nombreux médecins.

Cholestérol : Élément Essentiel pour la Vie

En dépit de toute l'hostilité envers lui, l'américain moyen ne sait pas exactement ce qu'est le cholestérol, mais il est sûr que c'est dangereux. Le consensus sur le cholestérol semble être que *plus il est bas, mieux c'est*, mais tel que nous verrons ce n'est pas toujours le cas. Loin d'être un destructeur de la santé, le cholestérol est absolument essentiel pour la vie.

Même si la plupart des gens le considèrent comme « une graisse dans le sang », seulement 7 pour cent du cholestérol du corps s'y trouve. En fait, le cholestérol n'est pas vraiment une graisse, c'est un alcool solide, de couleur perle blanchâtre, qui est savonneux au tact. Le volume de cholestérol dans le corps, 93 pour cent restant, se trouve dans chaque cellule du corps, où sa consistance savonneuse et blanchâtre fournit aux membranes des cellules leur intégrité structurelle et règle le flux de nutriments des produits usagés en dehors des cellules. De plus, parmi plusieurs fonctions essentielles, on trouve les suivantes :

Le cholestérol est le composant essentiel d'où le corps fabrique plusieurs hormones importantes : les hormones adrénales (l'aldostérone, qui règle la pression artérielle, et l'hydrocortisone, le stéroïde naturel du corps) et les hormones sexuelles (estrogènes et testostérones). Si vous n'avez pas suffisamment de cholestérol, vous n'aurez pas suffisamment d'hormones sexuelles.

Le cholestérol est le composant principal des acides biliques, en particulier les aliments gras qui aident à la digestion des aliments. Sans le cholestérol, nous ne pourrions pas absorber les vitamines A, D, E et K des aliments que nous mangeons et qui sont solubles dans la graisse.

Le cholestérol est nécessaire à une croissance normale et au développement du cerveau et du système nerveux. Le cholestérol enveloppe les nerfs et rend possible la transmission des impulsions nerveuses.

Le cholestérol fournit à la peau son habileté pour la transpiration.

Le cholestérol est un précurseur de la vitamine D dans la peau. Lorsqu'elle s'expose à la lumière solaire, la molécule se transforme, en sa forme active, pour que le corps puisse l'utiliser.

Le cholestérol est important pour la croissance et la réparation des tissus, puisque chaque membrane des cellules et des organules (les structures minuscules dans les cellules qui ont une fonction spécifique) dans les cellules est riche en cholestérol. Pour cette raison, les animaux nouveaux-nés s'alimentent de lait ou d'autres aliments riches en cholestérol, comme les jaunes d'oeuf chez les oiseaux ou embryons d'oiseaux pour leur développement.

Le cholestérol joue un rôle important dans le transport des triglycérides – les graisses du sang – à travers du système circulatoire.

Un coup d'oeil rapide sur cette liste devrait nous fournir un meilleur concept du cholestérol et nous éloigner de cette idée du destructeur de santé à craindre et à éviter. Loin d'être un assassin en série, le cholestérol est absolument nécessaire, pour jouir d'une bonne santé. Sans lui, nous mourrions. Sans le cholestérol, nos cellules perdraient leur force et stabilité, opposant moins de résistance aux infections et maux divers. En fait, un signe de maladie grave, comme le développement du cancer ou l'arthrite, est une baisse des niveaux de cholestérol.

D'où vient le cholestérol ? Même si quelques types de cholestérol viennent des aliments, la grande majorité (80 pour cent) est produite par le corps. En fait, chaque cellule du corps est capable de produire son propre cholestérol. Cependant, la plupart ne le fait pas et dépend de la fabrication du foie, le plus grand producteur, des intestins et de la peau. Dû au besoin du corps de grandes quantités de cholestérol, il existe une boucle de retroalimentation, de manière que chaque fois que la consommation d'aliments diminue, la synthèse du foie augmente. Et au contraire, lorsque l'alimentation est riche en cholestérol, le foie en produit moins. Cette autorégulation aide à expliquer les résultats incompréhensibles qui indiquent que les niveaux de cholestérol dans le sang ne varient presque pas, alors qu'il y a eu des variations énormes dans la consommation d'aliments. Donc, la plupart des gens, contrairement à ce qu'ils lisent ou entendent chaque jour, peuvent consommer des grandes quantités de cholestérol sans que ses niveaux de cholestérol dans le sang augmentent sensiblement. Si c'est le cas, les personnes qui ont les niveaux de cholestérol excessivement hauts, et ils sont très nombreux, doivent avoir un problème dans leur corps pour régler les niveaux de cholestérol intérieurement. C'est la clef. *La clef pour baisser les niveaux de cholestérol élevés n'est pas dans la restriction de cholestérol ou de graisses de l'alimentation, mais dans la combinaison d'aliments du système interne de régulation du cholestérol.* Malheureusement, il existe une déviation dans les fonctions qui cause tous ces problèmes.

La Mouche dans le Miel

La nature nous a affligé d'une petite erreur de dessin, ce qui produit la plupart des problèmes que nous souffrons avec l'excès de cholestérol : *les niveaux de cholestérol se règlent uniquement à l'intérieur de la cellule.* Pourquoi s'agit-il d'une erreur de dessin ? Parce que les problèmes augmentent à cause de l'excès du niveau de cholestérol dans le sang, ce qui ne peut pas être réglée – il n'y a pas de boucle de retroalimentation qui indique le besoin du corps de diminuer les niveaux de cholestérol dans le sang lorsqu'ils sont trop élevés.

Les cellules du corps nécessitent d'un approvisionnement continu de cholestérol pour construire et réparer les membranes des cellules, et réaliser toutes les autres fonctions nécessaires (pour)à la vie. D'où vient le cholestérol qui réalise ces fonctions ? Essentiellement de deux sources : la cellules extrait le cholestérol du sang, le crée elle-même ou les deux à la fois. L'important est que l'intérieur de la cellule nécessite beaucoup de cholestérol et, c'est donc à l'intérieur que se trouvent les senseurs de cholestérol. Si les niveaux de cholestérol tombent dans la cellule, les senseurs lancent les signaux à la machinerie productrice à l'intérieur de la cellule pour augmenter l'approvisionnement, en le créant ou le prenant du sang. De cette manière, le niveau de production dans la cellule se maintient très élevé et ajustée. Souvenez-vous, la clef est que les senseurs qui dictent le besoin de cholestérol dans les cellules sont *à l'intérieur* de ces cellules (principalement celles du foie) et non dans le courant sanguin.

Lorsque le cholestérol crée un dommage d'obstruction des artères, où cela arrive-t-il? Dans les parois des artères qui vont au coeur, au cerveau et les plus importantes pour le corps, et non pas à l'intérieur des cellules où sont les senseurs. Ce système variable est analogue à celui qui possède un air conditionné puissant chez lui et place le thermostat dans une petite armoire chaude et hermétiquement fermée. L'air conditionné fonctionnerait sans cesse jusqu'à former des glaçons dans la maison, mais sans affecter au thermostat. Celui-ci pense que l'air est chaud et doit se refroidir, donc il ordonne de produire plus d'air froid en dépit des glaçons.

Les plaques de cholestérol qui bloquent l'intérieur des artères sont comme les glaçons dans la maison. Les dépôts de cholestérol remplissent les artères mais les senseurs dans les cellules ne le savent pas car, comme le thermostat dans l'armoire, elles ne détectent que les niveaux de cholestérol dans les cellules et pas ceux des artères. Quels sont ces contrôles de retroalimentation, ces senseurs de cholestérol qui fonctionnent souvent contre nous? Et que pouvons-nous faire pour éviter ou tromper cette déviation apparente? Il existe une forme.

Comment se transporte le cholestérol ? Dans les Lipoprotéines

Il y a quelques années, les patients venaient à notre consultation pour savoir leurs niveaux de cholestérol. Maintenant, ce n'est pas suffisant. Aujourd'hui, la plupart des patients veulent savoir leurs niveaux de cholestérol avec ceux de LBD et LHD et les différentes variations entre elles. À cette étape de connaissance du cholestérol, la plupart des personnes savent que la LBD est un cholestérol «mauvais» et la LHD un cholestérol «bon», mais ne savent pas ce qu'est chacun. Même s'il est possible de vivre sainement et longtemps, sans savoir ce qu'est la LBD et la LHD, il est important de se familiariser avec eux, et voir comment avec le cholestérol s'adaptent l'insuline, le glycogène et l'équation de contrôle de l'insuline – spécialement si le cholestérol élevé et les maladies cardiaques sont héréditaires ou sont un problème pour vous.

Vous pouvez penser aux différentes lipoprotéines, comme les enveloppes qui enferment le cholestérol et les triglycérides, les rendant solubles dans le sang, de manière à pouvoir les transporter vers les tissus. Dû au fait que, ni le cholestérol (un solide gras et blanchâtre), ni les triglycérides (la forme de stockage de graisses) sont solubles dans le sang, la seule forme qu'ils puissent l'être, est à l'aide de la substance qui les enveloppent et les transportent, et que celle-ci soit soluble dans le sang. Les lipoprotéines sont valables pour ceci.

LBD sont les initiales des lipoprotéines de basse densité, alors que *LHD* sont celles des lipoprotéines de haute densité. Les noms de ces composants moléculaires ne nous informent pas de leurs fonctions, mais nous disent leur densité : si elles sont légères ou lourdes. La plus légère de toutes les graisses du sang est le triglycéride. Dans une tâche de graisse du sang, elles flotteraient comme de la crème. Les suivantes, plus légères, sont les molécules lipoprotéiniques de très basse densité (LTBD). Celles-ci transportent certains triglycérides et un peu de cholestérol. Ensuite, viennent les molécules lipoprotéiniques de basse densité (LBD) qui transportent surtout du cholestérol. Et finalement, les plus denses, les molécules plus lourdes sont les lipoprotéines de haute densité ou LHD.

Un Jour Dans La Vie D'Une Lipoprotéine

Les cellules du foie fabriquent et libèrent les LTBD (lipoprotéines de très basse densité) dans le courrant sanguin, comme une molécule composée principalement de triglycérides, mais avec un peu de cholestérol. Tandis que cette particule circule dans le sang, elle devient plus mûre en prenant du cholestérol. La particule mûre de LTBD transporte des triglycérides aux tissus du corps pour qu'ils brûlent sous forme d'énergie ou pour être stockés. Le reste, riche en cholestérol, après la libération de la plupart des triglycérides, devient des molécules de lipoprotéines de basse densité (LBD). Cette LBD, riche en cholestérol, nom du cholestérol « mauvais », circule à travers le sang , et c'est le moyen principal du corps pour transporter le cholestérol aux tissus externes. Trois faits peuvent affecter ces particules : les reins peuvent les éliminer de la circulation – comme nous verrons, c'est un processus difficile dans le maintien des niveaux normaux de cholestérol –, elles peuvent être requises par d'autres tissus qui en ont besoin ou peuvent se déposer dans les artères. La figure 13.1 résume le processus de la vie d'une lipoprotéine.

FIGURE 13.1

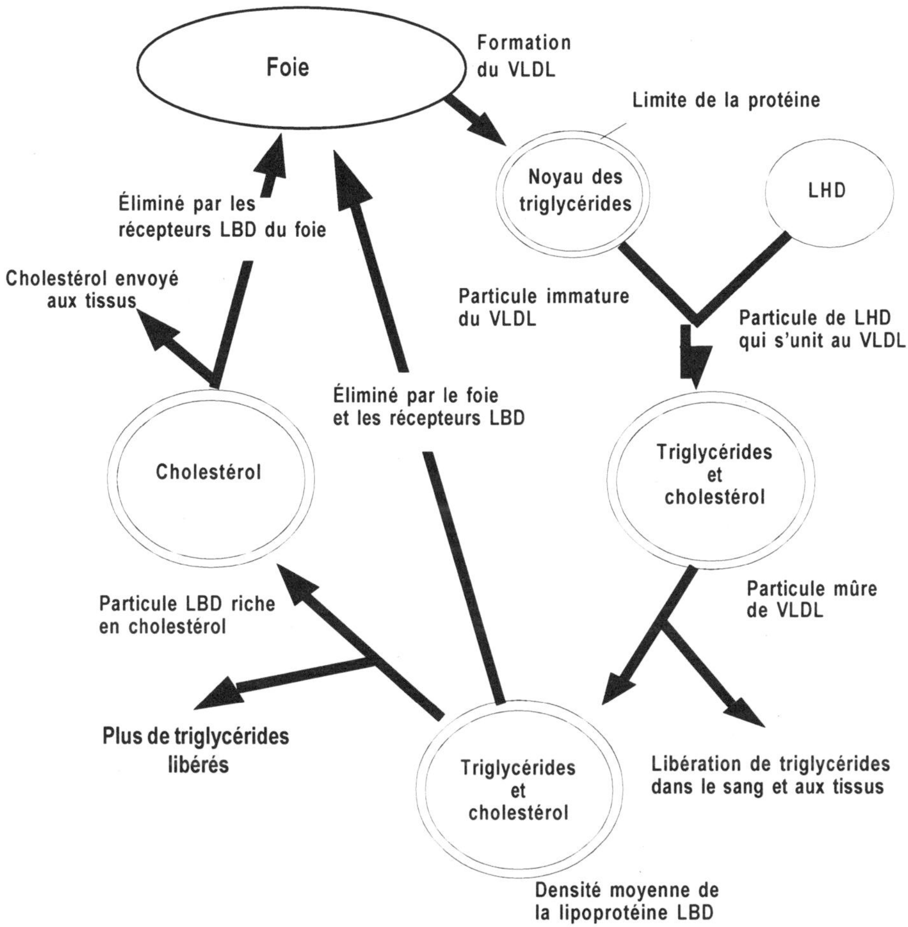

LBD : La Maladie Cardiaque Lourde

Dû au fait que la LBD est la coupable principale du développement des maladies des artères coronaires, le secret du contrôle du cholestérol est de savoir comment le corps fonctionne avec la LBD, et comment vous pouvez inciter vos cellules à éliminer le plus de LBD du sang possible. Comment les cellules éliminent-elles la LBD de la circulation ? Avec les récepteurs de LBD.

Souvenez-vous que le cholestérol se régularise à l'intérieur de la cellule et, lorsque le niveau dans la cellule tombe, celle-ci fabrique plus ou en prend du sang. La cellule prend du cholestérol dans le sang, en envoyant des structures appelées *récepteurs LBD* à la limite de la cellule, pour prendre les particules de LBD pleines de cholestérol. Ces récepteurs les déposent à l'intérieur de la cellule, où le cholestérol s'élimine et s'utilise pour les fonctions cellulaires. Vous souvenez-vous des horribles singes ailés du film *Le Magicien d'Oz*, ceux que la Méchante Sorcière envoie pour kidnapper Dorothy et Toto ? Ils les attrapent et les emmènent de retour au château, pour être utilisés selon les désirs de la sourcière. Les récepteurs LBD fonctionnent d'une façon très semblable. Lorsque la cellule nécessite du cholestérol, les forces, dans la cellule, fabriquent ces récepteurs et les envoient à la limite de la cellule, en attente de la prochaine particule de LBD dans le sang. Lorsqu'elle passe, ils l'attrapent et la déposent à l'intérieur de la cellule. Une fois dedans, les récepteurs LBD libèrent la particule LBD, et retournent à la limite pour en attraper d'autres. Le fonctionnement des enzymes dans la cellule élimine l'enveloppe du LBD lipoprotéine et prend le noyau du cholestérol nécessaire pour la synthèse de produits cellulaires. Plus de récepteurs LBD nous avons pour prendre le cholestérol du sang et l'emmenant dans les cellules, mieux nous nous sentirons.

S'Il Vous Plaît, N'Emmenez Pas Mes Récepteurs LBD

Certains des premiers travaux, et plus importants, sur la relation entre les maladies cardiaques et le cholestérol, sont centrés sur les récepteurs LBD. Les chercheurs découvrirent que certaines personnes qui développaient des maladies cardiaques à un âge trop jeune – adolescents ou autour de vingt ans – souffraient un trouble dans les gènes responsables de transmettre aux cellules comment fabriquer les récepteurs LBD. Ils ne pouvaient donc pas éliminer le LBD du sang. Les niveaux de LBD dans le sang augmentaient énormément, causant le développement d'obstructions dans les artères coronaires. Ils souffraient de ce trouble si rare quelques décades avant que les personnes qui ne les souffrent pas.

Leur malheur indiquait au reste des personnes ne souffrant pas ce problème, l'importance de faire tout le nécessaire pour assurer à leurs cellules d'avoir des récepteurs LBD en abondance, et ainsi maintenir leur LBD sanguin dans les limites normales et minimiser leur risque de maladies cardiaques.

Souris Et Êtres Humains

En fait, il semble raisonnable que, si nous pouvions changer la production de récepteurs LBD, nos cellules pourraient nettoyer le cholestérol du sang, même avec une alimentation riche en graisses saturées et cholestérol. Récemment, un groupe de scientifiques, en incluant le Dr. Michael Brown et le Dr. Joseph Goldstein – Prix Nobel grâce à leur découverte des récepteurs LBD – qui travaillent au Centre de médecine de l'Université du Texas, au Sud-Ouest de Dallas, vérifia cette idée dans le laboratoire[1].

Ces chercheurs développèrent une race de souris qui produisait cinq fois plus de récepteurs LBD humains dans leurs foies qu'une souris normale. Les souris, avec plus de récepteurs LBD, – race de souris expérimentale – conservèrent les niveaux de cholestérol dans le sang en dessous de 50 pour cent par rapport aux contrôles normaux, une découverte attendue sachant le grand nombre de récepteurs de LBD. La surprise arriva lorsque les chercheurs alimentèrent les deux groupes d'animaux avec une diète riche en graisses saturées et cholestérol. Comme prévu, les niveaux de LBD dans le sang de la souris normale augmentaient, alors que ceux de la souris expérimentale ne variaient presque pas. Selon les mots des auteurs de l'étude, «... l'augmentation des récepteurs de LBD par rapport au niveau normal de la souris *peut prévenir l'hypercholestérolémie {cholestérol élevé dans le sang} même avec une alimentation contenant de grandes quantités de cholestérol, graisses saturées et acides biliques.*» (Emphase ajouté).

Vous pouvez croire que c'est facile chez des souris, mais pouvons-nous augmenter la production de LBD dans nos cellules? Oui. Pour comprendre comment, nous devons regarder l'autre moitié de l'équation de la régulation du cholestérol dans la cellule. Souvenez-vous, les cellules obtiennent le cholestérol de deux sources: elles le produisent ou envoient les récepteurs de LBD pour le chercher dans le sang. Nous avons vu comment fonctionnent les récepteurs de LBD. Voyons maintenant comment les cellules fabriquent le cholestérol.

L'Usine de Cholestérol

Lorsque les signaux transmettent que les niveaux de cholestérol, dans les cellules sont bas, la cellule, avec la production de récepteurs de LBD, commence à produire plus de cholestérol. Ce processus intérieur va lentement, produisant du cholestérol et l'ajoutant à celui qui se transporte dans les récepteurs de LBD, jusqu'à ce que la cellule ait une quantité suffisante pour réaliser ses activités. Alors, le processus se ralentit jusqu'à la fois suivante. Dû au fait que le cholestérol de la cellule vient de ces

[1] Yokode, M. et al. «Diet- Induced Hypercholesterolemia à Mice: prevention by Overexpression of LDL Receptors», Scince 250 (30 novembre, 1990): 1273-75

deux sources différentes, toutes deux réglées par la cellule, il semble évident de penser que, si l'un des deux processus se ralentit, l'autre commencera à fonctionner. Et c'est juste ce qui arrive. Suivant ce raisonnement, si nous pouvions réduire la production intérieure de cholestérol des cellules, elles devraient augmenter le nombre de récepteurs de LBD à envoyer, à la limite des cellules pour apporter plus de LBD du sang. À nouveau, c'est exactement ce qui arrive. En fait, les médicaments les plus puissants pour réduire le cholestérol disponible aujourd'hui – Lovastatin (Mecavor) – fonctionnent ainsi.

Le processus de synthèse du cholestérol dans les cellules ressemble à une chaîne de production d'une usine. Les matières premières sont extraites, et pendant plusieurs étapes, elle se modèle et transforme dans le produit fini. Il y a une étape dans la chaîne de production – appelé *l'étape de la limite de pourcentage* – qui détermine la vitesse de la production, et contrôle la quantité produite. C'est dans cette étape cruciale – une enzyme avec un nom difficile de dire *3-hydroxy-3 méthylglutaryl-coenzyme A (HMG-CoA) réductase* – où le médicament Lovastatin contre le cholestérol intervient. Il ralentit cette étape et diminue la quantité de cholestérol produit. Le fait qu'il y ait moins de cholestérol dans la cellule, augmente indirectement la production de récepteurs de LBD. Ceux-ci vont à la limite de la cellule pour prendre le cholestérol LBD du sang, baissant ainsi rapidement et sensiblement le cholestérol LBD du sang. Malheureusement, cette magie ne fonctionne pas sans effets secondaires. Le Lovastatin a causé des problèmes de foie, des altérations musculaires, des maladies à la vésicule biliaire, des éruptions et des troubles psychiques – pour en citer quelques uns – et la dose maximale recommandée coûte autour de 200 $ par mois pour toujours. En dépit de cette liste incroyable d'effets secondaires, dû au fait qu'il travaille si vite, et avec des résultats surprenants, il maintient les caisses enregistreuses des pharmacies en plein fonctionnement. Ne serait-il pas incroyable s'il existait une façon d'obtenir les mêmes résultats de réduction du cholestérol sans avoir à prendre des médicaments? Elle existe.

Contrôlez le Cholestérol à l'Aide de l'Insuline et le Glycogène

Si vous consultez n'importe quel livre de biochimie et, plus précisément, la section de synthèse du cholestérol, vous découvrirez qu'une série d'hormones affectent l'activité de l'enzyme HMG-CoA réductase. Quelles sont ces hormones ? Nos vieilles amies l'insuline et le glycogène. L'insuline stimule la HMG-CoA réductase pendant que le glycogène l'inhibe. Sachant cela, on comprend le fait que les personnes, ayant résistance à l'insuline et l'insuline élevée aient souvent aussi les niveaux de cholestérol élevés. Les niveaux d'insuline élevés continuellement, stimulent la production de cholestérol, menant à une abondance dans les cellules. Souffrant cette abondance, les cellules n'ont pas besoin d'envoyer les récepteurs de LBD à la limite des cellules pour en obtenir plus. Donc, la quantité de LBD dans le sang augmente.

Le glycogène, comme d'habitude, fait exactement le contraire. Il inhibe l'activité de HMG-CoA presque de la même façon que le Lovastatin, et produit des résultats semblables. Tandis que le glycogène freine la production de cholestérol dans la cellule et son approvisionnement diminue, la cellule envoie ses fidèles récepteurs de LBD à la limite pour prendre le cholestérol LBD du sang, réduisant ainsi son niveau. Une fois de plus, nous voyons comment, en réglant les niveaux d'insuline et de glycogène, nous pouvons corriger et améliorer les problèmes qui, à priori, ne sont pas liés à l'insuline et au sucre dans le sang, dans ce cas le cholestérol dans le sang.

Notre programme nutritionnel fait confiance aux aliments pour équilibrer l'insuline et le glycogène, et pour réduire les niveaux de cholestérol dans le sang, de même que le Lovastatin, mais sans les effets secondaires, et les dépenses économiques. Et ce n'est pas la fin de l'histoire. Ce régime influe de différentes façons, pour améliorer le cadre de lipides dans le sang, ce que nous examinerons un peu plus tard. Avant de le faire, vous devez vous familiariser avec un acteur de plus dans ce drame du cholestérol – la LHD.

L'Héroïque LHD

Si la LBD est la scélérate du drame du cholestérol, la lipoprotéine de haute densité (LHD) en est sûrement l'héroïne. La LHD remue le cholestérol dans les tissus, en incluant les revêtements des artères coronaires, le conduit à travers du sang jusqu'aux particules LTBD qui circulent dans le courant sanguin, et les transformant en LBD. Donc, le transport de cholestérol n'est pas une rue de sens unique : la LBD l'emmène vers les tissus pour être déposé, pendant que la LHD le prend des tissus et l'emmène dans l'autre sens, vers les cellules du foie. Puisque les deux processus arrivent simultanément, la quantité de cholestérol dans les tissus dépend des quantités de LBD et LHD dans le sang. C'est comme une autoroute qui traverse une ville importante. À 7 heures 30 d'un lundi matin, la moitié de l'autoroute menant au centre ville sera bouchée, mais il y aura un peu de circulation dans l'autre sens. L'énorme population de la ville, pendant les heures de travail, est l'addition des personnes qui rentrent dans la ville moins celles qu l'abandonnent. Si vous avez une grande quantité de LBD, et très peu de LHD, la circulation ira donc dans le sens des tissus. Par contre, si vous avez plus de quantité de LHD, la circulation ira dans l'autre sens. A l'aide de ces faits, les chercheurs ont été capables de quantifier le risque de maladies cardiaques en fonction des pourcentages de ces lipoprotéines.

LES «MAUVAIS» SEMBLENT BONS, MAIS LES «BONS» SEMBLENT MAUVAIS.

Si votre cholestérol a été analysé lors d'une consultation chez votre médecin ou, lors d'un de ces jours de folie du cholestérol, dans un centre commercial, l'ensemble de vos résultats sera sous un intitulé : «Total de Cholestérol». Le chiffre que vous voyez est l'addition de toutes les lipoprotéines différentes de votre cholestérol – la moyenne de tous les cholestérols dans votre sang comme la LBD, la LTBD et la LHD[2]. De même que l'analyse d'une recherche, le résultat n'est pas tout à fait incorrect car la plupart (70 pour cent) est transporté par la LBD. Si les résultats du total du cholestérol sont élevés, la probabilité d'avoir la LBD est également élevée. Par contre, si le résultat total est bas, la LBD le sera aussi. Il peut y avoir des exceptions, et c'est la raison pour laquelle beaucoup de médecins, comme nous, préfèrent utiliser des résultats divisés en LHD et LBD pour diagnostiquer et traiter nos patients.

Les chercheurs ont comparé la proportion du développement de maladies cardiaques avec les niveaux de lipoprotéines individuelles. Vous ne devriez pas vous surprendre, sachant que plus vos niveaux de LBD sont hauts, plus haut est le risque de maladies cardiaques, et plus la LHD est haute, plus bas est le risque de maladies. Que se passe-t-il si tous deux sont hauts ou bas ? Ces situations peuvent arriver mais nous préférons regarder le pourcentage des deux plutôt que les résultats individuels. Deux points de référence ont été établis:

1. Le total du cholestérol divisé par la LHD devrait être en dessous de 4.
2. La LBD divisée par la LHD devrait être en dessous de 3.

Voyons quelques exemples pour voir comment cela fonctionne:

Si votre cholestérol est de 240 mg/dl (un résultat dans la limite inférieure normale il y a quelques années, mais qui aujourd'hui fait croire aux gens qu'ils ont les artères coronaires bouchées par le cholestérol) et votre LHD est de 60 mg/dl, votre proportion est de 240/60 ou 4, ce qui est correct. Si vous pouvez augmenter votre LHD à 70 mg/dl, votre cholestérol total sera le même. Une bonne proportion est celle qui se trouve en dessous de 4. Par contre, si vous avez un cholestérol total de 180 mg/dl, avant de vous féliciter, vérifiez votre LHD. S'il est de 30 mg/dl, votre proportion est de 6, donc trop élevée.

[2] Normalement, il s'agit d'une combinaison de cinq lipoprotéines, mais uniquement la VLDL, la LHD et la LBD nous concernent

Vous devez augmenter votre LHD. En regardant un autre pourcentage, si votre LBD est de 120 mg/dl (la limite supérieur du normal est de 129 mg/dl) mais votre LHD est de 30 mg/dl, votre pourcentage est de 4, au dessus du point de référence qui est de 3 pour LBD/LHD. Il s'agit d'un cas où le « mauvais » (LBD) semble bon, mais le « bon » (LHD) semble mauvais.

Alimentation et Cholestérol mis en Épreuve

Pensons à un scénario qui mette en relation le cholestérol et l'alimentation. En utilisant vos connaissances des pourcentages et proportions que nous vous avons calculés, décidez de ce que vous feriez. Vous allez chez le médecin pour faire des analyses, et vous découvrez que votre cholestérol total est de 240 mg/dl. Vous lui dites que vous faites une diète qui vous garantit une réduction du cholestérol à 200 mg/dl, si vous la suivez. Vous la suivez donc, et vous retournez chez le médecin au bout de deux mois. Le cholestérol total est maintenant de 200 mg/dl. Êtes-vous contents? Que se passe-t-il si votre LHD était de 60 mg/dl lors de votre première consultation? Ceci fait que votre cholestérol total – de LHD – ait une proportion de 4 – un bon chiffre. Que se passe-t-il si lorsque vous retournez chez le médecin au bout de deux mois, votre LHD est descendu à 45? Que votre proportion est maintenant de 4,4 (200/45). Votre proportion (est pire) a empiré, même avec une baisse du cholestérol total, car la LHD a baissé encore plus. Le risque de maladies cardiaques – la raison pour laquelle vous avez suivi la diète dès le début – s'est accrue car votre proportion est pire. Seriez-vous contents de votre nouvelle diète?

Vous pouvez penser qu'il s'agit d'un cas hypothétique intéressant, mais quel médecin vous ferait commencer une diète, si elle produisait ces changements, une diète qui baisse votre LHD plus que le cholestérol total ? Et bien des centaines de milliers de médecins conseillent des régimes à leurs patients chaque jour. La diète de ce cas est celle qui est riche en hydrates de carbone et pauvre en graisses, celle que tous les médecins du monde conseillent à leurs patients qui ont un cholestérol élevé.

La Diète «POLÉMIQUE» riche en HYDRATES DE CARBONE

En même temps que s'accumulent plus d'informations sur la diète et le cholestérol, l'évidence nous montre que la diète pauvre en graisses et riche en hydrates de carbone n'est pas la solution contre le cholestérol. La plupart des études démontrent que même si ces diètes réduisent le cholestérol total et les LBD d'une certaine façon, elles baissent le cholestérol LHD en un plus grand pourcentage, changeant les proportions, ce qui est pire que les mesures individuelles. Une étude publiée en février 1991 dans le *Journal of Clinical Endocrinology & Metabolism* donne un exemple parfait sur ce concept.

Le groupe de recherche dirigé par le Dr. Mark Borkman de Sydney, Australie, étudia un groupe d'individus jeunes (d'un âge moyen de trente sept ans), des deux sexes, avec un poids normal, sans souffrir de diabète, pour déterminer les effets de la diète dans plusieurs paramètres sanguins. Les individus suivirent une des deux diètes – l'une riche en hydrates de carbone ou l'autre qui était riche n graisses – pendant trois semaines, puis l'autre pendant les trois semaines suivantes. Après chaque période de diète, les chercheurs examinèrent les individus et analysèrent leur sang. La diète riche en hydrates de carbone se dessina pour suivre les recommandations actuelles de nutrition standard et se composait de plus de 50 pour cent d'hydrates de carbone et moins de 30 pour cent de graisses. Elle se basait sur des aliments riches en amidon et en hydrates de carbone indigestes (du pain dans tous les repas, pâtes, riz et pommes de terre), fruits et légumes et produits laitiers sans graisse (ça vous dit quelque chose?). La diète riche en graisses avait principalement « des produits laitiers pleins de crème, oeufs, beurre et viandes grasses, avec restrictions de produits contenant de l'amidon, légumes et fruits ». En dépit de cette « restriction », les individus de la diète riche en graisses consommèrent 31 pour cent des calories sous forme d'hydrates de carbone, autour de 175 grammes par jour, donc on ne peut pas la classifier comme une diète rigoureuse d'hydrates de carbone – un point important car si les hydrates de carbone avait été plus restreints, les résultats auraient été encore plus impressionnants.

Lorsque les chercheurs classèrent les résultats de l'étude, ils virent que le cholestérol total s'était réduit une moyenne de 191 mg/dl sur la diète riche en graisses et 159 mg/dl sur la diète riche en hydrates de carbone et pauvre en graisses, soit une diminution de 17 pour cent. Le cholestérol LBD se réduit de 139 mg/dl et 111 mg/dl respectivement, soit une diminution de 20 pour cent. Et le cholestérol LHD de 42 mg/dl et 32 mg/dl respectivement, une diminution de 24 pour cent. Les proportions se montrent dans le suivant schéma:

ÉTUDE DES COMPARAISONS DU CHOLESTÉROL

	DIÈTE RICHE EN HYDRATES DE CARBONE	RICHE EN GRAISSES
Cholestérol Total	159 mg/dl	191 mg/dl
Cholestérol LBD	111 mg/dl	139 mg/dl
Cholestérol HDL	32 mg/dl	42 mg/dl
Cholestérol total/LHD	4,97	4,55
LBD/LHD	3,47	3,31

Si vous regardez les résultats de cette étude et d'autres similaires du point de vue des apports de la diète riche en hydrates de carbone et pauvre en graisses, le cholestérol total et le cholestérol LBD, vous arriverez à la conclusion que la diète riche en hydrates de carbone réduit le cholestérol significativement. Mais regardant les résultats de LHD, l'image change complètement. La proportion du cholestérol total/LHD et la proportion LBD/LHD peuvent être considérées comme les indicateurs du flux de cholestérol à l'intérieur et à l'extérieur des tissus : plus le nombre est haut, plus élevé est le flux de cholestérol *à l'intérieur* des tissus – la situation que nous voulons éviter par rapport aux maladies cardiaques. Vous pouvez voire dans ce schéma que même si le cholestérol total et le cholestérol LBD sont plus bas chez les individus qui suivirent la diète riche en hydrates de carbone, le flux de cholestérol dans les tissus est plus élevé. Les auteurs parlent de cette constatation dans leur résumé: «Ces résultats suggèrent que pratiquement toutes les diètes riches en hydrates de carbone possibles... ont des effets d'un filet par rapport aux lipoprotéines du métabolisme, ce qui peut ne pas être très favorable.»

Ces résultats, et d'autres similaires, ont attiré l'attention de la communauté de recherche médicale. Maintenant, on commence à parler des diètes riches en hydrates de carbone et pauvres en graisses comme de diètes *polémiques* riches en hydrates de carbone et pauvres en graisses. Malheureusement, la plupart des chercheurs ont caché ceci pendant beaucoup de temps, aux torts des avantages des hydrates de carbone, puisqu'ils ne pouvaient pas changer leur point de vue. Dans les congrès et leur écrits, ils continuent à favoriser ce type de diètes à la fois qu'ils admettent qu'elles sont polémiques mais qu'il s'agit de la meilleure option actuellement. Mais, s'agit-il réellement de la meilleure option actuellement? N'existe-t-il rien de mieux? Bien sur que oui, mais avant de nous centrer sur comment cette diète contrôlera le cholestérol, voyons la dernière pièce du puzzle du cholestérol.

La plupart des gens pensent que plus le cholestérol est bas, meilleure est la situation. Ils préfèrent avoir un cholestérol de 100 mg/dl qu'un de 220 mg/dl. Comme vous pourrait voire, ils se trompent. Il existe une proportion de cholestérol idéale pour laquelle vous devriez lutter, une proportion qui peut être dangereuse si elle monte ou baisse de trop. Mais beaucoup de personnes continuent à lutter pour des niveaux chaque fois plus bas, à cause de l'idée erronée de gagner des années de vie en diminuant le cholestérol. Ces personnes commettent une grave erreur car ils n'ont vu que l'envers de la monnaie.

L'Autre Face de l'Histoire du Cholestérol

Plus votre cholestérol est haut, plus vos possibilités de mourir à cause de maladies cardiaques et d'apoplexies sont élevées. C'est l'information essentielle promulguée grâce aux recherches médicales et aux fabricants de médicaments contre le cholestérol. Ils montrent leur information avec des graphiques comme celui de la figure 13.2.

En réalité, la mortalité à cause de maladie cardiaque augmentera probablement à la fois que le cholestérol augmente ou diminue. Mais ce graphique n'est qu'une face de la monnaie. La maladie cardiaque n'est pas la seule cause de mortalité du pays – les gens meurent par d'autres causes. Des centaines de millions de dollars ont été dédiées à des recherches pour démontrer le parallélisme entre la diminution de la mortalité à cause de maladies cardiaques et la baisse du cholestérol. Elles n'ont servi à rien puisque la réduction du cholestérol à des niveaux très bas ne change presque pas la mortalité en général. Le graphique complet, qui nous indique la mort provoquée par toutes les causes (non seulement maladie cardiaque ou apoplexie) en relation avec les niveaux de cholestérol, ressemble plus à celui de la figure 13.3.

À la fois que votre niveau de cholestérol baisse d'un certain point, elles sortent du risque des maladies cardiaques pour rentrer dans celui d'autres sortes de maladies. Quelles sortes de maladies ? Hémorragies cérébrales, maladies de la vésicule biliaire et différents types de cancers où la baisse du cholestérol influe.

Comme vous pouvez remarquer, le niveau de cholestérol idéal se trouve où la ligne en forme de U est plus basse, entre 180 mg/dl et 200 mg/dl. Évitez de le réduire de trop pour ne pas passer d'un grave problème de santé à un autre.

Récapitulons

Avec tout ce que vous savez des différents groupes de lipoprotéines, il est clair que vous devriez suivre une alimentation qui conserve votre cholestérol LBD bas et le cholestérol LHD élevé. Vous devriez chercher une proportion de cholestérol LBD/LHD de 3 ou moins, en essayant de maintenir le cholestérol total dans les limites correctes au lieu de vouloir les baisser chaque fois plus. C'est ce qu'il faut faire et, sur cette dernière affirmation, il n'y a pas d'arguments en contre, même pas provenant des personnes qui soutiennent le régime riche en hydrates de carbone et pauvre en graisses. Mais, comment peut-on y arriver ? Comment pouvez-vous contrôler votre cholestérol dans une proportion optime et le maintenir tout en mangeant les aliments que vous voulez ?

Notre diète, qui contrôle l'insuline, vous fournit les moyens pour. Elle réduit les LBD et conserve ou augmente les LHD, tout en maintenant le cholestérol total dans la

FIGURE 13.2

Morts à cause de maladies cardiaques par rapport au niveau de cholestérol dans le sang

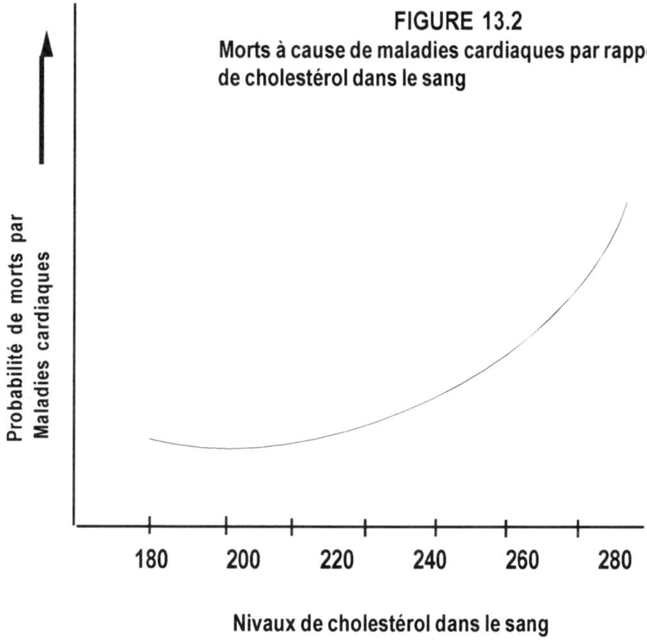

FIGURE 13.3

Morts à cause d'autres motifs par rapport au niveau de cholestérol dans le sang

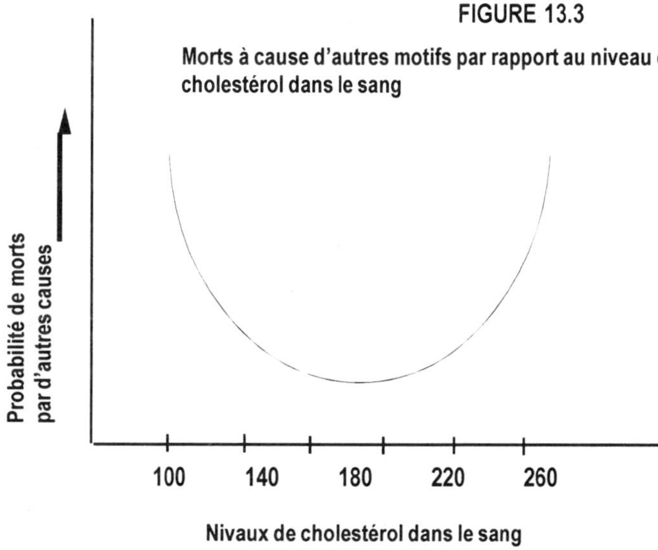

proportion idéale de 180-200 mg/dl. En conservant les niveaux d'insuline bas et ceux de glycogène hauts, notre programme maintient les récepteurs de LBD occupés, prenant les LBD du sang et les déposant à l'intérieur de la cellule. Il réduit ainsi les niveaux de cholestérol LBD du sang.

Souvenez-vous que lorsque le Dr. Reaven, de Stanford, publia ses découvertes sur la résistance à l'insuline et l'hyperinsulinémie (le syndrome X), l'une des caractéristiques décrites était les LHD bas. Nous n'avons pas encore trouvé la raison biochimique fondamentale de cette réduction des LHD, mais elle est présente dans la plupart des patients avec résistance à l'insuline. Heureusement, en même temps que les niveaux d'insuline baissent, les niveaux de LHD augmentent : nous avons observé ce changement positif chez de nombreux patients qui suivent notre programme[3]. Une explication possible pour l'augmentation des niveaux de LHD qui nous observons chez nos patient est que, dans notre programme, la consommation de graisses est permise: *la graisse dans l'alimentation augmente les LHD*[4] Notre structure nutritionnelle fait que le niveau de cholestérol se trouve à sa limite optime et s'y maintienne, que le cholestérol LBD « mauvais » se réduise et que le cholestérol LHD «bon» augmente ou se maintienne – le résultat est une amélioration complète de l'état des lipides du sang. Et tout ceci avec une diète qui contient de la viande rouge, des oeufs et du fromage – tout ce qui est interdit dans d'autres diètes qui aident à baisser le cholestérol.

Voire pour Croire

Réticence est un mot qui décrit le sentiment que la plupart des médecins ressentiraient au moment de prescrire un régime riche en viande rouge et oeufs à des patients avec des problèmes de cholestérol. Nous devons admettre que nous avons été un peu inquiets la première fois, mais d'après nos études nous savions que ça fonctionnerait. Mais la preuve de que notre régime est valable se trouve dans les résultats d'analyses, qui sont mieux que prévus. Le programme nutritionnel correct biochimiquement que nous avons développé pour nos patients souffrants de cholestérol élevé eut plus de succès que celui que nous espérions. Nous avons parlé de ce programme pour contrôler l'insuline avec d'autres médecins qui, à leur tour, l'essayèrent sur d'autres patients. Ils devinrent des admirateurs enthousiastes de notre programme, à la fois que leurs expériences reflétaient les notre et les niveaux de

---

[3] Quelques fois, la LHD baissera un peu, mais elle sera toujours accompagnée d'une baisse plus prononcée des LBD et du cholestérol total. La proportion du cholestérol total se divise donc selon les améliorations de la LHD.

[4] Celle-ci est également la raison pour laquelle la LHD diminue lors d'une diète pauvre en graisses. Mais, puisque la LHD diminue plus que la LBD, les diètes basses en graisses normalement empirent les proportions.

cholestérol dans le sang de leurs patients tombaient lorsqu'on avait prévu. Avec l'expérience de ces collègues, nous lisons souvent dans les revues de médecine les expériences d'autres médecins qui tombaient sur la diète contrôlant l'insuline et ses conséquences sans savoir réellement ce qui se passait. Ils furent tellement étonnés des habilités pour contrôler le cholestérol de cette diète qui devait l'augmenter, qu'ils publièrent leurs découvertes.

Le point d'inflexion arriva lorsqu'un article fut publié le 28 mars 1991, au *New England Journal of Medicine*, sur une personne âgée qui mangeait vingt-cinq oeufs chaque jour et conservait un niveau normal de cholestérol dans le sang. Il est possible que ce vous aillez déjà lu cette histoire dan le journal puisque tout les détails étaient écrits et plusieurs écrivains nutritionnels exposèrent leurs points de vue. En général, tout le monde pensait qu'il s'agissait d'un cas particulier comme la personne qui fume quatre paquets de tabac chaque jour et arrive à quatre-vingt quinze ans. Voici les détails:

Un homme de quatre-vingt huit ans qui habite dans une maison de retraite mange vingt-cinq oeufs, plus ou moins, chaque jour, et ceci pendant les dernières trente années de sa vie. Son médecin avait documenté ceci et informa que, en dépit de ses habitudes de repas quotidiennes, le cholestérol de cette personne était toujours dans la proportion normale. À première vue, l'inconsistance de cette situation – pour la plupart des médecins, ce serait comme fumer une cartouche de tabac chaque jour pendant trente ans et avoir une radiographie des poumons normale – attira l'attention d'un chercheur du Collège médical de l'Université du Colorado, qui examina ce patient et informa de ses découvertes. En répondant à certaines questions, cet homme maigre (1,88 m. et 84 kilogrammes) affirma qu'il suivait une diète standard composée d'une grande variété d'aliments qu'il complétait (par des raisons inconnues) avec deux douzaines d'oeufs chaque jour. Ses niveaux de cholestérol dans le sang étaient les suivants : le cholestérol total 200 mg/dl, les LBD 142 mg/dl et les LHD 45 mg/dl. Sa proportion LBD/LHD était de 3,16. La plupart de l'article argumentait les raisons pour lesquelles les niveaux de cholestérol de cet homme étaient normaux en dépit de sa consommation de 5 000 mg de cholestérol par jour (17 fois plus de la quantité normale recommandée). L'auteur concluait que le patient produisait moins de cholestérol, absorbait moins de cholestérol et dégageait biochimiquement plus de cholestérol qu'une personne normale. Et comme cela il expliquait les conséquences de son habitude des deux douzaines d'oeufs chaque jour.

Nous n'avons pas très bien compris cet article la première fois que nous l'avons lu, car nous ne pouvions pas concevoir un cholestérol normal avec l'alimentation de cet homme. S'il menait une alimentation normale comme l'article informait (spécialement dans une maison de retraite), il n'y aurait pas de doutes qu'il obtiendrait d'abondantes quantités d'hydrates de carbone. Son insuline devrait être élevé et, par conséquence, son cholestérol aussi. Après avoir pensé à ça un certain temps, nous arrivâmes à la conclusion que si cet homme mangeait vingt-cinq oeufs par jour, il ne pourrait manger rien d'autre. Après tout, vingt-cinq oeufs supposent autour de 2 000 calories par jour, une quantité plus que suffisante pour un homme sédentaire de quatre-vingt huit ans. Nous écrivîmes à l'auteur de l'article et, la résidence nous confirma qu'effectivement «la quantité des autres aliments était limitée»[5]. Puisque les oeufs ne contiennent pas d'hydrates de carbone et que les autres aliments étaient limités, notre supposition que cet homme consommait autour 50 à 60 grammes d'hydrates de carbone par jour était réelle. Cette quantité est en relation directe avec la Deuxième phase de notre programme. Sachant cela puis tous les mécanismes que nous avons argumenté, il n'est pas surprenant que le cholestérol de ce patient soit dans les limites normales – il ne fit que suivre sa propre version de l'alimentation qui contrôle l'insuline.

Nous découvrîmes un autre article sur la consommation d'une diète semblable à celle de notre programme, cette fois avec plus de patients, dans la revue *Southern Medical Journal* de février 1988. Dans ce cas, un médecin de New York, le Dr. H. L. Newbold, traita un groupe de patients qui avait une allergie aux aliments. Ils furent soumis à une diète spécifique pour éliminer les aliments qui, selon eux, causaient les problèmes allergiques. Selon le Dr. Newbold:

> **Au début de la visite, chaque patient menait une alimentation américaine commune et variée. Tous les patients avaient le cholestérol élevé. {La moyenne du cholestérol total du groupe était de 263 mg/dl, avec une proportion de 224-327 mg/dl. La moyenne des LHD était de 57,1 mg/dl}.**
> **Je découvris que les patients toléraient mieux les biftecks que les côtes de boeuf. Certains patients pouvaient manger de temps en temps de l'agneau, le porc, le poulet au lieu de biftecks de veau, mais ils ne le mangeaient qu'une fois chaque trois ou quatre jours. Ils mangeaient très peu de viande de veau, sauf si c'était des côtes.**
> **On avait dit aux patients de demander aux bouchers de laisser un peu de graisse sur les biftecks. Nous dîmes aux patients de manger toute la graisse qu'ils pouvaient tolérer.**

Nous avons dit aux patients d'ajouter à leur alimentation, centrée sur la viande, une petite quantité de légumes et fruits crus – une version restreinte de notre programme. Avant de lire ce chapitre, que penseriez-vous d'une diète comme celle-ci ? Vous penseriez que le niveau de cholestérol de ces pauvres patients monterait énormément. Presque personne du monde du « pauvre en graisses » ne penserait comme ça. Qu'est-ce qu'il se passa ? Le Dr. Newbold l'expliqua : «Après avoir mené une diète riche en graisses pendant une période d'entre trois à dix-huit mois, la moyenne du cholestérol baissa jusqu'à 189 mg/dl». Les niveaux de cholestérol de ces patients diminuèrent de

---

[5] Correspondance personnelle avec Fred Kern, M. D, auteur de l'article

263 mg/dl à 189 mg/dl pendant que les niveaux de LHD augmentèrent de 57,1 à 62,7 mg/dl. Une fois de plus, nous voyons que des personnes menant une diète erronée et baissent leurs niveaux de cholestérol 28 pour cent puis augmentent les LHD 10 pour cent – une diminution dans le cholestérol total –, ils passent d'une proportion de 4,6 à 3. Pas mal du tout!

Évidemment, comme le démontrent les études, vous pouvez réduire et contrôler les niveaux de cholestérol sans devoir utiliser la vieille diète pauvre en graisses et cholestérol. Dans notre programme, vous pouvez prendre une variété de fruits et légumes en même temps que vous mangez de la viande rouge, des oeufs et du fromage, des produits que vous avez peut-être évités en cherchant la réduction du cholestérol. Ne vous laissez pas entraînez par les conclusions erronées de vos amis et parents qui, à différence de vous, ne connaissent pas le fonctionnement du cholestérol et du métabolisme. Suivez le programme et laissez que les analyses parlent pour vous.

La Vérité Sur La Fibre

La fibre s'est vendue comme le moyen pour réduire du poids et le risque de développer les troubles au côlon et le cancer, comme un remède contre la constipation, pour prévenir les hémorroïdes et, grâce à The 8-Week Cholesterol Cure, *comme guérison du cholestérol élevé et des maladies cardiaques. Après un sondage extensif dans la littérature de recherche médicale actuelle sur le rôle de la fibre dans la santé, nous arrivâmes à une conclusion : personne ne sait exactement ce que la fibre est, son rôle et comment elle fonctionne. Mais il existe un consensus sur le fait que la fibre améliore le fonctionnement des intestins, donnant du corps aux excréments et les accélérant. Ces propriétés préviennent ou diminuent la constipation et les hémorroïdes.*

L'histoire sur la diminution du cholestérol est moins claire, avec certaines études qui montrent une diminution de la consommation de la fibre alors que d'autres ne le font pas. Il existe probablement un bénéfice entre l'union de la fibre et du cholestérol avec l'intestin et la prévention de sa réabsorption.

La fibre aide à stabiliser le sucre dans le sang, en ralentissant l'absorption des hydrates de carbone de l'alimentation. L'absorption plus lente peut empêcher l'augmentation du sucre dans le sang et la réaction de l'insuline, donnant lieu à plus bas et plus constant niveau de sucre dans le sang.

En fait, même si une grande auréole entoura la nouvelle de la fibre comme protectrice du cancer de côlon selon des études de médecine de Harvard, la différence de femmes de l'étude qui mangeaient de la fibre ou non et avait du cancer ou non, était de trois cas, donc un chiffre insignifiant.

Notre régime nutritionnel vous fournit une grande variété de fruits et légumes qui vous donnera plus de quantité de fibre – sans les hydrates de carbone métaboliquement actifs – que toutes les madeleines avec de la fibre que vous pouvez manger. Par exemple, une tasse de framboises contient plus de fibre que dix recettes de madeleines décrites dans The 8- Week Cholesterol Cure *et ne contient presque pas d'hydrates de carbone.*

Dû au fait que le contenu en fibre de certains aliments n'est pas métaboliquement actif, vous pouvez soustraire les grammes de fibre de l'alimentation du total d'hydrates de carbone des aliments consommés. Souvenez-vous que ce qui reste est le contenu effectif d'hydrates de carbone (CEC). Nous avons compilé des schémas de grammes effectifs d'hydrates de carbone pour une proportion élevé d'aliments (voir chapitre 5).

Lisez minutieusement les schémas et vous verrez que les légumes qui donnent les meilleurs hydrates de carbone sont celles qui ont les feuilles plus vertes et veineuses (riches en fibres). Les pires sont les pommes de terre, le maïs et les haricots. D'entre tous les fruits, les mûres sont les meilleures pour la combinaison hydrates de carbone/fibre. Les bananes et les raisins de Corinthe sont des pires.

En fait, en utilisant notre schéma de CEC, nous découvrons que vous pouvez prendre 1 tasse de brocoli, 1 tasse de choux, 3 branches de céleri, 1 tasse d'haricots verts, 1 tasse de laitue, ½ tasse de champignons, 1 tasse courgette, 1 tasse d'épinards et 1 tasse de framboises le long d'une journée, et vous n'aurez consommé que 27 grammes d'hydrates de carbone actifs métaboliquement et 16,3 grammes de fibre, dont la plupart est soluble. Vous pouvez ajoutez deux tranches de pain complet et vous n'aurez mangé que 40 grammes d'hydrates de carbone utiles et 21,3 grammes de fibre – presque 100 pour cent de plus que l'alimentation moyenne américaine. C'est très rigoureux en termes de quantités d'aliments, contenu vitaminique, minéral, de volume, de fibre ou tout autre paramètre.

Les schémas de CEC au chapitre 5 vous guideront de forme naturelle vers les aliments contenant plus de fibre et moins d'amidon, les plus bas en hydrates de carbone. Et si vous ne mangez aucun fruit ni légume riche en fibres et vous êtes constipés, vous pouvez toujours ajouter de la fibre en utilisant les produits en poudre de fibre végétale comme le Konsyl ou Nutrifax

Quelle quantité de fibre avez-vous besoin ? Pour avoir une bonne santé, les personnes ont normalement besoin de 25 grammes par jour. Avant, les diètes restrictives d'hydrates de carbone étaient critiquées car elles ne fournissaient pas assez de fibre. Est-ce que cette idée est valable ? Oui, mais pas avec notre programme qui fournit suffisamment de fibre.

La Note Finale

Aux États-Unis, les personnes se sont habituées à voire le cholestérol comme un malheur destructeur de la santé. L'américain moyen n'est même pas sûr de ce qu'est le cholestérol exactement, uniquement qu'il s'agit de « graisse dans le sang » et que « c'est dangereux ». Rien à voire avec la réalité : le cholestérol est essentiel pour la vie et le fait que les niveaux de cholestérol baissent est une signe très grave, habituellement indicateur de cancer.

Le cholestérol n'est même pas une graisse. C'est un alcool blanchâtre à aspect savonneux. Chaque cellule de votre corps nécessite du cholestérol pour conserver l'intégrité structurelle de la membrane de la cellule, contrôler le flux d'eau et nutriments dans la cellule, et éliminer les produits usagés. Vos nerfs et votre cerveau nécessitent du cholestérol pour la transmission normale de signaux électriques.

Votre corps utilise les molécules de cholestérol comme constructeur de blocs pour les hormones plus importantes : les hormones sexuelles (estrogènes et testostérones) et les stéroïdes habituelles de corps, le hydrocortisone.

Le cholestérol dans la bile du foie produit des acides pendant la digestion des aliments gras et vous aide à absorber leurs vitamines solubles A, D, E et K. Le cholestérol donne à la peau sa capacité de transpiration.

Chaque cellule du corps peut le produire. En fait, uniquement 20 pour cent du cholestérol total du corps vient de l'alimentation. Votre corps (principalement le foie) produit la plus grande partie (80 pour cent). Pour assurer que vos cellules aient toujours suffisamment de cholestérol dedans, elles commencent à un produire plus. C'est la raison pour laquelle réduire la consommation de cholestérol n'est pas toujours un signe d'amélioration des niveaux de cholestérol.

La relation entre la diète pauvre en graisses et le traitement du cholestérol cause que le corps doive produire plus *de cholestérol pour les fonctions vitales. Le contrôle sur la quantité produite par les cellules est dans les cellules elles-mêmes. Lorsque l'approvisionnement dans les cellules est plus lent, la cellule peut produire plus de cholestérol ou envoyer les récepteurs à la limite de la cellule pour prendre celui du sang.*

Ici, l'insuline joue un rôle clef : elle altère la machinerie de la cellule qui fabrique le cholestérol pour qu'elle en produise sans en avoir besoin, en en prenant du sang et, permettant ainsi, qu'un excès de cholestérol se produise dans le sang.

En menant une diète réductrice des niveaux d'insuline, comme le notre, vous réduisez le besoin transmit aux cellules pour produire du cholestérol. Elles doivent le prendre du sang et donc les niveaux de cholestérol dans le sang – spécialement les LBD «mauvais» - baissent rapidement. Même lorsque vous suivez un régime contenant de la viande rouge, des jaunes d'oeuf, du fromage, du beurre et de la crème, comme vous contrôlez l'insuline, votre cholestérol sera dans la proportion saine de 180 à 200 mg/dl avec un pourcentage LBD/LDH en dessous de 3. Et la graisse en trop de l'alimentation montera le niveau des LHD dans le sang – le cholestérol «bon».

Épilogue

Vaincre la Malédiction des Momies

La pathologie historique fournit des descriptions de maladies d'autres temps qui peuvent s'appliquer aux maladies actuelles...

C.G. CUMSTON, historien de la médecine

Depuis des temps immémoriaux, la vallée du Nil a produit une abondance de vie végétale. La rivière débordait de poissons et fournissait des aliments et du refuge aux oiseaux, alors que des inondations exubérantes offraient des riches pâturages aux animaux sauvages. Autour de cette flore et cette faune, les habitants de ce vert paysage, les anciens égyptiens, créèrent l'une des plus grandes civilisations de tous les temps: l'Égypte pharaonique.

Pendant presque 3 000 ans – entre 2 500 a.C. et 395 d.C. –, les égyptiens ont mis au point l'art de la momification et l'ont étendu dans toute la société. Les experts ont estimé la population de cette époque comme celle de l'Égypte actuel. Les scientifiques ont analysé les restes de ces momies avec une telle précision qu'ils ont non seulement été capables de déterminer le type de sang et la dimension et la forme du corps, mais aussi la présence d'infections bactériennes et parasitaires, d'autres maladies et la cause de la mort. En effet, cette légion de momies nous fournit plein d'informations sur la santé et les maladies d'il y a trente siècles.

En plus, nous avons l'histoire écrite que les égyptiens nous laissèrent. Les archéologues déterrèrent des douzaines de milliers de fragments de papyrus, découvrant ainsi tous les aspects de la vie quotidienne de long du Nil. Grâce aux traductions de ces volumes méticuleux et volumineux, nous savons comment ils vivaient et leurs maisons, où et comment ils travaillaient, combien ils étaient payés et, le plus important pour nous : ce qu'ils mangeaient.

Que Mangeaient les Momies

L'alimentation de l'égyptien moyen se basait principalement sur les hydrates de carbone. Ses produits de base, la farine et l'orge, substituaient la farine intégrale et qu'ils faisaient cuire sous forme de pain consommé en grandes quantités. En fait, pendant les périodes postérieures, l'armée égyptienne donnait une ration de 2,3 kilogrammes de pain par jour à chacun de ses soldats. Une quantité tellement grande que les grecques de l'époque les appelaient *artophagoi*, «les mange pains».

Les fermiers égyptiens cultivaient une grande variété de fruits, comme des raisins, des dattes, des jujubes, des melons, des pêches, des olives, des poires, des grenades, des caroubes, des pommes, des noix et différents types de légumes – principalement l'ail, les oignons, la laitue, les concombres, les petits pois, les lentilles et du papyrus. Ils sucraient leurs aliments à base de miel (puisque le sucre n'arriva qu'en l'année 1 00 d.C.) et utilisaient des huiles d'olive, du safflower, de graine de lin et de sésame, avec des fins de culinaires et médicaux.

Les papyrus nous aident à savoir que les premiers égyptiens dînaient surtout du pain, des céréales, des fruits et légumes frais, un peu de poisson ou volaille, presque pas de viande rouge, de l'huile d'olive au lieu de graisse de cochon et du lait de chèvre pour boire ou faire du fromage – un rêve pour les nutritionnistes. Sauf dans le cas du papyrus, les égyptiens auraient pu obtenir toute leur alimentation des magasins d'aliments naturels des États-Unis.

Avec une telle quantité de matière première disponible, abondante pour tous les aliments favorisant la santé et sans presque graisse saturée et cholestérol, les anciens égyptiens auraient du vivre éternellement ou très longtemps de forme saine. Mais était-ce le cas? Voyons voire les évidences archéologiques.

De Quoi Souffraient les Égyptiens?

Nous avons deux formes d'estimation de la santé de cette population ancestrale : en cherchant dans les manuscrits de cette époque pour lire sur des possibles maladies ou regardant les restes momifiés des anciens égyptiens. À l'aide de la science de la pathologie – l'application de techniques modernes de pathologie et d'autres disciplines scientifiques à des restes d'os de corps entiers –, les scientifiques peuvent déterminer non seulement l'état de santé au moment de la mort, mais aussi les réactions de la chaire. Évidemment, plus le spécimen était complet, plus l'analyse était fiable. Et lorsque les scientifiques voient beaucoup de restes presque intacts, aussi nombreux comme l'énorme quantité de momies disponibles, en un même lieu et moment, ils peuvent découvrir des tendances de maladies et spéculer avec une grande certitude sur l'état de santé de la population.

Evidemment, nous nous attendions à voir une évidence d'infections de bactéries et parasites car dans ces temps il n'y avait pas d'antibiotiques ou des médicaments antiparasitaires – développés aux vingtième siècle. Et nous avons trouvé des évidences d'infections étendues. Les anciens égyptiens souffraient de pneumonie, tuberculose, lèpre et d'autres infections bactériennes moins exotiques, en plus de parasites provenant de boire et nager dans des eaux contaminées.

Avec un sucre non-raffiné dans l'alimentation, nous nous attendions à que les anciens égyptiens aient des dents parfaits, n'est-ce pas ? Pas du tout. Les momies de toutes les couches socioéconomiques souffraient des problèmes de dents terribles. Leurs dents étaient usées jusqu'au point de laisser la pulpe dentaire découverte, sans émail ni dentine. Sans cette partie extérieure comme protection, les tissus vivants à l'intérieur de la dent mourraient et le canal vide (les dentistes le remplissent lorsqu'ils font un traitement de canal jusqu'à la racine) se transformait en une source d'infection chronique, donnant lieu à la formation d'abcès. L'incidence une *déchéance* réelle des dents n'était pas élevée car les dents s'usaient dans leur partie principale avant la déchéance établie.

Les égyptiens avaient également plusieurs maladies aux gencives dont la plupart des experts pensent être causées par deux facteurs : l'alimentation et l'hygiène dentale insuffisante. Nous savons très peu des coutumes d'hygiène buccale des anciens égyptiens, mais nous supposons qu'elles n'étaient pas inférieures à celle des chasseurs de la Préhistoire, qui n'avaient pas de maladies aux gencives.

En survivant avec une alimentation à base de fruits et légumes frais et pain, nous ne pouvions pas nous attendre à des égyptiens gros. Après tout, l'alimentation de base des égyptiens est celle que de nombreux médecins conseillent aujourd'hui pour perdre du poids. Mais voici un autre problème de santé qui ne se correspond pas avec le paradigme de notre « diète saine » : l'obésité. En nous basant sur leurs restes momifiés, de nombreux anciens égyptiens ne souffraient pas qu'un peu de surpoids, mais ils étaient réellement gros. Les paléontologues ont décrit des excès de peau énormes et, par la distribution de celle-ci, ont déterminé la présence d'une certaine obésité. Les personnes de ce temps voyaient l'excès de graisse exactement comme nous, rien de bon. De la même façon que nous voyons les revues pleines de photographies de mannequins minces, les égyptiens dessinaient des images idéalisées, avec des personnes minces et sveltes avec des vêtements de lin ajustés. En vue de ce contraste entre la normalité et l'idéal, il semble peu probable que les égyptiens cherchèrent le fait d'être gros, à différence de la situation actuelle, sinon que simplement ceci arriva.

Finalement, en vue de l'alimentation pauvre en graisses, nous pourrions dire qu'il n'y avait presque pas de maladies cardiaques. Mais à nouveau, le paradigme du pauvre en graisses et riche en hydrates de carbone échoue. L'évidence de maladies cardiaques et vasculaires trouvées dans les momies et les chroniques des papyrus prouvent que les maladies cardiovasculaires arrivaient de façon extensive dans l'Ancien Égypte.

Lorsque les paléontologues examinèrent les artères des momies égyptiennes, ils ne virent pas des parois artérielles fines et flexibles. Celles-ci étaient obstruées par des dépôts de graisse pleins de cholestérol, quelques fois calcifiés et montrant un étape avancée d'athérosclérose. Beaucoup d'individus avaient les artères épaisse et pleines de cicatrices, indice d'une pression artérielle élevée. Les pathologistes trouvent aujourd'hui les mêmes indices des maladies lorsqu'ils examinent les tissus d'une victime d'une crise cardiaque, apoplexie, diabète ou toute autre maladie trouvée en combinaison avec des maladies à log terme. En fait, il semble que les maladies cardiovasculaires étaient étendues en Égypte comme elles le sont maintenant aux États-Unis.

Nous avons des preuves qui indiquent que les anciens égyptiens souffraient du coeur. De l'ensemble de papyrus et documents découverts, il y a des livres de médecine qui appartiennent à cette époque. Un en particulier, *Ebers*, écrit en 1 500 a.C., décrit la douleur des maladies cardiaques :

> **Si vous examinez un homme avec une maladie au coeur et il a mal des douleurs au bas, à la poitrine et dans une partie du coeur... la mort le poursuit.**

Ce rapport décrit parfaitement les signes menaçants d'une crise cardiaque: des douleurs dans la partie gauche de la poitrine et s'étendant vers le bras. Souvenez-vous que l'égyptien moyen avait une vie moins longue que la notre. La plupart des maladies artérielles trouvées dans les momies nous indiquent que «les maladies au coeur» devaient poursuivre les égyptiens à un âge assez précoce.

Comme cela, nous commençons à avoir une image du peuple égyptien. Une abondance de problèmes dentaires qui les laissaient incapables, les ventres gras et des maladies cardiaques dévastatrices. Grâce à l'évidence, nous savons que les plaques de cholestérol athérosclérotique et les effets de la pression artérielle élevée étrécissaient ses artères très tôt. Ça ressemble aux affections de millions de personnes aux États-Unis aujourd'hui, n'est-ce pas? Les égyptiens ne mangeaient pas beaucoup de graisses, ne traitaient pas les hydrates de carbone comme aujourd'hui et ne consommaient que des graines, des céréales, des fruits et des légumes frais pour prévenir ou inverser ces maladies.

Selon les mots d'Aidan Cockburn (dans *Mummies, Disease and Ancient Cultures*), le fondateur de l'Association de Paléontologues et le premier à réunir un groupe de scientifiques de plusieurs disciplines pour examiner les momies avec une équipe sophistiquée disponible aujourd'hui:

> **La maladie athéromateuse (atheromatous) de l'artère est... une découverte commune à toutes les momies. Aujourd'hui, on accuse le stress et l'alimentation de la vie moderne comme les causant de ces troubles de notre civilisation industrialisée. Mais, les influences étiologiques (etiological) se trouvaient réellement dans l'homme ancestral et ceci devrait être tenu en compte dans toute théorie liée avec la causalité[1]**

---

[1] Le cancer n'existait pas sur les populations de chasseurs et d'agriculteurs, ce qui nous prouve que l'alimentation n'était pas un facteur important dans le développement du cancer. Mais sachez que les protéines comme les graisses sont essentielles pour avoir un système immune – votre première défense contre le cancer. Il existe un cas plus fort pour les toxines fortes comme cause du cancer. Par exemple, les tissus de l'homme moderne ont 10 fois plus de probabilités que ceux des tissus d'avant.

Que signifie tout cela? Nous pensons que ça veut dire qu'il a des problèmes réels avec l'alimentation pauvre et graisses et riche en hydrates de carbone. Vous pouvez peut-être argumenter qu'il ne s'agit que de raisons génétiques chez les anciens égyptiens. Ils pouvaient avoir des difficultés avec l'alimentation riche en hydrates de carbone alors que d'autres individus non. En fait, cela arrivait. Tout au long de l'histoire, lorsque l'homme a refusé une alimentation traditionnelle «préhistorique», imposant une alimentation agraire (à base de graines/céréales), la déchéance de la santé s'est succédée.

Nous pensons que vous trouverez alarmantes et fascinantes les données suivantes qui comparent deux sortes de diètes.

La Diète que nous voulons que vous mangiez

La plupart des experts sont d'accord dans le fait que la chasse fut le principal moyen de subsistance de l'homme ancestral il y a 700 000 ans. Depuis cette époque jusqu'au début de l'agriculture (il y a 8 000 à 10 000 ans), l'homme vivait avec une alimentation composée principalement de viande. En fait, les scientifiques estiment que 60 à 90 pour cent des calories consommées provenaient de grands et petits animaux, oiseaux, oeufs, reptiles et insectes. La sélection des forces de la nature d'il y a 7 000 ans retoucha notre physiologie, pour la faire fonctionner correctement avec une alimentation basée sur la viande et complétée de racines, baies, graines et noix. Uniquement pendant les derniers 100 siècles, nous avons changé l'ordre pour consommer principalement des hydrates de carbone avec la viande comme complément. Ce changement dans l'alimentation – d'une diète fournissant 75 pour cent des calories de la viande et le reste des plantes à une alimentation avec seulement 25 pour cent des calories venant de la viande – a eu lieu pendant 400 à 500 générations, loin des 1 000 à 10 000 générations nécessaires, selon les experts en génétique, pour permettre un changement génétique substantiel. Il est possible que nous nous adaptions à l'alimentation agricole riche en hydrates de carbone, mais l'histoire nous dit que nous tarderons autour de 10 000 ans.

Cultiver le Bien-Être

Le changement à l'alimentation agraire créa beaucoup de problèmes à l'homme primitif. Les restes fossiles nous indiquent que dans les temps antérieurs à l'agriculture, la santé de l'homme était excellente. Les personnes étaient hautes, minces, bien développées, fortes, avec des os denses, peu de problèmes dentaires s'il y en avait, et lorsqu'ils vieillissaient, une petite évidence de certaines maladies. Après l'arrivée de l'agriculture et le changement dans l'alimentation, cette image de santé robuste commença à se détériorer. L'homme qui surgit était plus bas, avec des os plus faibles, ses dents tombaient et souffraient de dénutrition et de maladies chroniques–une image de la santé très similaire à celle des égyptiens.

Ce qui est plus extraordinaire de toute cette déchéance générale c'est que cela arriva dans tout le monde. Depuis l'est de la mer Méditerranéenne jusqu'au Pérou, n'importe l'endroit où une personne passait d'une alimentation riche en protéines à une riche en hydrates de carbone, ils devenaient moins sains. En fait, les archéologues considèrent cette disparité tellement prévisible que, lorsqu'ils déterraient des restes préhistoriques, ils classifiaient les restes humains en deux groupes : les chasseurs ou les fermiers, en fonction de l'état de leurs os et leurs dents. Si les dents étaient excellentes et n'étaient pas tombés et les os forts, denses et longs, ils étaient des chasseurs. Si les dents avaient des caries et les os fragiles et déformes, les scientifiques savaient qu'il s'agissait d'agriculteurs.

LA DÉCHÉANCE DES VILLAGEOIS D'HARDIN

Une étude réalisée par Claire M. Cassidy, une anthropologue de l'Université de Maryland et e l'Institution Smithsonian, compare deux groupes de personnes surgissant du même groupe génétique, habitant la même zone et la même communauté et composés du même nombre d'individus – deux groupes similaires de personnes séparées uniquement par le temps et l'alimentation. Son article, publié en 1980, documente les différences de santé entre les chasseurs et les agriculteurs (ou fermiers) en fonction de l'alimentation. Les individus de la Dr. Cassidy étaient des restes de squelettes d'un groupe de fermiers qui vivaient dans un lieu appelé Hardin, dans la région du Kentucky, entre 1 500 et 1 675 et un groupe de chasseurs vivant dans un lieu appelé Indian Knoll quelques siècles auparavant, autour de l'année 3 000 a.C.

Ces deux groupes de personnes étaient très semblables en tout sauf pour l'alimentation. Ils vivaient dans la même région du pays, avaient le même climat et disposaient des mêmes plantes et animaux sauvages. Tous les deux avaient le même type de population et étaient sédentaires ou presque sédentaires. Les fermiers mangeaient principalement «du maïs, des haricots, les courges et des plantes et animaux sauvages (surtout des cerfs, des élans, des petits mammifères, des dindes sauvages et des tortues) pour compléter l'alimentation agricole». D'un autre côté, les chasseurs consommaient «des grandes quantités de fruits de mer et des escargots... un autre type de viande provenait du cerf, des petits mammifères, de la dinde sauvage, de la tortue, du poisson. Du chien était quelques fois consommé lors des cérémonies». La Dr. Cassidy agroupa les différences: «L'alimentation du village d'Hardin [les fermiers] était riche en hydrates de carbone alors que celle de Indian Knoll [les chasseurs] était riche en protéines». Elle évalua les restes de squelettes de ces deux groupes en fonction des différences sur les niveaux de fer et d'anémie aux os et aux dents, le manque de croissance à cause de maladies ou de dénutrition et la déchéance. Elle était capable de déterminer les effets de l'alimentation différente chez ces personnes menant une vie tellement semblable. Elle découvrit que l'espérance de vie était plus basse et la mortalité infantile plus élevée chez les fermiers. Le manque de fer n'existait pas chez les chasseurs mais 8,2 pour cent des fermiers le souffrait. Chez les chasseurs, la croissance s'arrêtait, périodiquement et pendant une courte période, à cause du manque d'aliments momentané. Par contre, le manque de croissance chez les fermiers était plus hasardeuse et plus prolongée dans le temps, signe d'une dénutrition chronique. Dans la population de fermiers, les enfants souffraient plus d'infections et l'infection aux os longs était trois fois supérieure que chez les chasseurs. Les caries, très habituelles chez les fermiers, étaient rares chez les chasseurs[2]. Selon les mots de la Dr. Cassidy : «les villageois agriculteurs d'Hardin était moins sains que ceux de Indian Knoll, qui vivait de la chasse». Elle attribua cette différence à l'alimentation différente: «les données de la santé fournissent des évidences très convaincantes sur le fait que l'alimentation des agriculteurs était l'inférieure des deux. Les données archéologiques sur l'alimentation appuient cette conclusion».

La Dr. Cassidy n'est pas la seule à raconter ce phénomène. Beaucoup de documents scientifiques ont été écrits sur ce thème, présentant même une croyance plus dévouée sur la supériorité de la diète riche en hydrates de carbone. En même temps, la Dr. Kathleen Gordon, anthropologue de l'Institution Smithsonian, comme la Dr. Cassidy, écrivait sur un article: «La 'révolution' agricole n'est pas seulement révolutionnaire au début, mais se chargea de représenter la 'décentralisation' nutritionnelle de la plupart de l'humanité».

Le Gène Économiseur : Accumulez des graisses!

L'archive anthropologique fournit une grande quantité d'évidences sur le fait que le changement à une alimentation riche en hydrates de carbone causait une déchéance de la santé des personnes qui doivent manger une alimentation pauvre en hydrates de carbone et riche en protéines. Pourquoi? Q'y a-t-il dans la diète riche en hydrates de carbone qui cause le problème?

L'appelé «gène économiseur» a été très discuté dans la communauté scientifique pendant de longues années. Au début, il fut utilisé en relation avec le diabète, voulant ainsi dire qu'il s'agissait d'un matériel génétique que nous avions à cause de nos ancêtres préhistoriques et qui nous permettait de vivre pendant les époques de faim et de misère. Puisque la faim se produisait pendant les époques de manque, d'hivers

[2] Les fermiers avaient une moyenne de 6,74 caries, alors que les chasseurs uniquement 0,73. Les enfants des chasseurs n'avaient pas de caries, alors que certains enfants de fermiers avaient des ébréchures ou des trous vides dans leur deuxième année de vie.

durs, de sécheresses et d'autres désastres naturels, il est normal de penser que les personnes qui pouvaient survivre, vivraient pour la reproduction. Évidemment, ceci arrivait. La sélection naturelle tuait naturellement les plus faibles et laisser vivre ceux qui possédaient une biochimie et une physiologie capable d'exprimer chaque calorie des aliments disponibles et la stocker efficacement. Ce rendement de l'énergie ou économie biologique était ce dont ils avaient besoin pour survivre à cette époque préhistorique. Mais, que ce passe-t-il aujourd'hui?

Lorsque nous mangeons quelque chose, nous savons que nous allons manger au bout de quelques heures, mais nos enzymes et hormones ne le savent pas. Lorsque les aliments rentrent et se décomposent, ils sont absorbés par le sang et attaqués par nos hormones digestives. Avec les restes de graisses stockées, chaque calorie commence à fonctionner et recherche les besoins du corps. Quand le suivant repas arrive, au bout de quatre heures quatre fois par jour, ce processus se répète. Puisque nous mangeons régulièrement, nous stockons trop de graisses, ce qui crée de nouveaux problèmes que l'homme préhistorique n'a probablement jamais expérimenté.

L'hormone principale inclue dans ce processus est l'insuline. L'insuline est notre hormone anabolisante principale o « bâtisseuse » et elle est réclamée chaque fois que nous mangeons – spécialement si nous mangeons ou buvons des alimentas contenant des hydrates de carbone. L'insuline augmente le stockage de graisses, mène le sucre du sang vers les cellules et réalise toutes les fonctions qui conservent l'énergie, permettant à nos ancêtres de survivre. Malheureusement, à notre époque de grande consommation d'hydrates de carbone, l'insuline fonctionne contre nos objectifs. Lorsque les niveaux d'insuline deviennent trop hauts, comme dans notre diète moderne, cette hormone nous fait retenir du sodium (et avec, l'excès de liquide), donnant lieu à l'hypertension. Elle cause dans nos corps une augmentation de la production de cholestérol. Elle cause des dommages aux artères et nous fait stocker la graisse de façon malsaine. Et elle peut arriver à déclencher le processus menant à l'athérosclérose et aux maladies cardiaques. Toute cette trahison à cause d'une hormone qui nous permit de vivre lors de l'époque préhistorique.

La Note Finale

La sagesse moderne de la nutrition envisagea que l'alimentation des anciens égyptiens – riche en hydrates de carbone, pauvre en graisses, sans sucre raffiné, presque pas de viande rouge – devrait avoir fournit de la santé, bien-être et une longue vie aux égyptiens. Mais ce ne fut pas le cas.

Les traductions des papyrus et les analyses modernes aux restes des momies nous racontent l'histoire de forme différente.

L'évidence parle d'un peuple qui souffrit de dents pourries, de différentes athéroscléroses, souffrant d'hypertension et qui mourrait autour des trente ans de crises cardiaques. À l'opposé des images sveltes avec vêtements de lin qui décorent les murs des tombes, les grands morceaux de peau chez les momies nous disent que leur alimentation pauvre en graisses et riche en hydrates de carbone les rendaient obèses.

Les égyptiens n'étaient pas les seules personnes qui anciennement avaient une santé à cause d'une alimentation riche en hydrates de carbone. Un anthropologue qui examine les restes d'un squelette d'un homme préhistorique peut directement nous dire si ses os et ses dents appartiennent à un groupe de chasseurs (mangeant principalement des protéines) ou de fermiers (mangeant principalement des hydrates de carbone), grâce à l'état de conservation des restes. Les chasseurs grandissaient forts, étaient hauts, avec des os et des dents bien formés, et les fermiers montraient normalement des signes de dénutrition et caries.

Pendant 700 000 ans, les êtres humains ont eu une alimentation basée principalement sur la viande, la graisse, les noix et les baies. Il y a 8 000 ans, on apprit à cultiver et en même temps, notre santé diminua. Les changements dans l'évolution génétique tardent au moins 1 000 générations – et entre 8 000 et 10 000 années à s'adapter.

Notre machinerie métabolique fut dessinée pour faire face à l'approvisionnement de nourriture imprévu. Nous devions stocker les aliments pour faire face à des temps moins bons. L'hormone de l'insuline le fit pour nous. Malheureusement, Une diète avec une grande quantité d'hydrates de carbone augmente également l'insuline et notre corps l'interprète comme un besoin de stocker des calories, de produire du cholestérol et de retenir de l'eau – tout ce qui est important pour survivre. Certains d'entre nous héritent cette habileté pour la conservation – le gène économique – en grande partie. Les personnes qui possèdent cette caractéristique prennent du poids facilement et ont des problèmes pour le perdre. L'alimentation qui se conseille normalement, riche en hydrates de carbone et pauvre en graisses, les conduits au surpoids et à des problèmes de santé liés au surpoids.